初めて学ぶ住居学

〈建築のテキスト〉編集委員会 ▶編

学芸出版社

まえがき

　西日本工高建築連盟では、高等学校で建築を学ぶ生徒が自主的に学習を行い、建築に関する基礎知識を修得するための手引き書となるよう、「建築のテキスト」編集委員会を組織し、1996年に「初めての建築」シリーズ第一弾として「建築環境」「建築一般構造」「建築構造設計」「建築積算」「建築製図」を発刊した。その後、2000年にシリーズ第二弾として「建築計画」「建築構造力学」「建築材料」「建築施工」「建築法規」「建築設備」「建築CAD」を刊行し、全12巻の「初めての建築」シリーズが完結した。

　第一弾の発刊から十余年が経過し、地球温暖化をはじめとする環境問題の深刻化、少子高齢化の進行、ノーマライゼーションの進展など社会状況の大きな変化があり、また、建築関係法令の改正、JIS建築製図通則の改正、教育システムの改変などを受けて、「初めての建築」シリーズの補完が強く望まれていた。

　西日本工高建築連盟では、新たに「建築のテキスト」(第二次増補版)編集委員会を組織し、「建築製図」「建築コンペ・卒業設計」「建築計画」「住居学」の4巻を「初めて学ぶ建築」シリーズとして刊行することとなった。

　内容は、前シリーズと同様、高校生はもとより、専門学校、短期大学、大学の建築関係の学生から若い実務者に至るまで、幅広い読者層を考慮するものとなっている。

　「建築製図」は、最新のJIS建築製図通則に準拠し、木構造（住宅）、鉄筋コンクリート構造（大学同窓会館）、鋼構造（事務所）の各種図面の描き方を2色刷で示し、模型写真や立体図を使って分かりやすく解説している。

　「建築コンペ・卒業設計」は、建築設計競技や卒業設計を行う上で必要な、課題分析、エスキース、プレゼンテーションなどの各プロセスの手法を、多くの写真・図版・実例を用いてていねいに解説している。

　「建築計画」は、建築と風土、都市、文化、歴史などの建築計画の背景、および環境工学、規模計画、デザイン要素、サステイナブル建築などの建築計画の基礎知識の修得を主目的とし、手法の具体例として住宅の計画の進め方を示している。

　「住居学」は、住まいを「地球・都市・まち」の環境の中に位置づけ、住まいの防災・防犯・長寿命化、こころとからだのここちよさ、誰もが使いやすい住まいなどについて、やさしく解説している。

　本シリーズは、日頃、建築教育にたずさわる本連盟の会員が知恵を出し合い、多くの図版を用いて初学者の皆さんが楽しく学べるように工夫し、編集したものである。皆さんが多少の努力を惜しまず根気よく学べば、建築に関する基礎知識が必ず修得できるものと確信している。

　本シリーズ発刊にあたり、貴重な資料の提供と適切な助言を賜った皆様に、深い感謝の意を表します。また、出版をお引き受けいただき、執筆・編集にあたり積極的な助言をいただいた㈱学芸出版社社長をはじめ編集部の皆様に厚く御礼申し上げます。

「建築のテキスト」(第二次増補版)編集委員会

目次

第1章　住環境の概要 ——5

1・1　住環境とは　6
❶人間の生活と住環境　6
❷住環境の考え方　8

1・2　住まいのうつりかわり　9
❶先史時代の住居　9
❷貴族・武家の住まい－古代から中世－　10
❸貴族・武家の住まい－近世－　11
❹庶民の住まい－古代から近世－　12
❺近現代の住まい　14

1・3　風土と住まい　17
❶世界の風土と住まい　17
❷日本の風土と住まい　19

1・4　住まいのあり方　21

第2章　安心な住まい ——23

2・1　住まいにひそむ危険　24
❶家の中で事故にあう　24
❷どこで、どんな事故　25
❸事故を避けるためのデザイン　28

2・2　地震と住まい　32
❶日本の地震　32
❷地震に耐える　34
❸地震に耐えられるようにする　36

2・3　火災と住まい　39
❶日本の火災発生状況　39
❷火災の成長過程　41
❸火災に備える　42

2・4　住まいと防犯　47
❶侵入までの犯人の行動　47
❷侵入方法　49
❸侵入を防ぐ住まい　51
❹侵入されにくい住宅　54

2・5　長持ちする住まい　55
❶長持ちは敷地から　55
❷強い地盤をもとめて　57
❸何もなければ安全？　59
❹建物も歳をとる　60

第3章　ここちよい住まい —— 61

- 3・1　気持ちよく暮らす　62
- 3・2　からだのここちよさ　64
  - ❶あたたかさ・すずしさ　64
  - ❷あかるさ　70
- 3・3　心のここちよさ　74
  - ❶音　74
  - ❷あかり　76
  - ❸彩り　78
  - ❹肌ざわり　80
  - ❺香り　82
  - ❻しつらい　84
- 3・4　すこやかに暮らす　87
  - ❶住まいと病気　87
  - ❷健康な住まい　90
  - ❸建物をむしばむ病　92

第4章　みんなの住まい —— 93

- 4・1　使いやすい空間　94
  - ❶からだの大きさと比例　94
  - ❷からだの大きさと空間　96
  - ❸空間をとらえる　98
  - ❹使いやすいデザイン　100
- 4・2　誰でも、どこでも　106
  - ❶ノーマライゼーション　106
  - ❷少子・高齢化問題　109
  - ❸子どもと住まい　112
  - ❹高齢者と住まい　114
  - ❺障がい者と住まい　118
  - ❻自立支援の工夫　124

第5章　住まいをとりまく環境 —— 125

- 5・1　まちの環境　126
  - ❶まちづくりのきまり　126
  - ❷まちづくりの手法　129
  - ❸歴史と景観　131
  - ❹移動空間のデザイン　133
  - ❺公共空間のデザイン　136
- 5・2　都市の環境　139
  - ❶都市のもろさ　139
  - ❷都市の気候　140
  - ❸都市に住むために　142
- 5・3　地球の環境　145
  - ❶地球温暖化　145
  - ❷消費生活と環境　147
  - ❸地球に住みつづけるために　149

第6章　演習課題 —— 155

- 6・1　演習課題1「集合住宅のインテリア設計」　156
- 6・2　演習課題2「町家の改修設計」　160

索　引　164

第1章　住環境の概要

1・1 住環境とは

❶人間の生活と住環境

　地球上には、確認されているだけで約200万種、推定で数千万種の生物が生息している。動物は、自らの安全のために身近な材料を使用し、自然の形を利用して自然環境に適応した必要最小限の棲家をつくっている。例えば、北米の草原地帯に住むプレーリードッグは、穴を掘って図1・1のようなトンネル状の巣をつくる。地中は年間を通じて温度がほぼ一定なうえ、巣の入口に土を盛って内部と高低差をつくり、巣の中を通風・換気しているため、巣の内部は快適な環境となっている。人間の住居も、初期には洞穴などを利用した棲家であった。世界各地には図1・2のように地中を利用した住居も存在するが、文明が進歩し、社会が発展するとともに、住まいに求められる機能、役割が増え、その形態は多様化している。

　家を買う、あるいは建てるとき、何を基準に検討するだろう。敷地の広さ、間取り、設備など、ハード面には予算が絡むこともあり、細かく検討すると思われる。そして、暮らしやすさを考えて住環境も確認する。このとき、住環境を単なる立地条件のひとつと考えていないだろうか。

　住まいとは、外界から仕切られた空間である。仕切ることで、外とは異なった環境が形成される。建築物周辺も、建てられる前と後では異なった空間となり、建築物が集まるとかいわい（界隈）やまちなみが形成される。これらは人間を取巻く最も身近な環境となり、個々の暮らしが直接影響を受ける。まちが集まることで都市へと発展し、ひいては地球全体へと拡がっている（図1・3）。住環境とは、住まいを中心とした居住環境のみならず、社会的、経済的、文化的な環境など、人間の生活に影響を与えるすべてを含んでいるのである。

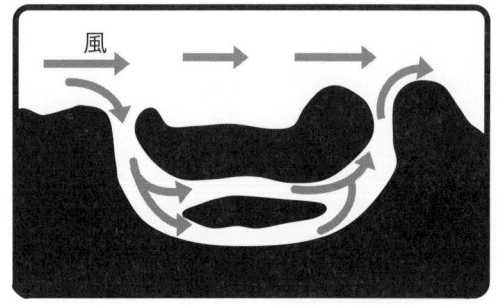

図1・1　プレーリードッグの巣・断面図

図1・2　洞窟住居（イタリア・マテーラ）

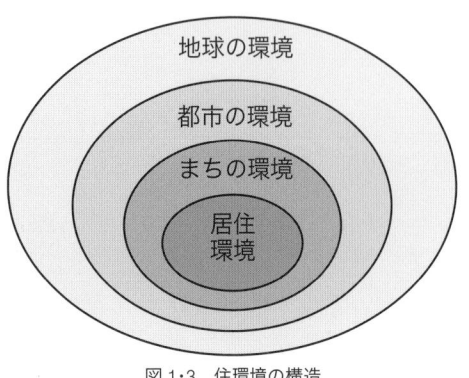

図1・3　住環境の構造

地球上には様々な気候がある。各地の気候の特徴は、毎月の平均気温と湿度であらわすクリモグラフによって、知ることができる（図1・4）。世界各地の伝統的な住まいは、気候、風土によって特徴づけられ、その地方独特の意匠、工法、生活様式などを生み、文化を育んできた。乾燥した地域では石を（図1・5）、樹木の豊富な地域では木を使い（図1・6）、また長年の生活の知恵として、暑い地方ではできるだけ涼しく、寒い地方ではできるだけ暖かく住む工夫がなされてきた。世界的に見れば比較的温暖で、四季の変化に富む日本では、季節感も住まいの重要な要素であった（図1・7）。自然に適応しながらうまく調和、共生していく中で、人間は身体と精神を育み、社会や文化を発展させてきたのである。

　20世紀後半における科学技術の目覚しい発展は、人工素材や人工環境による便利で快適な生活環境を実現し、生活に急速な変化をもたらした。豊かな生活を享受する一方で、地方性や季節感は薄れ、世界的に均質化が進んでいる。時代とともに変化していくニーズやライフスタイルに対応する住空間の整備が求められる反面、先進国における少子高齢化、あるいは発展途上国における人口爆発など社会問題も増加している。また、人間の自然に対する適応能力の低下や体調不良、心理的影響といった健康面での問題や、エネルギー需要の増大、自然の破壊などの環境問題が生じている。人間の生活と密接にかかわっている住まいの環境について、人間の活動も含め、幅広く見直す必要がある。

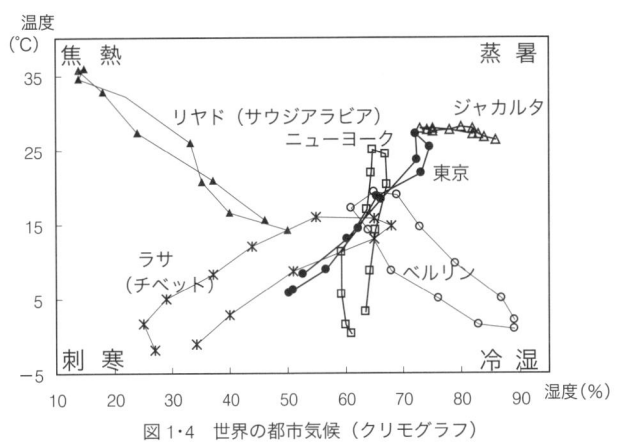

図1・4　世界の都市気候（クリモグラフ）

図1・5　イタリア・トゥルッリ

図1・6　日本・白川郷

図1・7　季節感の取り込み

❷住環境の考え方

　西洋医学の祖である古代ギリシャのヒポクラテス（Hippocrates、460-377B.C.）は彼の著書『空気、水、場所について』の中で、空気と水と住む場所、すなわち住環境が人の健康と病気に大きな関わりをもつことを説いている。人間には五つの感覚、視・聴・嗅・味・触覚があり、1日の変化、天候や季節の変化、あるいは人や動植物との関わりなど、様々な刺激・情報をこの五感で感じて生活している。住まいにおいては、熱・光・音や、色・形・デザインなどの物理的要因が刺激となり、生理的・心理的に影響を与え、癒しにもストレスにもなる。刺激が過大になると健康を損なうこともあり、逆に刺激から遮断された状況でも人間は正常には生きてゆけない。

　WHO（世界保健機関）では、1961年に「健康」を軸として、住環境が備えるべき条件を「安全性」、「保健性」、「利便性」、「快適性」としている。すなわち、安全であると同時に憩いの場、健康維持の場として快適性を持ち、しかも効率的な生活を営むことのできる環境、ということである。さらに、変化していくニーズやライフスタイルに対応する住空間の整備が求められている。また、新たに生じた少子高齢化問題などは、社会の存続にかかわり、地球環境問題は、生命の存続にかかわる深刻な問題である。住環境を考える上で、「持続性（サステイナビリティ）」は重要なキーワードとなっている。わが国の住宅政策である住宅建設五箇年計画の推移（表1・1）を見ると、量的な住宅難の解消から質的な居住水準へ移行し、第8期には持続性が追加され、2006年からの住生活基本計画（表1・2）へと引き継がれている。また、2000年には日本建築学会が主導して、建築関連5団体が「地球環境・建築憲章」を発表するなど、環境への取り組みは重要課題となっている。

　人間の五感にとって快適であり、自然との共生を図ることができる住環境を整えることが持続可能な社会を構築する上で重要である。住まいを取り巻く環境は、人と自然に優しく、長続きするものでなければならない。

表1・1　住宅建設五箇年計画の推移

第1期	1966 - 1970	一世帯一住宅
第2期	1971 - 1975	一人一室
第3期	1976 - 1980	居住水準目標の設定
第4期	1981 - 1985	住環境水準目標の設定
第5期	1986 - 1990	誘導居住水準…都市居住型・一般型
第6期	1991 - 1995	平均床面積を95m²に
第7期	1996 - 2000	最低居住水準は全ての世帯で確保
第8期	2001 - 2005	住宅ストック水準 住宅性能水準（特にバリアフリー化） 4理念に新たに持続性を追加

表1・2　住生活基本計画

2006 - 2015	「量」から「質」へ 住宅ストック水準・居住環境水準・市場の環境整備・ 住宅セーフティネットの構築 ※第8期を基本とし、内容等を再検証
2011 - 2020	広さ等に加え、ソフト面の充実により住生活を向上 住宅ストックの管理・再生対策を推進 既存住宅流通・リフォーム市場の整備推進

10年計画であるが、概ね10年毎に見直すこととされ、2011年に新たに決定された。

1・2　住まいのうつりかわり

　住まいは、自然的要素や社会的要素、風土の違いにより時代とともに変遷している。先史時代においては、自然や外敵から身を守るシェルターの役割を果たし、古代から中世にかけて社会構造が変化するなかで、貴族や武家など特権階級の住まいがつくられるようになった。近世になると、商人や豪農など財力を持つ者があらわれ、財力の象徴として豪勢な住まいを持つようになり、明治以降、外来技術・新工法・新材料などの導入により、多種多様な建物が建てられるようになった。また、近年では環境問題を考えることが大切となっている。

　住まいのうつりかわりを知ることは、住まいの本質や住環境を考えるうえで大変重要となる。

❶先史時代の住居

1）竪穴住居

　竪穴住居は、旧石器時代後期に誕生したが、中世に入っても存在したことは絵巻物などからわかる。初期には、地面に穴を掘り、テント状の骨組みに枝葉を架けただけの簡易なものであったと考えられる。縄文時代になると掘立柱[*1]に梁を架け、小屋組を設けるようになった。内部は一室で、採暖や煮炊きのための炉があった（図1・8）。

2）高床住居

　高床住居は、弥生時代に稲作とともに大陸からわが国に入ってきた形式と考えられる。絵画銅鐸には、動物や高床の建物など当時の生活の様子が描かれている。登呂遺跡からは、床下の柱の上にねずみ返しが付けられた倉庫と考えられる高床式の建物が発見されている（図1・9(a)）。また、佐味田宝塚古墳出土の銅鏡には、図1・9(b)に示す入母屋形式の屋根を持つ高床の建物が描かれ、上層階級者を表す蓋[*2]が描かれている。

3）平地住居

　稲作が広まるにつれて集落は大きくなり、住居は平野部に設けられるようになった。竪穴は床の湿気が多く生活には不適当であったため、床を掘り下げず平地住居へと発展していった。また、埴輪や古墳から出土した銅鏡の文様には、柱をたてた平地住居が描かれている（図1・10）。

(a) 外観復原
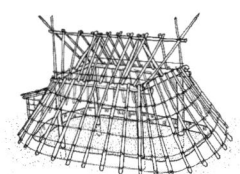
(b) 構造復原

図1・8　竪穴住居の例

(a) 高床倉庫
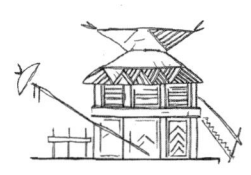
(b) 銅鏡に描かれた高床住居

図1・9　高床住居の例　(出典　(a)『建築の歴史』西田雅嗣他、学芸出版社、(b)『日本住宅の歴史』平井聖、学芸出版社)

図1・10　銅鐸に描かれた平地住居の例
(出典『日本住宅の歴史』平井聖、学芸出版社)

*1　掘立柱：柱を直接土の中に埋め込み自立させたもの。
*2　蓋：家の入口に立てかけられた日覆いの傘のこと。

❷貴族・武家の住まい－古代から中世－

1）古代の住宅

　地方のクニはしだいに大和朝廷により統一され、天皇を中心とした中央集権的な社会が確立された。これに伴い政を行う都が造られ、政治を司る貴族が生活するようになった。

　奈良時代の貴族の住まいは、掘立柱を用い、床は板敷、屋根は板葺または檜皮葺であった。この時代の住まいを今に伝えるものとして、法隆寺の伝法堂*1（図1·11）がある。

　平安時代の貴族の住まいは、寝殿造りと呼ばれ（図1·12）、寝殿には、寝所であるとともに衣服・調度・貴重な品などを納める場所の塗籠が屋内に設けられた。主人の住む寝殿をほぼ中央に配置し池を南面させ、その東・西・北側に対屋を渡殿でつなぐ一棟一室形式で、左右対称を基本としていた。内部は、屏風・衝立・几帳などで空間を仕切り、床には、置き畳・円座・むしろなどの調度類を使用していた。

2）中世の住宅

　平安時代後期より、公家から武家に実権が移り、寝殿造りは、武家の生活様式や儀礼に適した住まいへと変化していく（図1·13）。中門廊や蔀戸などの寝殿造りの要素を残しつつ、接客空間である主殿には、式台・上段・付け書院・押板*2・違い棚が設けられ、敷きつめ畳の室を設け、襖・障子などで室を仕切り、天井も張られるようになった。このような初期の書院造り形式を主殿造りという（図1·14）。

図1·11　伝法堂（奈良県斑鳩町）

図1·12　寝殿造り（法住寺殿復原図）(出典『図説日本住宅の歴史』平井聖、学芸出版社)

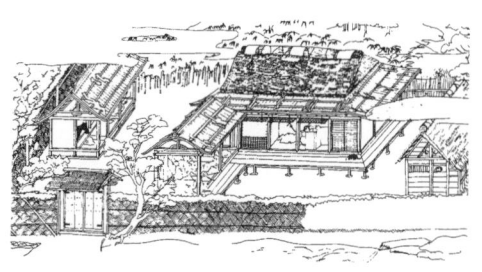

図1·13　中世の武家住宅（法然上人絵伝）(出典『日本住宅史図集』理工図書)

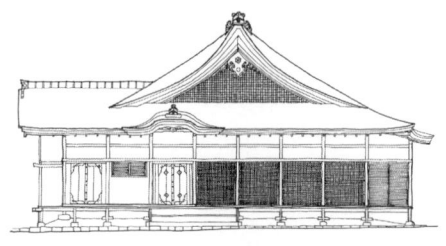

図1·14　主殿造り（園城寺光浄院客殿）(出典『建築の歴史』西田雅嗣他、学芸出版社)

---

*1　伝法堂：奈良時代の仏堂は、入母屋造り又は寄棟造りで建てられ床を土間としていたが、この建物は切妻造りで板敷きの床であることから住居であったと考えられる。
*2　押板：現在の床の間にあたる。

❸貴族・武家の住まい－近世－

1）書院造り

　住宅の様式は、主殿造りから書院造りへと変遷するとともに接客する室の対面形式も変化した（図1・15）。接客空間は、主殿造りでは1室であったものが、書院造りでは2から3室の連続した部屋で行われるようになった。大名の住宅では、接客・対面の機能を重視し、中心となる客間の座敷飾りとして、床の間・違い棚・書院が必要に応じて設けられた（図1・16）。木工具の発達による軸組構造技術の進歩や紙の増産により、柱は丸柱から角柱に変化し、外部には舞良戸や明り障子などの建具が用いられた。このような様式を書院造りという。

　書院造りは、江戸時代においては、武士や名主・庄屋以外は禁止されたが、幕府の身分による統制がなくなった明治以降、庶民の住宅に床の間付きの座敷として取り入れられ、伝統的な住宅形式として引き継がれた。

2）数寄屋造り[*1]

　武家の格式を重視した書院造りがつくられる一方で、17世紀前半になると、書院造りの意匠に茶室のもつ軽妙な意匠や独創的な手法を取り入れた数寄屋造りが生まれた（図1・17）。内部は、書院造りで用いられた角柱ではなく面皮柱[*2]を使い、欄間や釘隠しなどの細部に凝った意匠が見られる。

　数寄屋造りは、江戸時代後期になると武家や貴族などがくつろぎをもとめる別荘のほかに、町家や農家住宅にも採り入れられ、和風住宅の基本となった。

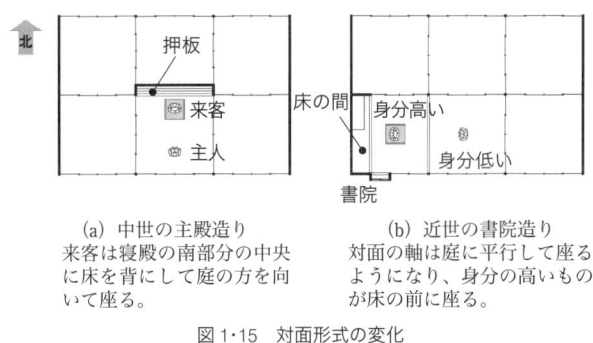

(a) 中世の主殿造り
来客は寝殿の南部分の中央に床を背にして庭の方を向いて座る。

(b) 近世の書院造り
対面の軸は庭に平行して座るようになり、身分の高いものが床の前に座る。

図1・15　対面形式の変化

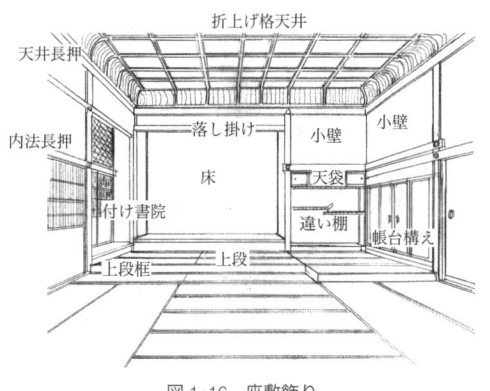

図1・16　座敷飾り

(a) 外観

(b) 内部

図1・17　三溪園臨春閣（1649年、神奈川県横浜市）

＊1　数寄屋造り：数寄屋建築、数寄屋、数奇屋とも呼ばれる。
＊2　面皮柱：丸太の四面を垂直に切り落とし、四隅に丸い部分が残った柱のこと。

❹ 庶民の住まい－古代から近世－

　民家とは、農家・漁家・町家などを総称した庶民の住まいをいう。庶民の住まいは、日本各地の気候や風土だけでなく、その地方のもつ産業を基本として発展し、意匠・構造などにいろいろな特色をもっている。

1）古代の民家

　現存する民家としては室町時代のものが最も古く、それ以前については遺構が見つかっていないが、古代の民家については、絵巻物などから推測することができる。

　年中行事絵巻には、図 1・18 のように平安時代後期の平安京内の民家が描かれており、町の通りに面して軒を連ね、間口は 2～4 間（柱間が 2～4 つ）で約 2～4m 程度であったと考えられる。掘立柱を立て、板葺きの屋根で、壁には網代*1 を張っていた。

2）中世の民家

　町家は、絵巻物や文書によると、間口・奥行ともに 2～3 間で描かれ、農家より小さい建物となっている。室町時代末期に描かれた洛中洛外図屏風には、新築中の京の町家が描かれており、柱には角材を用い、礎石はなく掘立柱であったことがわかる。また、壁の下地には小舞を組み土壁とし、屋根は板葺きで石を置いていた（図 1・19）。

　しかし、中世になってもまだ竪穴住居は各地に残っており、たとえば、粉河寺縁起（和歌山県）に当時の様子が描かれている（図 1・20）。

　室町時代と推定される豪農の住まいとして、箱木家住宅（兵庫県、図 1・21）や古井家住宅（兵庫県）がある。

図 1・18　京の町家（年中行事絵巻）（出典『建築の歴史』西田雅嗣他、学芸出版社）

図 1・19　京の町家（洛中洛外図屏風）
（出典『日本住宅史図集』理工図書）

図 1・20　粉河寺縁起（出典『日本住宅史図集』理工図書）

（a）外観　　　　　　　　　（b）内部
図 1・21　箱木家住宅（兵庫県神戸市）

*1　網代：杉皮や竹皮などを斜めまたは縦横に編んだもの。

3）近世の農家

　中世初期の農家の規模は 10 〜 20 坪であったが、近世初期になると、豪農の住まいは生活の安定と大工技術の発達により充実し、大きく頑丈で風雪に耐えられるようになった。中世において掘立柱としていた柱は、礎石の上に立てられ、貫が使われるようになったことで堅固な軸組みとなった。壁は、土壁や板壁とし、小屋組には扠首構造が多く用いられている。間取りは、入口に続いて土間を取り、土間に面して広間を取った広間型と呼ばれるものや、広間型が発展して生まれた田の字型（四間取り）などがある（図 1・22）。

　地域の気候・風土や産業、家の格式などの違いにより、その地方がもつ独特の意匠が各地に生まれている。代表的なものに、L字形の平面を持ち、厩と母屋がつながることで馬の様子がわかり、囲炉裏の暖気がまわりやすい曲屋（岩手県、図 1・23）、豪雪による雪下ろし作業の軽減や狭い地域に大家族が住まなければならないことにより生み出された合掌造り（富山県・岐阜県、図 1・24）、江戸時代の自作農以上の地位の象徴の高塀造り*1（奈良県）、母屋と土間をコの字形でつないだ竈造り（佐賀県）などがある。

4）近世の町家

　町の中にある商人や職人の住まいを総称して町家という。江戸時代に社会が安定し、生産力が増加するとともに商業活動が活発になった。都市に人口が集中し、単身者向けの借家が多くつくられた。江戸では、度重なる火災の教訓から、瓦葺屋根や漆喰塗の外壁が多く用いられるようになり、土蔵と同じような防火効果のある土蔵造り（図 1・25）が生まれた。表通りには、町家が軒を並べてつくられ、裏通りには、主として単身者が住む長屋が建てられた。京都市内の町家は、間口が狭く奥行きの長い敷地に、入口から奥に通じる通り庭をもつ形式を基本とし（図 1・26）、表通りに面したところには防火対策から、虫籠窓やしっくいで固めた格子などを備えていた。このため、町中が瓦葺屋根に整えられた統一感のあるまちなみとなっていた。また地方では、独自の住宅様式が見られる。中世より寺内町として開かれた今井町では、木部を白漆喰で塗りこめた大壁の住宅（図 1・27）などがある。

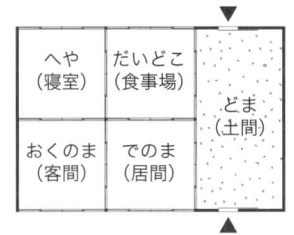

図 1・22　四間取りの例

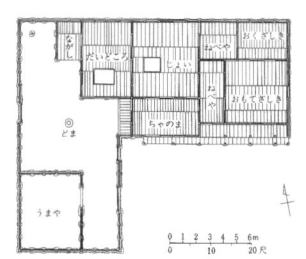

図 1・23　曲屋の例（菊池家住宅、岩手県遠野市）（出典『日本建築史図集』日本建築学会編）

図 1・24　合掌造り（富山県・岐阜県）（出典『建築の歴史』西田雅嗣他、学芸出版社）

図 1・25　土蔵造り（商家、埼玉県川越市）　　図 1・26　京都の町家の平面例

図 1・27　今井町の住宅（奈良県橿原市）（写真提供：公益財団法人　十市県主今西家保存会）

＊1　高塀造り：民俗学者により別名、大和棟と称される。

❺ 近現代の住まい

1) 明治〜昭和のはじめ

　明治時代においては、幕府による規制も廃止され、個人の財力に応じて住まいをつくることが可能となった。欧米からベランダや列柱を持つデザインやトラス構造、石・れんがの組積造などの新しい工法や材料が導入され、大工棟梁は新たな技術を消化・吸収し、その技術を生かして洋風住宅をつくった。しかし、意匠・様式の外観などを真似ただけで、在来の伝統的工法で建てられることが多かった。このような住宅には、政治家、実業家、外国人貿易商などごく限られた上層階級の者だけが住んでいた（図1・28）。大正時代の都市の庶民住宅は、土間に板をはり、台所を変化させたが、流しは土間に設けていた（図1・29）。都市に住むサラリーマンなどの中流層の住宅は、洋風の生活への憧れから、住まいに一部洋風のデザインを採り入れた和洋折衷の住宅となり、郊外に多くつくられた。この様式が大正の終りごろから昭和にかけて主流を占めた。

2) 同潤会アパート

　1923年9年関東大震災が発生し、被災者のための住宅建設を目的として翌年、同潤会が設立された。木造住宅が火災の被害を大きくさせたことから、日本で最初の鉄筋コンクリート造のアパート（集合住宅）が1926年東京・青山に建設された。同潤会は、1941年に解散するまで、主に都市で働くサラリーマンなどを対象とする良質の住戸を供給した（図1・30）。このなかで、和洋室[*1]の設置、設計の標準化、共同施設の設置などの新しい試みを行い、各戸に電気、都市ガス、水道、ダストシュート、水洗式便所などの近代的な設備を設置した（図1・31）。

　1930年に完成した大塚女子アパートメントは、職業を持つ女性向けに建設された代表的なものである。エレベーター、食堂、共同浴場、談話室、売店、洗濯室などがあり、屋上には音楽室、サンルームなどが完備され、居住者への配慮が行き届いたきめ細かな計画がなされていた。

図1・28　洋風住宅（ハッサム邸、1902年、兵庫県神戸市）

図1・29　大正時代の台所（出典『日本住宅史図集』理工図書）

図1・30　同潤会上野下アパートの外観（1929年、東京）

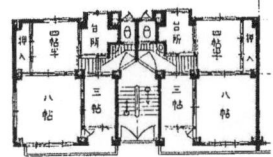
図1・31　同潤会渋谷アパートの平面図（一部）　後に代官山アパートと通称される。（出典『図説日本住宅の歴史』平井聖、学芸出版社）

*1　和洋室：居室の中に現代における畳コーナーを設けた洋室。

3）第二次大戦後〜現代

　戦後まもなく、日本各地にバラックや木造賃貸アパートが民間の力により多く建てられた。しかし、経済が回復するとともに住まいも社会とともに変化し、住宅や宅地の大量供給のための組織として、政府などの出資により、1955年7月に日本住宅公団が設立された。1970年代になると、プレファブ住宅（図1・32）やnDK形式のマンションの建設が経済発展を受けて進み、郊外では図1・33のようなニュータウンが建設され、都心部と結ぶ交通機関も開通した。その一方、人口の都市集中により、都市周辺の乱開発を助長しスプロール現象[*1]を生じさせた。1980年代後半になると、土地投機を原因としたバブル景気が起こり、都心部では地上げが横行し地価が高騰した。古くからの街は取り壊され、多くのマンションが建てられた。その結果、コミュニティや景観、自然環境を破壊し居住環境を一変させた。1995年、阪神・淡路大震災が発生し、木造住宅を中心に広い範囲で倒壊・焼失した。この経験を契機に住まいの安全性・耐震性が注目されるようになった。一方、新建材に起因するシックハウス症候群も問題になり、有害物質を含む建材の使用制限や機械換気が義務づけられるようになった。また、現在では地球環境に配慮した省エネルギー住宅や太陽光発電、燃料電池などを備えた住宅が建てられるようになっている。

◆**a　木造賃貸アパート**　　戦後の住宅需要に応え、1950年代後半に都市部だけでなく、全国的に多数建設された。1棟の中に一部または全部が共用の階段、廊下、台所、便所などがあり、1住戸は1〜2室である。

◆**b　公団住宅**　　住宅難解消を目的に1955年に日本住宅公団が設立された。全国各地に、浴室や水洗便所を備え、耐震・耐火・耐久性にすぐれた鉄筋コンクリートの賃貸・分譲住宅が建設され、ダイニングキッチンを組み込んだ図1・34のような2DKの集合住宅が多く供給された。

図1・32　日本のプレファブ住宅の原点ミゼットハウス（1959年）（写真提供：大和ハウス工業株式会社）

図1・33　多摩ニュータウン（1971年）（写真提供：UR都市再生機構）

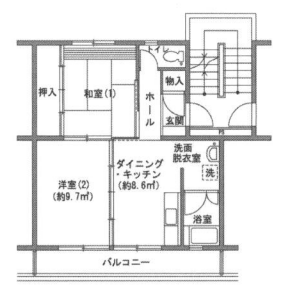

図1・34　2DK（多摩ニュータウン、1971年）（図面提供：UR都市再生機構）

図1・35　文化住宅

＊1　スプロール現象：市街地が無秩序に郊外に広がる現象。

◆ c 文化住宅　　関西地方において1950～60年代の経済成長期に民間により建設された分譲・賃貸を目的とした集合住宅の一つの形式。瓦葺の木造2階建モルタル塗りの共同住宅で、内部は2室以上あり、各戸に玄関、便所、台所などが備わっている（図1・35）。

◆ d 戸建住宅　　1950年に国の住宅施策として住宅金融公庫法が制定され、持ち家が奨励された。1950年代、都市部では居間中心の生活となり、居間が食堂とともに家族のだんらんや接客を兼ねる場となっていた。生活の洋風化が進み、座式から椅子式生活に変わり、夫婦の寝室やこども室は個室となり、プライバシーが重んじられるようになった。地方では、戦前からの生活様式を引き継ぎ、木造在来工法の平屋または2階建てで、床の間付きの和室や掘りごたつのある茶の間があった。茶の間は食事や家族団らんの場だけでなく、寝室としても使用した。1960年代高度経済成長期を迎え、勤労者の収入は増えた。核家族所帯の増加とともに、人々は住まいを求め、この購買意欲に着目した建設会社などが1960年代終りごろ分譲建売り住宅や、プレファブ住宅・ツーバイフォー工法（枠組壁工法）などの新工法の住宅を建て始めた。また、人口集中とともに、郊外のニュータウンにも多くの戸建住宅が建てられた。

◆ e 集合住宅　　マンションは、1960年代後半より地価高騰による土地の高度利用の必要性や、職住近接などの要求を満足させるために大規模な集合住宅として建てられようになった（図1・36）。

　タワーマンションは、1997年に容積率上限の600％までを日影規制の適用除外とする「高層住居誘導地区」の導入や、廊下・階段等を容積率の計算から除外する建築基準法が改正された結果、多数建設されるようになった（図1・37）。

　また、集合住宅についてもバリアフリーやユニバーサルデザインに配慮し、福祉社会にも対応できることが重視されるようになり、コレクティブハウスやシルバーハウジング、サービス付高齢者向け住宅など（p.116、表4・5を参照）が、各地に建てられるようになった。

図1・36　マンション

図1・37　タワーマンション

1・3 風土と住まい

　人間は地球上のさまざまな環境の中で生活をしている。地球誕生以来のさまざまな変動を経てかたちづくられた地形、気候、鉱物、動物・植物などによって、独特の「風土」が生まれた。その風土に応じて使用される材料も異なり、建物の構造や形態にも変化が生じた。古代ローマの建築家ウィトルウィウスは「建築には、付近で産出する容易に手に入る材料を用いなければならない」と述べている。その言葉によらずとも、人々はつみ重ねてきた知恵や経験と、身のまわりにある自然の材料を用いて、自然環境に適合した住まいを造ってきた。

❶世界の風土と住まい

1）気候による分類

　ただ単純に暑い、寒いだけではなく、乾燥・湿潤などとの複合的な気候要素により、住まいにはいろいろな形がある。暑くて乾いた気候のアラビア半島やアフリカ・サハラ砂漠などでは、遊牧民が移動生活のために、日射や熱風を防ぐ移動可能なテントを張り、生活している（図1・38）。暑くて湿った気候の東南アジアの地域などでは、室内の風通しをよくするために、骨組みを木で造り、壁は少なく高床式とし、屋根にはわらなどを葺き、軒の出を深くして日差しを遮るようにしている（図1・39）。

　寒くて乾いた気候のヒマラヤやチベットなどの高地では、雨が少ないため陸屋根にし、風が強く寒いため、壁は厚く開口部が少ない石造である（図1・40）。冬に寒くて湿った気候の北欧では、雨や雪が多いため屋根を急勾配とし、寒さを防ぐために断熱性と気密性を高くしている（図1・41）。

図1・38　日射を防ぐテントの住まい（サハラ砂漠）
(写真提供：ローズ ド マラケシュ 公式ブログ)

図1・39　風通しのよい高床式の住まい（タイ）

図1・40　風に強い組積造の住まい（チベット）

図1・41　気密性のよい壁式の住まい（アイスランド）

2) 生活様式による分類

　世界には、定住して暮らす農耕民族だけではなく、狩猟をしながら移動して暮らす民族もあり、その生活に適した住まいがある。アラスカからカナダ北部に住むイヌイットと呼ばれる民族は、冬の狩猟の際、雪や氷の塊をドーム状に積上げたイグルーと呼ばれる建物をベースに狩猟を行っていた（図1・42 (a)）。モンゴルの遊牧民は1年を通して移動を繰り返すことが生活の基本となっているので、ゲルと呼ばれる住まいで生活している（図1・42 (b)）。ゲルは、木でつくられた骨組みにテントを張る方法で壁や屋根を構成しており、簡単に組み立て取り壊しができ、軽くて耐久性がある。

3) 材料による分類

◆ **a 土の住まい**　北アフリカから中近東にまたがる大陸性の気候などでは、河川や沼から採取した泥に草やわらを混ぜ、練り土を成型した後、日光で自然乾燥させてできた日干し煉瓦などを積んでつくる（図1・43 (a)）。

◆ **b 石の住まい**　ヨーロッパアルプスの南側地域は、温暖で雨が少なく石材が豊富に産出する。壁は石を積んでつくるため窓は小さいが、夏季の湿度が低いので暑さは感じない（図1・43 (b)）。

◆ **c 木の住まい**　校倉造りは、製材された角材や丸太などを横に積んでいくもので、スイスやスカンジナビア諸国などの寒冷地に多く見られ、壁は厚く暖房にも適している。軸組式構法は、柱・梁で構成された軸組を基本とするもので日本や中国・韓国などで見られ、戸や窓を開放することで、通風を確保し厳しい夏の暑さを和らげる。ハーフティンバーと呼ばれる木骨真壁造は、柱や梁、筋かいなどの木造の軸組の表面を見せ、その間にれんがや石などを積み上げ、表面に漆喰を塗るもので、フランス北部・イギリス・ドイツ北部などで見られる（図1・43 (c)）。

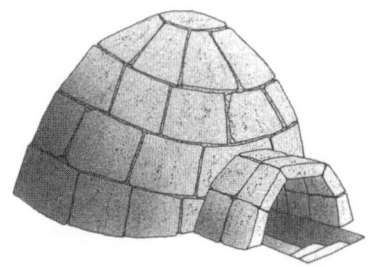
(a) 氷の住まいイグルー（アラスカ）

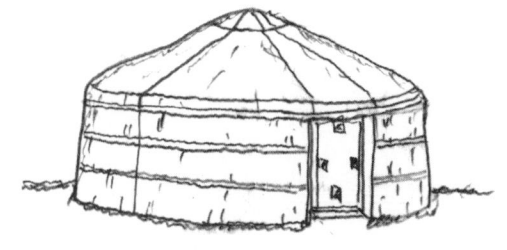
(b) テントの住まいゲル（モンゴル）

図1・42　生活様式による分類

(a)土の住まい（モロッコ、アイット・ベン・ハドゥ）

(b)石のすまい（イタリア、アルベロベッロ）

(c)木と漆喰の住まい（フランス、ストラスブール）

図1・43　材料による分類

❷ 日本の風土と住まい

1) 日本の風土と生活環境

わが国は、流氷が接岸する亜寒帯の北海道から南は珊瑚礁が群生する亜熱帯の沖縄まで、多様な環境がある。国土の周囲を海に囲まれ、四季がはっきりとしていて、春と秋には過ごしやすい日々が続き、夏季には高温多湿な日々が続く。また、冬季には寒冷少雨となるが、北海道・東北地方などを中心に多雪となり（図1・44（a））、本州の日本海側では、シベリア地方から吹き付ける強い寒風を受ける。また、毎年のように襲来する台風や梅雨末期の豪雨は、洪水や土砂崩れ（図1・44（b））などの災害をもたらす。

夏季の高温多湿な風土に対して、人々は過ごしやすくするために、建物内の間仕切りには、取り外しのきく障子やふすまを使用し、風が通り抜けるようにしている（図1・44（c））。また、強い日差しを和らげ、雨風から建物を守るために、軒の出を深くしている（図1・44（d））。

積雪地では、屋根を急勾配にすることで雪が自然に滑り落ち、屋根に積もらないようしてきた。冬季の季節風の強い出雲地方では、敷地の西・北側に築地松（図1・44（e））とよばれる防風林により屋敷を囲い、これを軽減している。

このように、日本の風土と生活環境に応じて、人々は住まい方や建物に工夫を加えてきた。

(a) 豪雪に埋もれた建物（山形県長井市、2012年）
(写真提供：小野卓也)

(b) 土砂崩れ（奈良県十津川村、2011年）
(資料提供：NPO法人土砂災害防止広報センター)

(c) 風が通り抜ける間仕切り

(d) 日差しを和らげる深い軒

(e) 出雲平野の築地松（島根県出雲市斐川町、写真提供：島根県）

図1・44　日本の風土と生活環境

2）地域の住まいの特性

　各地域の住まいは、地域の風土により生み出され、時代とともに変遷し、伝統ある独自の意匠を表している。以下に特徴のある住まいをいくつかあげてみる。

◆ **a　寒冷地の住まい**　　近世以前のアイヌ民族は、葦（ヨシ）や樹皮などで葺いた屋根、同じ材料を用いた開口部の少ない壁、掘立て柱を基本構造とした「チセ」と呼ばれる建物に住んでいた（図1・45 (a)）。床を張らず地面に枯れ草を敷き詰め、その上に敷物やござを重ねて敷いていた。気密性は高いとは言えないが、炉を設け、年中小さく火を焚き続けることで地表に熱を貯め、厳しい冬を暖かく過ごしていた。

◆ **b　雪除け・日除けのある住まい**　　津軽平野に位置する黒石市では、「コミセ」と呼ばれる屋根付の歩道を私有地の中にもっている。雪の降り積もる季節には街を通り抜ける通路として、夏には照りつける強い日差しをさえぎる日除けとなっている（図1・45 (b)）。

◆ **c　暴風対策のある住まい**　　富山県砺波平野には、散居村*1を形成した農家集落がある。この地方では冬季には南西の季節風が強く吹く。それを防ぐために「カイニョ」と呼ばれる屋敷林が三方に設けられ、残りの一方の南東方向は明るい日差しを受け入れるように開放されている（図1・45 (c)）。

◆ **d　亜熱帯の住まい**　　沖縄では、台風と暑さへの対策が必要である。地元で産出される石灰岩で建物周囲を石垣で囲い、その内側には防風林の役目をはたす木を植え、漆喰で瓦を固定して台風に備えている。また、強い日差しや雨を避けるために深い軒を出している（図1・45 (d)）。

(a) チセ（北海道平取町）(写真提供：北海道平取町)

(b) コミセ（青森県黒石市）
(写真提供：青森県黒石市)

(c) カイニョ（富山県砺波市）(写真提供：となみ野田園空間博物館)

(d) 石垣で囲まれた住まい（沖縄県北中城村）
(写真提供：中村家)

図1・45　日本の特徴ある住まい

＊1　散居村：広大な農地の中に各住戸が散在するもので、一般に散村と呼ばれる。それぞれの建物が独立しているため、風雪の影響を強く受ける。

1・4　住まいのあり方

　「住宅とは生活の器である」と言われるように、住まいとは人間が生活する上での拠り所である。心身の休養・健康維持の場であり、憩いとくつろぎの場であり、家族が生活し、絆を深める場である。また、住まいは人間形成に大きく関わり、心身の健全な成長発達を促す。住まいが人の体と心を育て、行動に影響を与えるのである。一日の大半を過ごす乳幼児、高齢者にとっては、特に影響が大きい。

　人間が快適と感じる気温はおよそ20℃前後であるが、同じ温度であっても室内の湿度が高ければ不快に感じ、風があたると寒く感じる場合もある。季節によっても感じ方が異なる。住まいの快適性には、様々な要因が複雑に影響しあうのである。伝統的な住まいは、住まいの外部環境を植栽によって緩和したり、屋根や壁の造りなどの建築的な工夫によって室内環境を調整し、インテリアを季節によって変えるなど、感性的に寒暑を凌ぐ住まい方の工夫などによって、これらの要因をうまく組み合わせ、さらに五感に働きかけることによって暑さ寒さに対処してきた（図1・46）。

　日本の住まいはここ数十年で激変し、便利で快適な生活が可能になった一方で、地球規模の環境問題が急速に拡がり、人間の健康上の問題だけでなく、すべての生命が脅かされる状況にある（図1・47）。これらの多くが人間の日常生活や産業活動に起因する。従来の住環境デザインは「人間の欲求に応える環境を作り出すこと」であったが、今や住まいを考えるうえで地球環境への配慮は欠かせない。より良い地球環境を次世代へ継承するために、膨大なエネルギー消費に依存した生活を見直し、人間にとって一番身近な環境である住まいについて、住まいの歴史や風土を踏まえ、住まい方を含めて考え直すことは重要である。

冬仕様　　　　　　　　夏仕様
図1・46　インテリアによる季節の演出

温暖化による気候の変化や酸性雨の影響で森林の木々が立枯れている。
図1・47　森林の立枯れ

2000年に成立した「住宅品質確保促進法」に基づいて住宅性能表示制度が始まり、共通のルールで住宅の性能を確認できるようになった。構造や防火性といった躯体の性能に加え、室内環境や省エネルギー性など環境面での性能についても表示される（図1・48）。第三者機関が客観的に評価を行い、水準が等級など数値で表示されるので、住宅の性能がわかりやすく、住まいを検討する上でひとつの指標になる。

　『良い住まい』の条件は人によって千差万別であるが、共通して求められるのは「機能的」で「心地よい」ことであり、一般に次の条件を満たしていることである。

①構造安全性や耐久性などの機能を満たしており、日常生活の安全性が確保されていて、安心して生活できること
②生活する上での機能を満たしており、障害の有無・年齢・性別に関わらず、不自由なく便利で機能的に生活できること
③住む人の嗜好が反映され、体の健康を維持し、安らぎや楽しさなど心豊かな生活ができること
④近隣や地域と密接に関わり、環境との共生を目指した持続可能な住まいであること

　本書では、住まいと環境に関する今日的な問題を洗い出し、将来にわたって望ましい住環境と住生活について考えていく。自然環境と共生してきた長年の生活の知恵と、現代の技術を融合させた住まいづくり、および感性を活かす住まい方が、本当の意味で生活の豊かさを実感できる、持続可能な社会を築くことになるだろう。

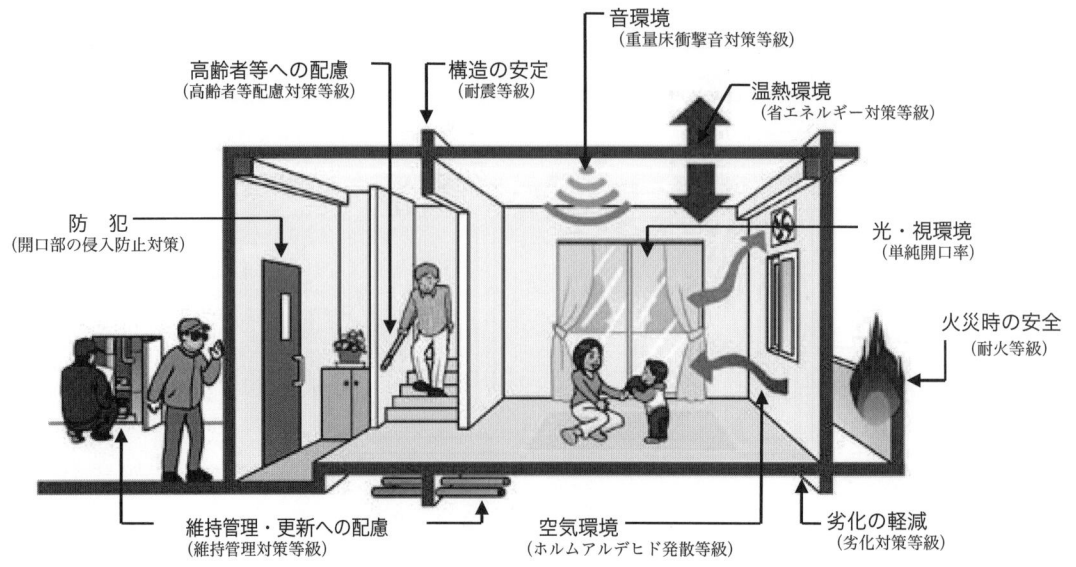

図1・48　住宅性能表示のイメージ（10分野34事項）（国交省資料より）

第2章　安心な住まい

2・1 住まいにひそむ危険

❶家の中で事故にあう

1）日本の住宅内事故

　本来住宅は、外界から身を守りくつろぐ場所であるが、この住宅内でけがをしたり、生命の危険につながる事故にあう場合がある。このように住宅内で発生する事故を住宅内事故といい、身の回りの物が原因となる場合と、建物の設計や使用方法が原因となる場合がある。ここでは、おもに建物に起因する事故について述べている。

　表2・1は平成22年度版人口動態統計をもとに、家庭における不慮の事故による死亡者数と、その発生状況をあらわしたものである。これによると1万3千人近くの人が亡くなっており、交通事故による死者数の約2倍に達している。人口動態統計では、家庭における160項目にわたる不慮の事故を対象としているため、すべてが建物に関係した住宅内事故による死者とは言えないが、毎年数千人が建物が関係した事故で死亡していると推計できる。

◆ a　**家庭での不慮の事故の発生状況**　死者数が最も多い「浴槽内での溺死や溺水」は、入浴中に病気などにより意識を失ったことによるもので、建物は関係していないようにもみえるが、冬期間における建物内の暖房室と非暖房室の温度差が発症の原因ともなりうる。続いて「不慮の窒息」による死亡事故が多いが、この多くは「餅」などの食品や、食品以外のものを気管などに詰めて窒息するもので、建物はほぼ無関係といえる。転倒・転落事故のうち、約半数が廊下や居室、浴室など段差のない場所で発生している。また、階段や建物からの転倒・転落事故も少なくない。「煙、火および火炎への暴露」のほとんどは火災によるものとみられ、また着衣着火による死者数も無視できない。「有害物質による中毒」は一酸化中毒などが考えられる。

◆ b　**家庭での不慮の事故による被害者**　表2・2によると死亡した人の年齢層は、「45〜64歳」から大きく増え始め、65歳以上の高齢者は全体の80％近くを占めている。これは、高齢者が他の年齢層に比べて住宅内にいる時間が長いこと、加齢による身体能力の低下が原因と考えられる。

表2・1　家庭における不慮の事故の種類と死者数（「平成22年版人口動態統計」より作成）

家庭における不慮の事故の種類	総数		0〜4歳		65歳以上	
家庭における不慮の事故の種類	12873	100%	172	1%	10150	78.8%
転倒・転落	2676	20.8%	23	1%	2142	80.0%
同一平面上での転倒	*1383		5		1226	
階段やステップでの転倒	*480		1		381	
建物又は建造物からの転落	*401		12		188	
その他の転倒・転落	412					
不慮の溺死・溺水	3964	30.8%	35	1%	3472	87.6%
浴槽内での溺死及び溺水	3626		25		3187	
浴槽への転落による溺死及び溺水	*42		5		31	
その他の溺死・溺水	296					
その他の不慮の窒息	3856	30.0%	89	2%	3232	83.8%
ベッド内での不慮の窒息及び絞首	48		37		10	
その他の不慮の首つり及び絞首	28		1		15	
気道閉塞を生じた食物などの誤えん	2690		17		2361	
気道閉塞を生じたその他の物体の誤えん	195		2		157	
煙、火および火炎への暴露	1164	9.0%	17	1%	703	60.4%
建物又は建造物内の管理されていない火への暴露	*1030		17		602	
その他の着衣及び衣服の発火等への暴露	*65				54	
熱および高温物質との接触	121	0.9%	4	3%	106	87.6%
蛇口からの熱湯との接触	*97		3		85	
有害物質による中毒・暴露	555	4.3%	0	0%	141	25.4%
その他のガス及び蒸気による不慮の事故	119		0		29	
その他の不慮の事故	537	4.2%	4	2.3%	354	3.5%
交通事故死（参考）	6519		42	1%	3386	51.9%

＊は、事故の発生と建物に関係があると考えられもの。

表2・2　家庭での不慮の事故で亡くなった人の年齢構成（「平成22年版人口動態統計」より作成）

年齢層	人数	全体に占める割合
0〜4歳	172	1.3%
5〜14歳	59	0.5%
15〜44歳	731	5.7%
45〜64歳	1750	13.6%
65〜79歳	4388	34.1%
80〜	5762	44.8%
不明	11	0.1%
合計	12873	100.0%

❷ どこで、どんな事故

ここでは、病院危害情報データベース[*1]をもとに、住宅内での事故の発生場所や事故の内容について検討する。このデータベースから2007年〜2009年に発生した事故について、原因となった対象物の上位10項目を表したものが表2・3である。これによると階段での事故が最も多く、またこのほかに、建物内では、「ドア・建具」「床」があがっている。

表2・4は、2009年度に起きた事故の上位7項目について、年齢層別に発生件数を表している。被害者の成長により、原因となる項目が顕著に変化することがわかる。「0〜5歳」では、ベッドや椅子からの転落や、ベッドでの窒息など家具類が関わる事故が多く、自分で移動できるようになる「3歳〜10歳代」では自転車や遊具によるもの、「20歳〜50歳代」では包丁やコンロなどの調理器具によるもの、「50歳以上」では階段での事故が多くなっている。

1）階段

階段は住宅内で事故が最も多く発生する場所である。

多くの場合が階段昇降時につまずいたり、足を滑らせて転落するもので、手すり端部に服の袖口をひっかけてバランスを崩し転落することもある（図2・1）。荷物を持っての昇降や、階段に置いた物が足下を不安定にし、事故を誘発することも少なくない。また、上階の廊下で遊んでいた子どもが、遊具の乗り物に乗ったまま転落した例もある。

年齢別にみると「0〜2歳」が166件と圧倒的に多い。自分で移動することができるようになっても、脚力や判断力が未発達であることや、乳幼児は頭が重く、重心が高いことが関係していると考えられる。「60〜70歳代」では、各年齢層の事件件数の1割を占めているが、脚力や運動神経の衰えが顕著となる「80歳以上」になると「床」での事故と並び事故の2割を占める。

けがの状況は「挫傷・打撲傷」が440件（60.2％）と最も多く、次いで「骨折」が119件（16.3％）、「刺傷・切傷」が93件（12.7％）となっている。

表2・3 家庭内事故発生件数上位10項目の推移（「2010年版消費生活年報」国民生活センター編より）

年度	2007年 10,089件			2008年 8,260件			2009年 8,668件		
順位	対象物	件数	割合(%)	対象物	件数	割合(%)	対象物	件数	割合(%)
1	階段	952	9.4	階段	752	9.1	家具類	835	9.6
2	自転車	684	6.8	自転車	512	6.2	階段	809	8.4
3	包丁	426	4.2	包丁	382	4.6	自転車	565	6.5
4	遊具	409	4.1	机・テーブル類	281	3.4	調理器具	502	5.8
5	椅子類	340	3.4	遊具	275	3.3	建具	438	5.1
6	自動車	333	3.3	自動車	271	3.3	床	335	3.9
7	ドア	326	3.2	ドア	257	3.1	遊具	307	3.5
8	机・テーブル類	295	2.9	椅子類	254	3.1	四輪自動車	275	3.2
9	建具	263	2.6	床	224	2.7	屋外装備品	253	2.9
10	床	255	2.5	ベッド類	199	2.4	道路	189	2.2
合計		4,283	42.4		3,407	41.2		4,508	51.1

2009年度から事故原因となった対象物の分類が、一部変更されているため、単純に比較はできない。

表2・4 年代別危害発生状況（「2010年版消費生活年報」より作成）

年代	事故件数	家具類	階段	自転車	調理器具	建具	床	遊具
0〜2歳	1,838	357 19.4%	166 9.0%	46 2.5%	—	100 5.4%	—	65 3.5%
3〜5歳	947	143 15.1%	59 6.2%	73 7.7%	18 1.9%	67 7.1%	—	108 11.4%
6〜9歳	635	47 7.4%	36 5.7%	81 12.8%	—	36 5.7%	20 3.1%	99 15.6%
10歳代	69	26 3.7%	42 6.0%	107 15.4%	22 3.2%	44 6.3%	—	32 4.6%
20歳代	594	19 3.2%	43 7.2%	32 5.4%	90 15.2%	24 4.0%	—	—
30歳代	698	22 3.2%	60 8.6%	38 5.4%	95 13.6%	34 4.9%	—	—
40歳代	584	22 3.8%	55 9.4%	34 5.8%	81 13.9%	25 4.3%	14 2.4%	—
50歳代	598	20 3.3%	57 9.5%	36 5.4%	86 14.4%	27 4.5%	25 4.2%	—
60歳代	700	37 5.3%	76 10.9%	46 6.6%	51 7.3%	23 3.3%	51 7.3%	—
70歳代	723	56 7.7%	80 11.1%	46 6.4%	36 5.0%	27 3.7%	49 6.8%	—
80歳以上	656	86 13.1%	135 20.6%	26 4.0%	—	31 4.7%	135 20.6%	—
合計	8,668	835 9.6%	809 9.3%	565 6.5%	502 5.8%	438 5.1%	335 3.9%	307 3.5%

危害情報システムに寄せられた情報より、事故原因となった上位7つの事故について、年代別に表したもの。[—]は件数が不明のものである。

[*1] 全国の危害情報収集協力病院（20病院）から収集した情報によるデータベースで、全国の消費生活センターから寄せられた危害・危険情報とあわせて、「危害情報システム」として国民生活センターに登録・分析・運用されている。

2) 建具

建具にはめ込まれたガラスが割れて、刺傷・切傷を負ったり、ドアや窓などにより指を挟む事故がある。特に「開き戸」が、風にあおられて勢いよく閉まったときに、指を挟むと重傷事故となる。吊元(丁番のある側)で挟むと指が潰され、ドアノブ側で挟むと切断されてしまう場合もある(図2・2)。

3) 浴室

浴室は、転倒や溺水、やけどなどの死亡につながる重大事故が多く発生している場所である。肌を露出している場合が多いため、けがの程度が大きくなりやすい。

「浴槽内での溺死・溺水」は、多くが脳や循環器の病気が原因となり、意識を失って浴槽内でおぼれるものである。これらの病気の発症に関しては、特に冬季における住宅内での暖房室と非暖房室との温度差が大きく関係していると考えられており、この温度差を「温度バリア」と言う。暖房した室から非暖房の脱衣室で衣服を脱ぎ、浴槽に入り暖まるなど、大きな温度変化に伴い血圧にも大きな変動を生じ、病気の発生を誘発する。また、浴室で幼児が残り湯を使って遊んでいるうちに、誤って浴槽内に転落して発生する場合が多く(図2・3)、数センチ程度の水深でも事故が発生する。また、親子で入浴しているときに、親が頭を洗っているうちに「子どもが浴槽内に浮いていた」という例もある。

浴室内で転倒すると、床に身体を打ち付けるだけはなく、水洗金具などに身体をぶつけたり、鏡やガラスを割り、けがを大きくする場合もある。また、頭を強打して死亡事故につながる場合が少なくない。

やけどは、蛇口やシャワーから誤って高温の湯を出した場合に発生する。また、ボイラーを使って浴槽の湯を沸かしている時に、子どもが浴槽のふたの上に乗って遊んでいて、誤って浴槽内に転落したり(図2・4)、浴槽のふたの上に手を置き、操作パネルなどを操作しようとした際に、ふたがはずれて浴槽内に転落する場合などがある。高齢になると反射神経の衰えや、皮膚の温度感覚が鈍くなることにより、回避行動が遅れ症状がひどくなることも少なくない。

図2・1 手すり端部

図2・2 ドア

図2・3 浴槽

図2・4 浴槽の蓋

4) 居室

居室では高齢者の転倒事故が多い。転倒する原因としては、「床面上の新聞・チラシを踏んで滑る」「こたつ布団につまずく」「コンセントのコードに足をひっかける」「ペットがじゃれついた」などの日常の何気ない動作の中で発生し、打撲や擦過傷、骨折などを負っている。加齢に伴う運動能力の低下が大きな原因と考えられ、骨折の程度がひどい場合には、そのまま「寝たきり」につながるケースもある。

5) 台所

台所で多い事故には、刺傷・切傷や転落、やけどなどがある。刺傷・切傷は包丁など刃物によるものであるが、ラップの刃や、食器を割った破片などによる場合もある。転落は、高いところに置いてある物を取るために椅子を使うなど、無理な姿勢が原因となり発生する。

やけどは、コンロ台の炎やお湯などによるものが多い。また、コンロ台の火が衣服に燃え移る「着衣着火」によるものがある。日頃の慣れからくる油断に加えて、加齢による水晶体の機能低下により「視界の黄変化」が進行している場合、ガスの青色の炎が見えにくくなる。このため、炎の存在を十分に認識することができず、不用意に身体を近づけ、袖口などに燃え移ることとなる。

6) その他

◆ a　熱中症　夏季に高齢者が屋内で熱中症にかかり、死亡する事故が増えている。平成22年では1718人が熱中症で亡くなっているが、このうち65歳以上の高齢者は約8割を占めている（表2・5）。発生場所が明らかになっている死亡事故のうち8割以上が家庭で発生している（表2・6）。加齢に伴い、発汗等による体温の調整機能が低下しているだけでなく、寒暖を感じる感覚が低下することにも起因している。このため室内が高温になっていることに気づかず、「一人でエアコンを使用するのはもったいない」という意識も手伝い、熱中症に陥ってしまう。

◆ b　家具類　ベッドや椅子からの転落やキャスター付き家具が動き、転倒するなどの事故があり（図2・5）、0～5歳の乳幼児や高齢者に多く発生する。高齢者の場合、骨折につながる場合も少なくない。

表2・5　熱中症による死亡者の年齢構成（厚生労働省資料（平成23年6月24日）より作成）

年齢層	死亡者数	割合（%）
0～4歳	1	0.1%
5～14	0	0.0%
15～44	78	4.5%
45～64	275	16.0%
65～79	556	32.4%
80～	806	46.9%
不詳	2	0.1%
総数	1718	100.0%

表2・6　平成22年　熱中症による死亡者数（「平成23年6月24日厚生労働省資料」より作成）

発生場所	死亡者数
家（庭）	783
居住施設	3
学校、施設及び公共の地域	3
スポーツ施設及び競技施設	3
街路及びハイウェイ	20
商業及びサービス施設	5
工業用地域及び建築現場	19
農場	62
その他の明示された場所	46
詳細不明の場所	774
総数	1718

図2・5

❸ 事故を避けるためのデザイン

　家庭内事故の発生原因に対して、建築計画や設備、デザイン的な配慮や対策を講じることにより、事故の発生を防いだり、事故の程度を軽くすることが期待できる。

1）階段

◆ a　**階段の種類**　途中に踊場のある「折り返し階段」は、階段上方で足を滑らせても、踊場で転落をくい止めることができるので、望ましい。「直階段」は足を滑らせると、一気に下まで転落してしまい危険であるが、十分な踊場を設けると改善できる。昇降しながら身体の向きを変える「曲がり階段」はバランスを崩しやすく危険である（図2·6）。

◆ b　**配置**　子どもが勢い余って転落することがあるので、上階の廊下の正面には、階段を配置しないようにする（図2·7）。

◆ c　**階段の寸法**　高齢者や子どもたちには勾配は緩やかなほうが望ましいが、住宅内の限られた面積のなかでは限度がある。表2·7は住宅金融支援機構（旧：住宅金融公庫）によるバリアフリー住宅の階段勾配の基準寸法であり、参考として建築基準法による学校の階段寸法も示している。勾配が緩ければ使いやすいわけではなく、図2·8にある条件を満たすことも重要である。

◆ d　**手すり**　階段の両側に設置するのが望ましいが、無理な場合は、降る時の利き手側に設置する。特に「手すり端」に袖口を引っかけると、転倒や転落の原因となるので、壁側に折り込むなどの配慮が必要である（図2·9）。

　元気な大人と子どもや、高齢者に適した手すりの高さは異なるので、手すりを2段設置することが望ましい。また、手すり子間隔が広いと隙間から子どもが転落する危険があるので、10cm以下とする。

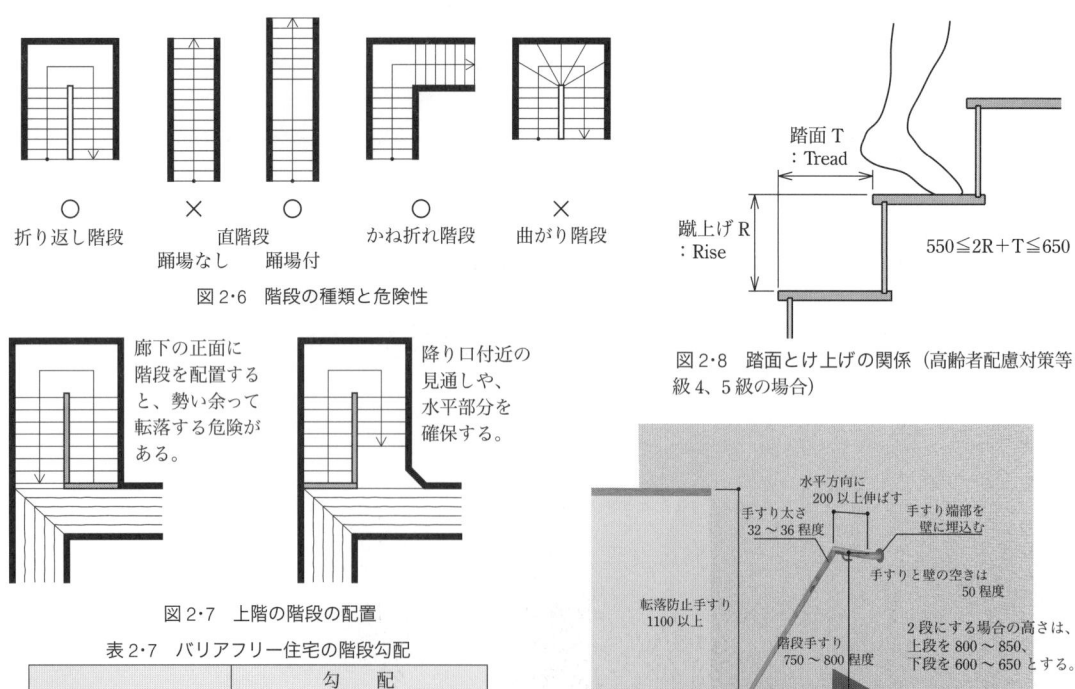

図2·6　階段の種類と危険性

図2·7　上階の階段の配置

図2·8　踏面とけ上げの関係（高齢者配慮対策等級4、5級の場合）

図2·9　階段の手すりの寸法

表2·7　バリアフリー住宅の階段勾配

		勾　配	
推奨値		6／7	40.6°
参考	小学校	16／26	31.6°
	中・高校	18／26	34.6°

住宅金融支援機構・住宅技術基準「バリアフリー住宅仕様」より。参考は「建築基準法」による最低寸法である。

◆ e　照明　　照明で階段自体の影が踏面に映ると、高齢者には見えにくくなる場合があるので、照明器具の設置位置に配慮する。階段の昇降口付近に足元灯を設置すると、夜間でも階段位置がわかりやすくなる。

◆ f　その他　　仕上げは、板材よりもカーペットのほうが滑りにくい。板材で仕上げる場合には、ノンスリップの設置や、溝を彫るなど滑らないように配慮する。蹴込み板のないものはつまずく原因となるので配慮が必要である。また、乳幼児のいる家庭では、子どもが1人で階段に入れないように、一時的に階段の上下部分に可動式の柵を設けるのも効果的である。

2）浴室

◆ a　床材　　滑りにくい材質・仕上げのものを選択する。また、冬季に冷たさを感じにくいものがよい。

◆ b　手すり　　スリップによる転倒を防ぐだけでなく、浴室内での立ち座りや浴槽への出入りが、安定してできるようになり、身体への負担も軽くできる（図2・10）。

◆ c　浴室ドア　　幼い子どものいる家庭では、浴室内に子どもが勝手に入れないようにするため、子どもの手の届かない高い位置に鍵を設置するとよい。浴室用車いすを使用する場合は、有効開口寸法を800mm以上確保するとともに、浴室と脱衣室の間の段差をなくす（図2・10）。

◆ d　浴槽　　高齢者にとって、浴槽のエプロン高さ40～45cm程度が安定して出入りできるので、和洋折衷式の浴槽が適当である。洋式浴槽は、浴槽内で身体を安定させることが難しく、高齢者が溺れる危険がある（図2・11）。浴室内の人の動きを感知し、一定時間、動きがない場合に警報を発したり、湯を自動排水するシステムも開発されている。子どもが小さいうちは水遊びをしないように、残り湯を溜めおかないようにする。

	和式	和洋折衷式	洋式
	60程度 80～120程度	60程度 110～160	45程度 120～180程度
	深さがあり、膝を折り曲げて肩までしっかりと浸かることができる。スペースの取れない浴室に向いているが、エプロン高さが高くなりやすい。	肩まで浸かることができ、身体も伸ばすことができる。この型の採用が多い。	浅く長い浴槽に、身体を伸ばして寝た姿勢で入浴する。広い浴室が必要。滑りやすく、立ち座りが困難となりやすい。

図2・11　浴槽の種類

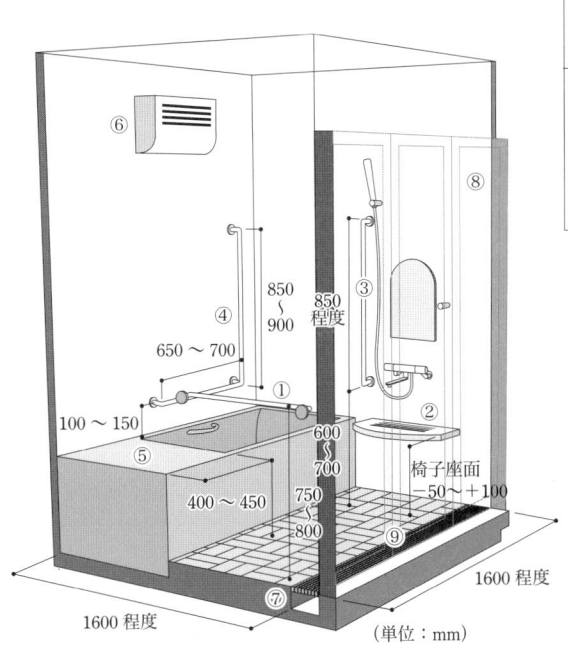

① 水平てすり：浴室内での移動を補助する
② 洗面器置台：シャワーチェアーを使って楽な姿勢で洗う
③ 縦手すり：立ち座りと浴槽への出入りを補助する
④ L字型手すり：浴室内での立ち座りと位置の安定を補助する
⑤ 腰掛けスペース：ここに腰を下ろして浴槽への出入りをする
⑥ 浴室暖房：浴室の寒さを防ぐ
⑦ グレーチング：脱衣室への水の浸入を防ぐ
⑧ 3枚引きの引き戸：有効開口寸法800mm以上を確保する
⑨ 段差のない入り口：浴室への出入りが楽にできる

図2・10　浴室の設計例

◆ e 浴槽のふた　シャッター式のものは、手を載せて体重をかけたり、子どもがふたの上に載ると、たわんで浴槽内に転落する原因となる。たわみにくい板状で滑り止めのある（図2・12）、SGマーク（図2・13）の付いたものが望ましい。

◆ f 混合水栓　加齢に伴い「握って動かす」操作が困難になる場合が多い。「ツーバルブ」方式は操作が困難であるだけではなく、温度調整が難しくやけどの危険がある。温度調整のしやすい「サーモスタット式」や、握る動作をせずに片手で吐水・温度調整のできる「シングルレバー式」を使用する（図2・14）。

◆ g ガラス　浴室内にはガラスを使わないことが望ましい。使用する場合には合成樹脂や、割れても飛散の少ない「合わせガラス」を使用する。既に施工されている一般のガラスや鏡には「飛散防止フィルム」を貼ると、万が一割れた場合も被害を小さくできるが、耐用年数があるので定期的に貼り替える必要がある。

◆ h 浴室暖房・換気　床暖房や浴室暖房を設置して、浴室や脱衣室の気温が低下しないようにする。また熱交換型換気扇や断熱材を使用して室温低下の防止や省エネにも配慮する。

3）その他

◆ a 転落防止用手すり　高所にある窓やベランダなどに設置し、縦格子など足がかりとならないデザインとする。手すり高さは建築基準法上110cmであるが、現実的には120〜130cm程度が望ましい（図2・15）。また、手すり子間隔は10cm以下とし、エアコンの室外機など、手すり付近に足がかりになるようなものは置かないようにする。

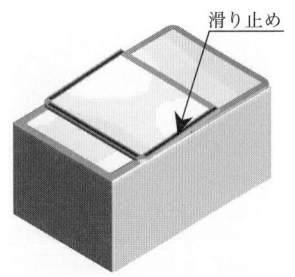

図2・12　浴槽のふた
十分な厚さがあってたわみにくく、滑り止めのあるものが良い。

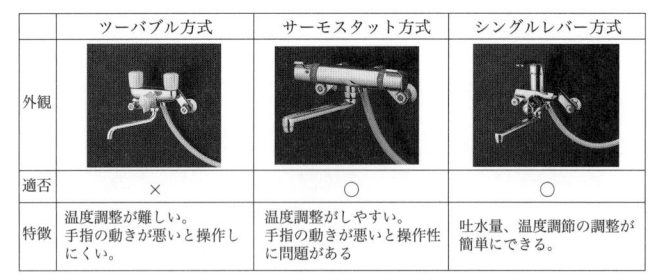

図2・14　混合水栓の種類と特徴

図2・13　SGマーク
（財）製品安全協会が安全基準を設け、この基準を満たす製品に表示されるもの。家具・家庭用品、乳幼児用品など124品目にわたる。

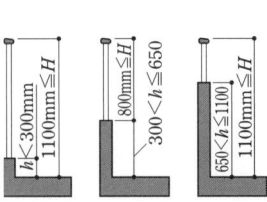

(a) バルコニーの場合

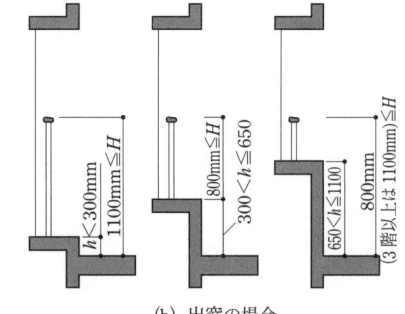

(b) 出窓の場合

h：床面から足がかりまでの高さ
H：手すり上部までの高さ

図2・15　手すりの例（住宅金融支援機構「木造住宅工事仕様書」より作成）

◆ b 歩行用手すり　　廊下や階段部分に設置する場合は、できるだけ連続させる。連続させることができない場合でも手すりのない部分を 40cm 以下となるようにする。障害の程度は変化するので、状況に応じて高さを変更できるように、「手すり取り付け金具」の下地補強を余裕をもって行う。玄関上がり框（かまち）など上下方向に移動する場所では「縦手すり」の設置が望ましい（図 2・16）。

◆ c 着衣着火　　高齢者の使用するキッチンの調理台は、炎の出ない「IH 式クッキングヒーター」の使用が望ましい。コンロ台の奥には、物が置けるようなスペースは作らないようにする。また仏壇の灯明は電気式にする。

◆ d 高気密・高断熱　　開口部の気密性を高くし、床・壁・天井に十分な断熱材を充填すると、建物内各室の温度較差が少なく、空調によるエネルギー消費量は少なくてすむ。一方でシックハウス症候群防止のため、化学物質の放出の少ない建築材料の選択や十分な換気量の確保などの配慮が必要である。

◆ e コンセント　　高齢者の生活圏ではコードに足を引っかけても簡単に外れる「マグネット式コンセント」を採用する（図 2・17）。使用していないコンセントには「コンセントキャップ」をプラグの代わりに差し込んでおき、子どもが不用意にハサミなどを差し込めないようにする（図 2・18）。

◆ f 温度計　　高齢者は、温度変化に気が付きにくくなっているので、室温の変化を認識できるように大きな寒暖計を目に付きやすい場所に設置し、注意を促すようにする。

◆ g ドアクローザー　　風などで急激に扉が閉まらないようにし、扉に指を挟む事故を防止することができ、また挟んだとしても、負傷の程度を軽減できる（図 2・19）。

◆ h ドアカバー　　開き戸の吊りもと側に設置し、指を挟まないようにする。特に子どもが幼い時期に発生しやすいので、ドアクローザーとの併設が望ましい（図 2・19）。

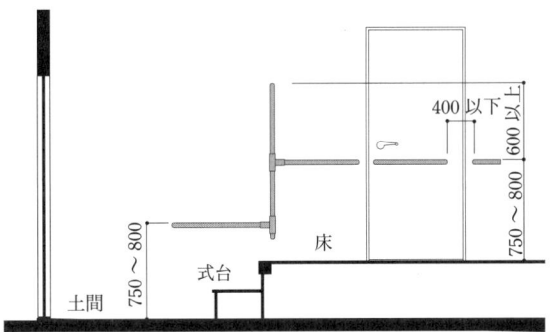

図 2・16　歩行用の手すり
手すりの太さは、直径 32～36mm のものを使用する。

図 2・17　マグネットコンセントの例

図 2・18　コンセントキャップの例
乳幼児の力ではずれないものを選択する。

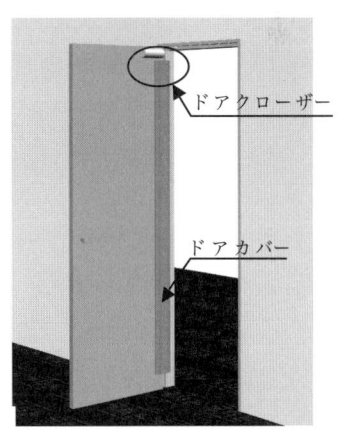

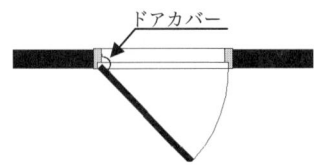

図 2・19　ドアカバーとドアクローザー
ドアカバーは厚手のキャンバス地などをネジで止め付けると良い

2・2 地震と住まい

❶日本の地震

　地震と縁の切れないのがわが国である。毎年、日本のどこかで、震度5を超える地震に見舞われ、多くの人たちが、被害を受けている。防災科学技術研究所は「地震動予測地図（地震危険度マップ）」を公開し、日本各地で地震に見舞われる確率を、色分けで表示し注意を促している。

　一方で、過去に発生した大地震の被害をもとに、地震による倒壊などの致命的な被害を被らないように、建築基準法の改正や日本建築学会の耐震基準の見直しが行われてきた。

1）地震による被害

◆ a　**建物の倒壊**　地震による人的被害は、倒壊した建物によるものが多い。「阪神・淡路大震災」では、1981年に施行された「新耐震基準」の適用以前に建てられた、古い建物に被害が集中した。一方で、震度6クラスの地震により建物が大きな被害を受けたとしても、倒壊しなければ多くの住人は避難することが可能となる（図2・20、2・22）。

◆ b　**家具による被災**　地震により、固定されていない家具は動き回り、転倒する。食器棚から食器が猛烈な勢いで飛び出した、という報告もある。ピアノのような重量物は、致命傷を与える凶器ともなり、人に倒れかかった家具は、けがを負わせるだけではなく避難や救助も妨げる。家具に使用されているガラス戸をはじめとする屋内のガラス製品は砕け散り、住人に怪我を負わせ、素足の人の避難を妨げることになる（図2・21）。

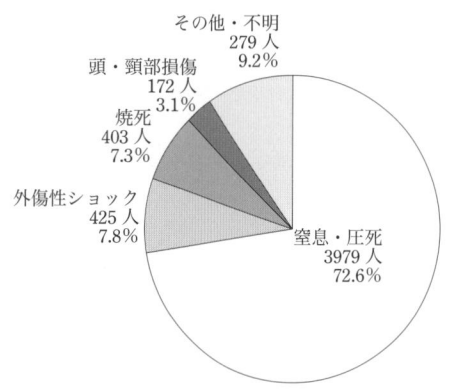

図2・20　阪神・淡路大震災における直接死の死因（兵庫県「阪神・淡路大震災の死者にかかわる調査について」2005年12月22日より作成）

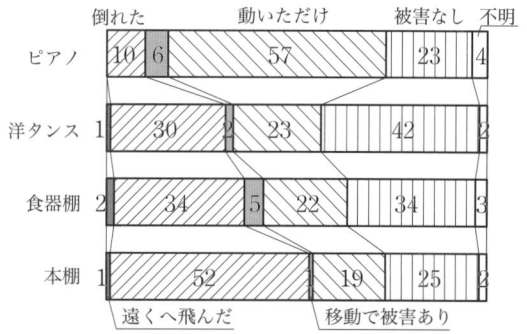

図2・21　震度7で動いたもの（日本建築学会「阪神淡路大震災住宅内部被害調査報告書」より）

図2・22　地震で倒壊した建物（1995年1月兵庫県神戸市）（写真提供：神戸市）

図2・23　地震で発生した土砂崩れ（2004年10月新潟県山古志村）（写真提供：国土交通省）

◆ c 地盤の崩壊　　大規模地震では崖崩れや地滑りが発生し、建物を飲込み（図2・23）、建物をのせたまま崩落する。地下水位の高い地域では「液状化現象」が発生し（図2・24）、地盤の不同沈下により建物が損壊・倒壊する恐れがある。さらに傾斜や段差のある地形では「側方流動」（図2・25）をともない建物を移動させ、基礎杭など地下構造物にも多大な影響を与える。

◆ d ライフラインの破壊　　上下水道・電気・ガス・電話などのライフラインの切断は、被災後の日常生活に困難をもたらす。さらに道路・鉄道などの交通網の寸断は、消防・救急車などの活動を妨げ、食料をはじめとする生活物資の供給に困難をもたらすこととなる。

◆ e 火災による被災　　使用中の「火」だけではなく、倒壊家屋での漏電が原因による火災の発生が見られる。交通渋滞や、倒壊家屋による瓦礫に阻まれて、消防車が容易に現場に近づけない。また消火用水の不足など地震による被害が、消火活動をより一層困難なものとし、特に住宅密集地での火災は短時間での延焼・拡大が懸念されている（図2・26）。

◆ f 津波による被災　　一般に、海底で発生する大規模地震には津波を伴い、発生状況や到達する地域の状況により、その規模は大きく変化する。2011年3月に発生した東日本大震災では、家屋や自動車が、押し寄せた津波により、のみ込まれる映像が配信され、世界中に衝撃を与えた（図2・27）。2万人に迫る死者・行方不明者の9割が津波によるものと言われている。津波の持つ巨大な破壊力の前には、防波堤などで被害を防ぐ「防災」には限界があり、致命的な被害から免れる「減災」の考え方も現実的な対応と言える。

図2・24　液状化現象で浮き上がったマンホール（2011年3月千葉県浦安市）（写真提供：浦安市）

図2・25　側方流動で崩れた護岸（2011年3月千葉県浦安市）（写真提供：浦安市）

図2・26　地震後発生した火災被害（1995年1月兵庫県神戸市）（写真提供：神戸市）

図2・27　津波の傷痕（2011年3月岩手県釜石市）（写真提供：静岡大学防災総合センター　小山真人氏）

❷ 地震に耐える

1）耐震構造

耐震構造は、地震エネルギーを建物構造で吸収し、耐えるもので、一般に構造部材は太くなる。地震エネルギーの吸収方式により次の2つに大別できる。

◆ a　剛構造　　建物の構造体を堅固にして地震力に耐えるもので、低層から中高層の鉄筋コンクリート構造などがこれに該当する（図2・29）。このため、地震による振動の影響を強く受けるため、家財の転倒や散乱による被害や心理的な恐怖も大きくなる。

◆ b　柔構造　　建物自体が「しなる」ことで、地震エネルギーを吸収する方法で（図2・30）、従来の超高層ビルは、この方式により設計されている。日本の伝統工法による「五重の塔」は、この構造に該当し、幾多の大地震においても、致命的な被害をまぬがれている。また、伝統工法で壁に「貫」を使ったものも、この構造に該当し、大きな被害をうけても、倒壊をまぬがれている例が多く見られる。一方、超高層建築物が、海溝型地震の長周期振動と共振する可能性が近年指摘されており、共振した場合には、高層部分での振幅はきわめて大きくなるため、揺れによる被害の拡大が懸念されている。

2）制振構造

制振構造は、建物に設置した装置により、風や地震エネルギーを吸収し、建物への影響を少なくするもので、装置の考え方により次の2つに大別できる。

◆ a　アクティブ型　　建物と地面に取り付けられたセンサーで、風や地震による揺れを関知し、コンピュータ制御により、建物上部に設置した「おもり」を移動させ、その慣性力で建物の振動を軽減させる。停電時にも対応できるように非常電源設備が必要となる（図2・31）。

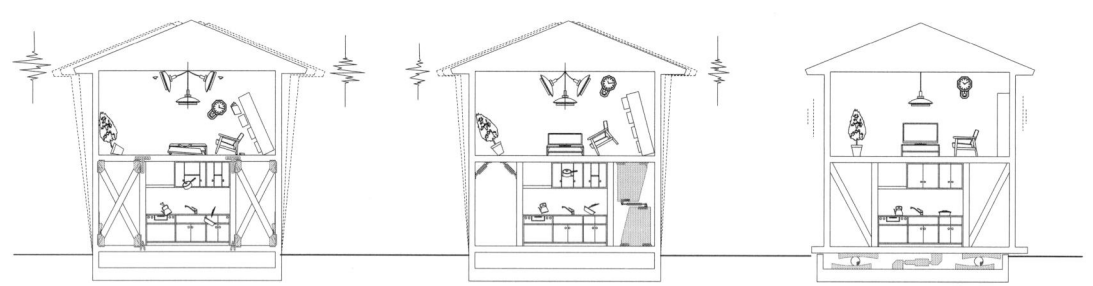

(a) 耐震構造
ゆれがそのまま建物に伝わり、上階にいくほど、拡大される。従来から使用されているもので、ゆれによる建物内部への被害が否めない。

(b) 制振構造
ゆれはある程度軽減されるが、建物や家具への影響は少なくない。比較的工費は安くできる。既存建物の耐震改修にも利用される。

(c) 免震構造
地震力のほとんどは建物に伝わらず、大きなゆれにはならない。工費が高く、一般に定期的なメンテナンスが必要。地盤状況や建物周辺のクリアランスなど、設置には条件がある。

図2・28　構造による建物のゆれ方と特徴

◆b　パッシブ型　建物の構造各部に取り付けた「ダンパー」(図2・32)と呼ばれる装置で地震エネルギーを吸収し、構造に加わる負担を軽減させる。振動の増幅を抑制する働きはするが、地震による建物の揺れの軽減はあまり期待できないので、家具の転倒などの対策が必要となる。

3）免震構造

　免震構造は、建物を地面から絶縁して地震エネルギーの伝搬を軽減するもので、建物へのダメージや家具の転倒を防ぐだけではなく、地震に対する恐怖感の軽減効果もある。地震力を絶縁する「免震装置（アイソレーター、図2・33）と振動を吸収する「減衰装置（ダンパー、図2・34）」、建物を元の位置にもどす「復元装置」から構成される。土台から上の上部構造は耐震構造とし、土台と免震層の間に建物の水平方向の変形を防ぐ「架台」を設置する。

　軟弱地盤や、液状化現象の発生が予測される地盤では、地震動の周期が長くなり、免震構造は、揺れを増幅する危険性がある。このため、このような地域ではこの構造を採用することはできない。

　また、地面に対して建物は、数10センチ動くことになるので、給排水管やガス管が破断しないように、可とう管を使用するとともに、建物の周囲に「クリアランス」と呼ばれる空間が必要となる。この空間には塀や植栽を設置できないだけではなく、駐輪・駐車場として使用することもできない。その幅は、人の通る場所では0.5m、通らない場所では0.4m程度必要となる。

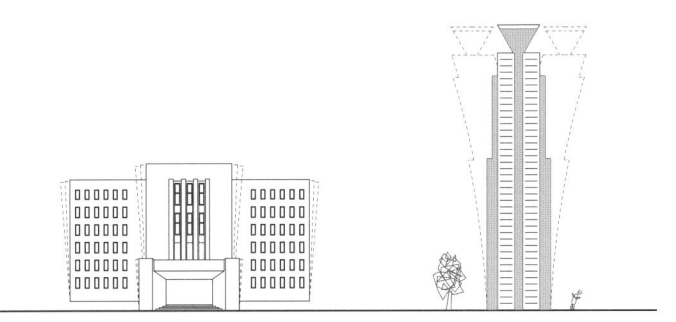

図2・29　剛構造
建物の構造で、地震力に耐えるため、柱や梁は太くなり、開口部は限られる。

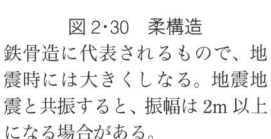

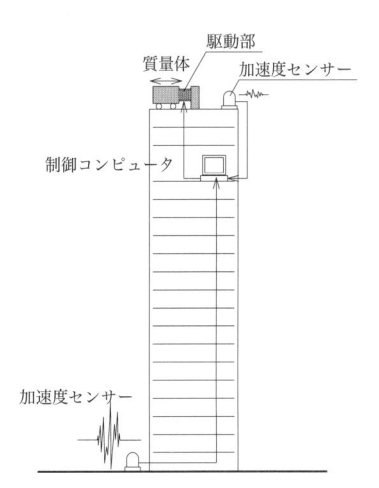

図2・30　柔構造
鉄骨造に代表されるもので、地震時には大きくなる。地震地震と共振すると、振幅は2m以上になる場合がある。

図2・31　アクティブ制振構造の例
地震だけでなく、風による揺れを防ぐ効果もある。

図2・32　制振ダンパーの例
構造の変形を吸収する。吸収材によりゴム、オイル、エアーなどの種類がある。

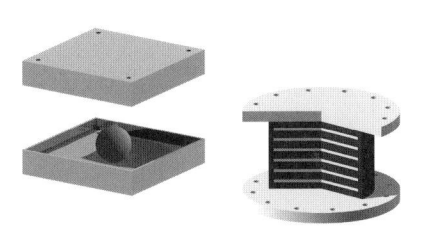

図2・33　免震装置の例
左は凹面を球が転がることで、右はゴムと金属板を交互に積層し、横にずれることで免震する。いずれも、地震終了後、建物を元の位置に戻す復元装置を兼ねている。

図2・34　減衰装置の例
地震エネルギーを吸収して、建物の振動を減少させる。

❸ 地震に耐えられるようにする

わが国では過去の地震を教訓に、建築に関わる法律が繰り返し改正されてきた。この中でも1981年に改正された建築基準法、いわゆる「新耐震基準」では、内容を大きく見直し、建物の耐震性能を強化した。

1）耐震設計

巨大地震でも、被害を受けない建物を作ることは可能であるが、経験する可能性の低い地震に対して、万全の対策で臨むの不経済である。また、柱は太くなりすぎ、開口部の取れない耐震壁が多くなり、実用上も不便を生じる。このため耐震設計では、想定される地震規模を二段階に分けて行う。

◆ **a　一次設計（損傷限界）**　建物を使用している間に、数回は経験するであろう中規模の地震（震度5程度）に対しては、建物の仕上げや設備に損傷はなく、構造に損傷が生じても軽微なものに留まり、補修により継続使用できる程度の強度をもつように設計するもの。

◆ **b　二次設計（安全限界）**　建物の使用している間に、経験するか否かの大地震（震度6以上）に対しては、建物の構造自体に被害が生じても、倒壊などの致命的なものとはならず、中にいる人の安全を確保できるように設計するもの。

◆ **c　偏心率**　地震に対する耐震壁などが偏って配置されると、地震力を受けた際に、建物全体にねじれる力や、局部的に大きな力が働き不利となる。このため、建物の重心（重量の中心）と、剛心（剛性[*1]の中心）の位置から偏心率を求め、建物の平面的な安定性を評価する（図2・35）。重心と剛心が一致する場合、偏心率は0となり安定している。在来工法による木造住宅では、壁量計算とよばれる簡易的な計算方法を用いて、偏心率の計算の代わりとするのが一般的である。

◆ **d　剛性率**　地震力が加わった場合、各階高さと変形量から求められる剛性と、各階の剛性の平均から求められもので、建物の高さ方向の安定性が評価できる。剛性の小さな階があると、その階に変形が集中し、建物が破壊される可能性が高くなる（図2・36）。

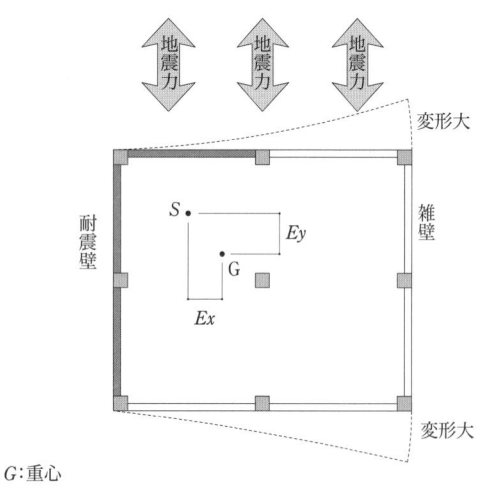

G：重心
S：剛心
Ex：Y軸方向の壁の偏心距離
Ey：X軸方向の壁の偏心距離

図2・35　重心と剛心
耐震壁の配置が偏っているため、建物にねじれや回転する力が加わる。

図2・36　構造の弱点
ピロティなどは剛性率が低くなり、構造上不利となりやすい。

＊1　剛性：外力による変形の起きにくさを表す度合い

2）耐震診断

1981年に施行された「新耐震基準」適用前に建てられた建物については、耐震強度が不足している可能性が高い。このような建物では「耐震診断」を行い、強度が不足する場合には改修を行い耐震性能を高くし、建物や人への被害を防ぐようにする必要がある。

1995年に施行された「建築物の耐震改修の促進に関する法律」では不特定多数の人が利用する一定規模以上の建物については、現行の耐震基準と同等以上の耐震性を確保するように定められたが、努力目標にとどまり、改修がすすまなかった。このため2013年に改正され、耐震診断の義務化、およびその結果を公表することで耐震改修を強く促すものとした[1]。

建物の構造や用途により、耐震性能の診断方法も異なり（表2・8）、居住者が行う簡易的なものから、専門家によるものまで各段階があり（表2・9）、必要に応じて実施する。

3）耐震改修

耐震診断の結果、耐震性能が不足する場合は、補強を施し地震に対抗できるようにする。

◆**a　耐震壁の増設・補強**　耐震壁のない部分に新たに設けたり、剛性を高めるために既存の耐震壁の厚さを増すもので、既存の構造と一体化するように施工する。

◆**b　耐震ブレースの設置**　鉄骨などの斜材を設置する。開口部を確保したまま、重量も重くならない（図2・37）。また、鉄板を折り曲げた耐震鋼板パネルを使用すると、比較的軽量に、壁の剛性を高める事ができる（図2・38）。

◆**c　床面の水平剛性の補強**　床面や屋根面にブレースやデッキプレートを設置してコンクリート床を設けたり、木造の場合は構造用合板を敷設し、床面などの水平面が一体的に動くようにする（水平剛性を高める）ことで、一部の柱に力が集中しないようにする。

表2・8　建物別耐震診断の基準

建物の種別	基　準
木造住宅	木造住宅の耐震診断と補強方法
鉄筋コンクリート造	既存鉄筋コンクリート造建築物の耐震診断基準
鉄骨造	既存鉄骨造建築物の耐震診断指針
公共建築物	官庁施設の総合耐震診断基準
体育館	屋内運動場等の耐震性能診断基準

図2・37　耐震ブレースの施工例

表2・9　木造住宅用耐震診断の種類

種類	簡易診断	一般診断	精密診断
目的	専門家による判定の必要性の判定する。	補強の必要性の判定する。	補強の必要性の最終判断、および補強後の効果の測定。
実施者	居住者	建築士・工務店など。	日常的に構造計算を行う建築士など。
判定方式	簡単な質問に答え得点化し、その合計点で判断。	壁量の計算を中心に必要な耐力と実際の保有体力を比較する。一般に破壊調査は行わない。	各部の素材や工法を厳密に算出。一般診断に加え高度な解析に基づいた計算方式を用意している。
主な判定項目	築年、増築の経歴、劣化状況、建物の平面形、壁の量とバランス、基礎の形状など。	地盤、基礎、壁の配置と長さ、壁下地・仕上げ、接合方法、床の仕様、劣化状態など。	地盤、基礎、壁の配置と長さ、壁下地・仕上げ、柱の太さ、接合方法、床面の仕上げと配置、劣化状態など。

図2・38　耐震鋼板パネルの施工例

＊1　耐震改修には多額の費用がかかるだけでなく、改修工事期間中にテナントが流出するリスクがあるなど、建物の所有者にとっては大きな負担となっている。

◆ **d　基礎の補強**　コンクリートの増し打ちや鋼管杭を増設して建物の沈下・転倒を抑制する。地盤改良や液状化防止工事なども必要に応じて行う。

　木造住宅の場合、1981年以前は無筋コンクリート基礎が一般的で、このような基礎は地震時に破壊される。また、独立基礎は一体性に乏しい。新たに配筋したうえでコンクリートを増し打ちしたり、複数の独立基礎をコンクリートで一体化する。また、アミラド繊維や炭素繊維などの強化繊維シートを、接着材で貼付けるなどして補強する方法は、比較的工事が簡単にできる（図2・39）。

◆ **e　耐震壁の補強**　床面積や屋根葺き材の種類、建物形状に応じて必要な耐力壁の長さを求め、偏りのないようにバランスよく、筋違や構造用合板を用いた耐力壁を配置する。

◆ **f　接合部の補強**　筋違を配置して耐震壁としていても、部材の接合が弱いと地震力により各部材がバラバラになり、建物に大きな被害をもたらす原因となる。柱や筋違の接合部を金物で補強し、接合を強固にする（図2・40）。

◆ **g　その他**　屋根材を軽いものに変更する。建物条件や場所により異なるが、「瓦葺き」から「金属板・スレート葺き」等の軽いものに変更すると、必要な耐力壁を減らすことができる。

　シロアリや腐朽による木材の損傷は、地震力が働いた場合、被害を拡大することになるので、損傷した部分は交換し補強する（図2・41）。

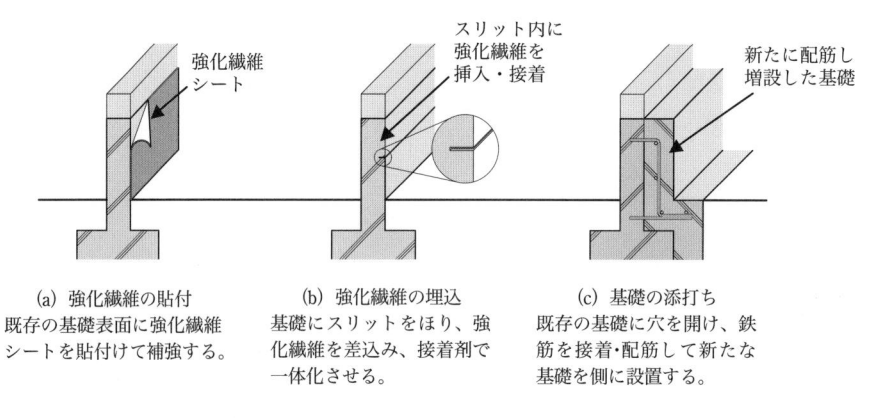

(a) 強化繊維の貼付
既存の基礎表面に強化繊維シートを貼付けて補強する。

(b) 強化繊維の埋込
基礎にスリットをほり、強化繊維を差込み、接着剤で一体化させる。

(c) 基礎の添打ち
既存の基礎に穴を開け、鉄筋を接着・配筋して新たな基礎を側に設置する。

図2・39　木造住宅の基礎補強

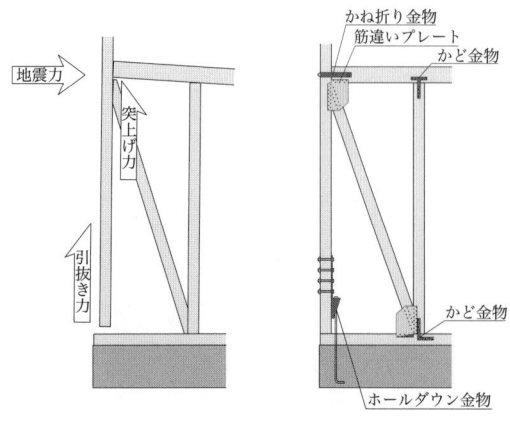

図2・40　木造住宅の接合部の補強
必要に応じて、各種金物を組合せて使用する。

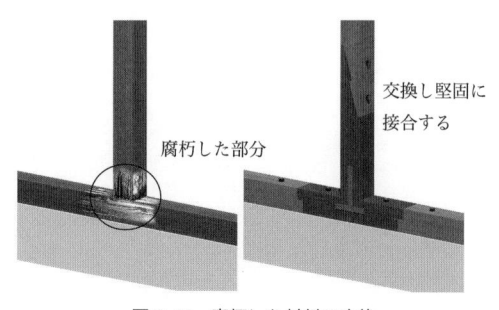

図2・41　腐朽した材料の交換
水掛かりによる腐朽やシロアリの食害は、地震時に大きな被害の原因となる。

2・3　火災と住まい

❶日本の火災発生状況

図2・42は、1999年以降のわが国で発生した火災件数の推移を示している。これによると2009年度に発生した火災は51,139件で、2002年度以降、全般に減少傾向を続けている。このうち建物火災は28,372件55.5%を占め、さらに住宅に関わるものが16,313件で、建物火災のうち住宅火災の占める割合は、57.5%となりやや微増傾向を示している。月別の火災発生数をみると（図2・43）、12月〜4月頃の寒い時期に多くなり、夏場には減少する傾向がみられる。これは冬場にストーブなど火気を使用することが多いことと、空気が乾燥し火災が起きやすい状況にあることが原因と考えられる。

1）出火原因

図2・44は、2009年度の全火災の原因を示したものである。

1番多い原因の「放火」によるものは、13年連続して出火原因のトップとなっている。4番目に多い原因の「放火の疑い」と合わせると、全火災原因の2割を超えている。どういう結果を招くかを知りながら、建物やその周辺に火を放つのであるから、恐ろしい限りである。この現実をふまえ、対策を考える必要がある。

2番目に多い原因は「コンロ」によるもので、全火災原因の1割を占めている。その多くは「消し忘れ」によるもので、コンロが原因のうち66%を占めている。コンロの種類では、ガスコンロによるものが95%にのぼるが、これはガスコンロの普及率が高いことが理由と考えられる。

3番目に多い原因の「たばこ」によるものは、全火災原因の1割弱を占めている。たばこが原因の出火は、「吸い殻の投げ捨て」によるものが最も多く、寝タバコなど「火種を落としたもの」が続き「吸い殻の消火を確認せずにゴミ箱に捨てた」などとなっている。近年、喫煙者が減りつつある傾向のなかで、喫煙者のマナーの悪さが目立つ結果となっている。

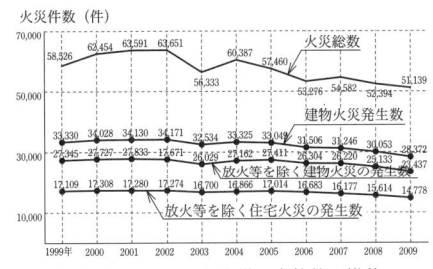

図2・42　わが国の火災発生件数の推移

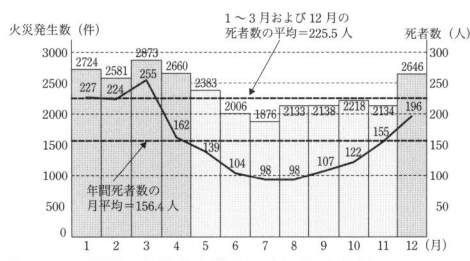

図2・43　月別の火災発生数と死者の発生状況（平成22年度板「消防白書」より作成）

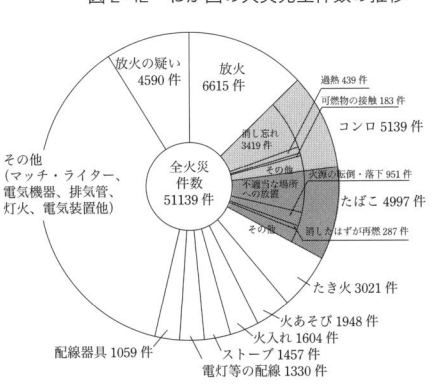

図2・44　2009年度火災の主な出火原因（平成22年度板「消防白書」より作成）

図2・45　たこ足配線
容量を超えた電流が流れることで、タップやコンセントから出火する。

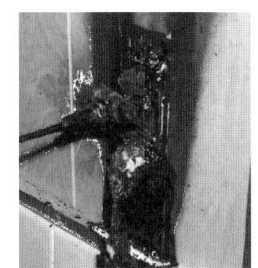

図2・46　トラッキング火災
プラグにホコリがたまり、ここに水分や油分を含むと電気が流れ、出火する。（日本電気技術者協会Webページより転載）

続く原因として、「たき火」「火遊び」などがある。また、「電灯・電話等の配線」「配線器具」「電気機器」など電気に関わるものを合計すると3,278件で6%余りを占めており、電気機器や配線の適切な使用（図2・45）や保守点検（図2・46）が重要であると言える。

2）火災による死者の発生数

図2・42によると、建物火災のうち住宅火災の占める割合は約6割であるが、住宅火災による死者数についてみると（図2・47）、建物火災での死者の約9割を占めており、住宅火災は深刻な結果を招くことがわかる。

また時間帯別に死者の数をみると（図2・48）、午後10時〜午前6時の8時間に全体のほぼ半数が集中している。これは、就寝中のため火災に気が付くのが遅れたことによるものと考えられる。

さらに死者の約6割は65歳以上の高齢者が占めている（図2・49）。これは、病気がちであったり、身体能力の衰えによる避難行動の遅れや、火事に気が付くのが遅れたことが原因と考えられる。

建物の構造別による死者数についてみると（図2・50）、木造によるものが6割以上を占めている。他の構造との比較は単純にはできないが、木造の場合には火の回りが早く、避難が遅れやすいことが原因と考えられる。しかし、十分な材厚をもつ木造建築物は準耐火構造の認定の対象となるので、必ずしもすべての木造建築のリスクが高いわけではない。

死者の発生状況についてみると（図2・51）、「逃げ遅れ」によるものが全体の56%を占め、圧倒的に多い。言い換えると、火災に早く気が付き、避難路を確保することができれば、助かる可能性があったと考えられる。

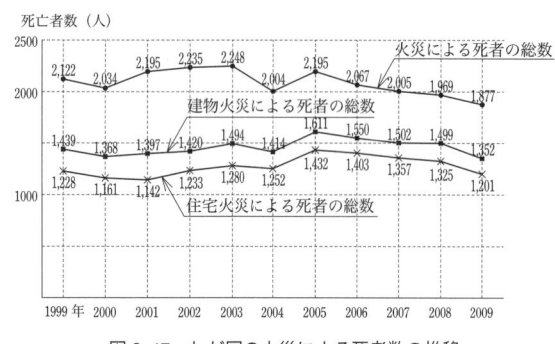

図2・47　わが国の火災による死者数の推移

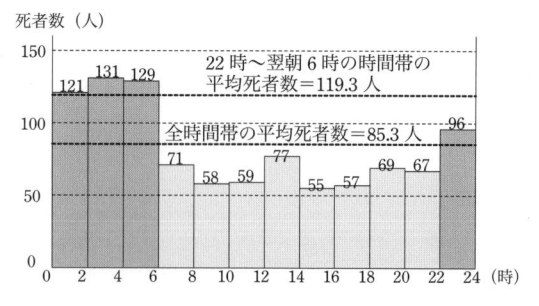

図2・48　平成21年度住宅火災における時間帯別死者の発生状況
（平成22年度板「消防白書」より作成）

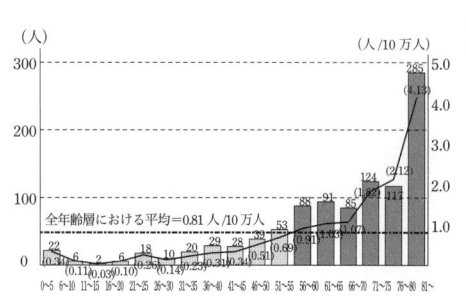

図2・49　平成21年度住宅火災における年齢階層別死者発生状況 （平成22年度板「消防白書」より作成）

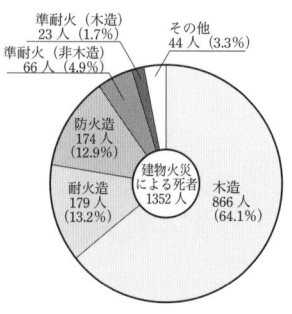

図2・50　建物構造別死者発生数
（平成22年度板「消防白書」より作成）

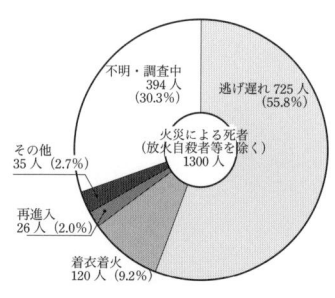

図2・51　火災による死者の発生状況
（平成22年度板「消防白書」より作成）

❷ 火災の成長過程

住宅火災は、図2·44で示した「火元」から発生したのち、室内の可燃物に燃え移り、次のような段階を経て成長する（図2·52）。

◆ **a　火災初期**　火元から燃焼ガスが発生し天井付近に溜まり始めるが、火の勢いはそれほど強くはない。この段階であれば住人による初期消火が可能である。この段階での煙の色は薄く、不完全燃焼もすすんでいないため有毒ガスの発生も少ない。

◆ **b　成長期**　炎が天井に達すると、天井面を這うように一気に水平方向に広がる。可燃ガスが充満するとともに放射熱により室内の可燃物が次々に燃え始め、これを「フラッシュオーバー」という。閉ざされた空間であれば酸欠により火勢は一時弱くなるが、窓ガラスが熱により割れたり、扉を開けたりすると、酸素が供給され一気に燃え上がる。これを「バックドラフト」といい、開口部から瞬間的に高温の燃焼ガスが吹き出し非常に危険である。可燃物は放射熱に熱せられ、盛んに黄色味がかった燃焼性の煙を出す。フラッシュオーバー後、火災は不完全燃焼となり煙の色は黒くなり、有毒ガスの発生も多くなる。

◆ **c　火盛期**　燃焼温度は最高1000℃に達し、建物内の可燃物を次々に燃やしてしまう。この状況では燃焼は盛んであるため、燃焼に必要な空気が不足し不完全燃焼がすすむ。このため高温の黒い可燃ガスを窓などから盛んに吹き出し、延焼拡大を続けようとする。煙には高い濃度の有毒ガスが含まれ、吸い込むと非常に危険である（図2·53）。

◆ **d　減衰期**　可燃物がなくなると次第に火勢は衰え、燃焼温度も低くなり鎮火に向かう。一般に木造建築は「高温・短時間」で推移し、耐火建築物では躯体は焼け落ちずに最後まで残り、「低温・長時間」で推移する。

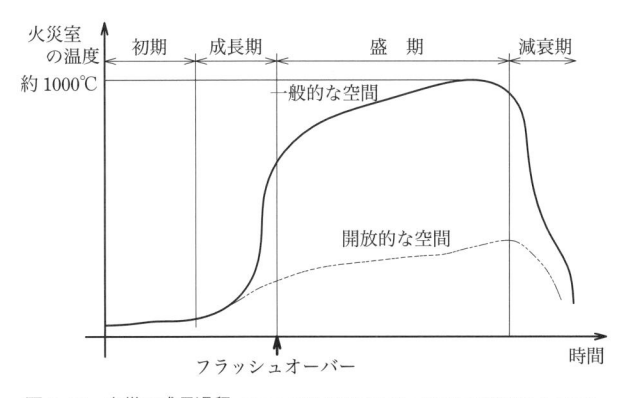

図2·52　火災の成長過程（「2001年版耐火性能検証の解説及び計算例とその解説」国土交通省住宅局建築指導課他編）

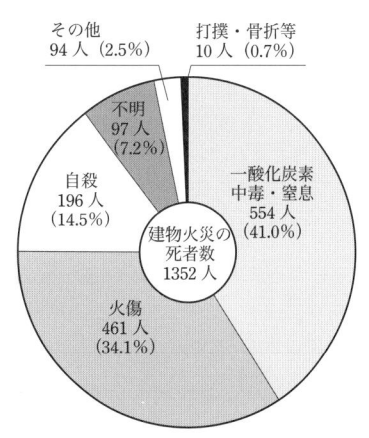

図2·53　平成21年度火災による死者の発生状況
（平成22年度版「消防白書」より）
死者のほとんどが火災時に発生する有毒ガスと火炎により死亡している。

❸火災に備える

1）火災を出さない

　火災の原因について対策を行うとともに、火を使う人が間違いを起こしても火災の発生を回避できるように安全装置を用意したり、あらかじめ燃焼するものを取り除いておくことで火災を防ぎ、また被害の拡大を防ぐようにする。

◆**a　放火**　　放火犯は、火を付ける場所を探して移動する場合が多いので、地域ぐるみで対策にあたることが重要である。可燃物であれば何であっても火を付けるので、可燃物を取り除き、夜陰に紛れて行動がしにくいように照明を施す（表2・10）。

◆**b　コンロ**　　出火原因の多くは使用者の初歩的なミスである「消し忘れ」によるもので（図2・54）、コンロ火災の7割近くを占めている。炎の出ない電気によるIH方式の調理器具の普及もすすんでおり、安全性は高くなるが、使い方を誤るとガス方式と同様に火災や火傷のリスクはある（図2・55）。また、コンロ台周辺の壁や天井は下地ともに不燃材でつくらなければならない。下地に木材を使用していると壁表面は変化がなくても、ガスの炎で長期間加熱されることによりゆっくりと炭化が進み100～150℃程度で発火する場合がある(通常の木材の発火温度260～416℃)。これを低温発火という。

◆**c　たばこ**　　寝たばこなど火種を落としたり、すいがらの消火が不十分など、喫煙者の心がけによるものが大きい。ガラスの灰皿に溜まった吸いがらに火が着くと、ガラスの灰皿は高温になり割れてしまい用を足さなくなる。また、ライターによる子どもの火遊び[*1]が原因の火災も少なくない。

表2・10　放火を防ぐためのポイント

住宅の場合	集合住宅の場合
・家の周囲は整頓する	・共用部分に物を放置しない
・門や車庫、物置などの扉は施錠する	・自転車・バイクのカバーは防炎品にする
・ゴミ収集日の朝にゴミを出す	・ゴミ収集日の朝にゴミを出す
・家の周囲を照明する	・集合郵便受けに新聞・チラシを貯めない
・郵便受けに新聞・チラシを貯めない	・監視カメラなどで悪意のある人を威嚇する

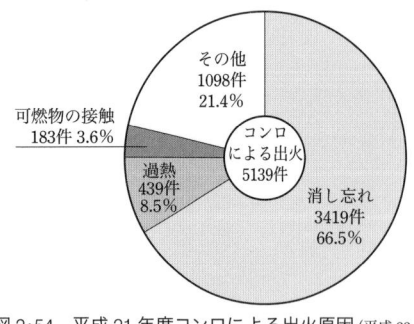

図2・54　平成21年度コンロによる出火原因 (平成22年度板「消防白書」より)

コンロによる出火 5139件
- 消し忘れ 3419件 66.5%
- 過熱 439件 8.5%
- 可燃物の接触 183件 3.6%
- その他 1098件 21.4%

表2・11　コンロ火災を防ぐためのポイント

- コンロから離れるときは必ず火を消す
- 過熱防止装置などの安全装置のついたコンロを正しく使用する
- コンロの周辺に布巾やペーパータオルなどの可燃物を置かない
- 調理する時は手首や裾のひろがらない服を着る
- 器具の取り扱い説明書を良く読み、適正に使用する

図2・55　コンロの加熱方式別による特徴

	ガス方式	IH方式
概要	普及率が高く、一般家庭で多く使用されている。	電気を使って鍋自体を発熱させるので熱効率が高い。
利点	従来より広く使用されているため、ほぼ全ての鍋で使用でき、操作にも慣れている。	・炎が出ないので火災や着衣着火の危険性は少ない。 ・スムーズトップなどによりメンテナンスがしやすい。 ・燃焼による室内空気の汚染がない。
欠点	炎があるので火災や着衣着火の危険性がある。	・鍋からの伝導熱によりトッププレートが高温になるが、高温であることが認識しにくく、火傷をする危険がある。 ・丸底鍋や土鍋、ガラス製など使用できない鍋がある。 ・グリルには電熱線を使用しており、ガス方式同様に火災のリスクはある。 ・価格が高い。
その他		操作方法や特性が異なるため、高齢になってからの転換には多少の困難をともなう。

＊1　ライターによる子どもの火遊び　いわゆる「使い捨てライター」を使った火遊びによる火災が、後を絶たなかったため、2011年9月以降は、子どもが簡単に着火できない「チャイルドレジスタンス機能」が施されていないライターの販売は禁止された。

2）火災を知らせる

　火災が発生しても、火災初期に気が付けば居住者による消火は可能であるし、高齢者や病人など、行動に時間のかかる人でも避難できる。火災の発見には自動火災報知器（自火報）や住宅用火災警報器（住警器）が有効である。わが国では2011年6月以降、すべての住宅に、住警器などの設置が義務付けられるようになった。図2・56は、住警器の設置方式を示したものである。連動型設置には、配線などの手間がかかるが、効果的なのは言うまでもない。

　図2・57は、東京消防庁が管内の火災について、住警器の設置有無による死者数を、2010年1～6月と、前年同時期について比較したものである。設置率の増加によって死者総数が25％あまり減少している。この結果に住警器の普及率を考慮して10万人あたりの死者数を推計したものが図2・58である。住警器を設置した場合は0.15人程度であるのに対して、未設置の場合には5倍以上となり、住警器の有効性は明らかである。

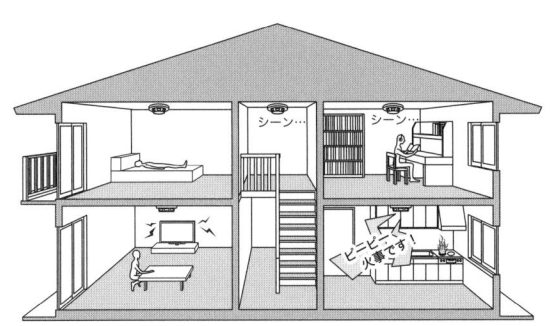

(a) 単独型設置
火災発生室だけの警報器が作動するだけで、他の室に居る人は、気が付きにくい。

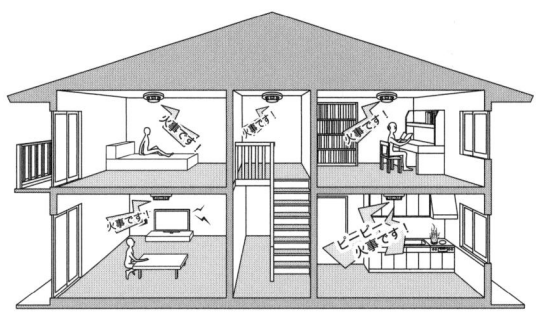

(b) 連動型設置
火災発生室以外の警報器も作動するので、他室の火災に気付きやすい。既存建物の場合は無線式が便利であるが、電池交換が必要となる。

図2・56　住宅用火災警報器の設置方式

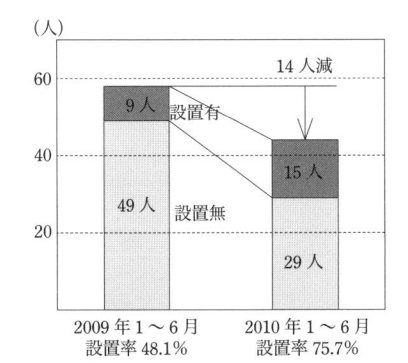

図2・57　住警器等の設置有無による死者数の比較
(2009.6.30現在　東京消防局管内)
住警器の設置率が高くなった2010年は、死者数が増えているが、これは設置率が高くなったことで、占める割合が多くなったためと考えられる。

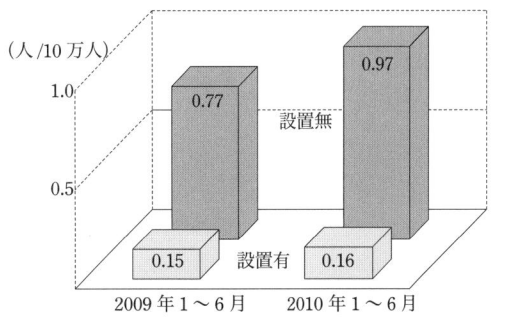

図2・58　住警器等の設置有無による死者発生数の推計

3）火災を消す

　火災が発生しても、火の勢いの弱い火災初期であれば、住人による消火も可能である。

　火事を発見したら大声で、周囲の人に知らせることが重要である。共同で消火することで消火効果が大きくなり、同時に高齢者や病人などの避難弱者をサポートすることができる。天井面まで火の手が達すると、住人による消火は困難であると言われている。無理をして消火を続けると逃げ遅れることになる。

◆ **a　消火器**　消火器による初期消火の成功率は75％あり（図2・59）、その有効性が認められている。いざという時に慌てないように、使用目的に応じた消火器を用意し、日常点検や使用方法の確認が大切である。また、使用期限の切れたものは消火能力の低下だけでなく、加圧式の場合は破裂の危険があるので適切な方法で廃棄、更新が必要である[*1]。住宅用には、表2・12のようなものが、一般に普及している。

◆ **b　住宅用自動消火装置**　スプリンクラーを設置する場合は、消防法で規定された貯水槽や送水ポンプ・非常電源設備が必要となり一般住宅に設置するには負担が大きくなる。上水道に直結した住宅用スプリンクラー（図2・60）や、タンクに加圧封入した消火液を火災感知とともに自動的に噴射する「住宅用自動消火装置」（図2・61）は、比較的安価で導入でき、初期消火や火災の拡大を遅らせる効果が期待できる。

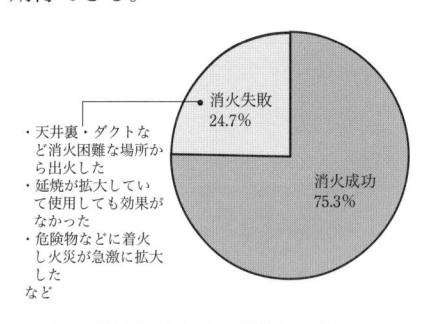

図2・59　消火器を使った初期消火の成功率（東京消防庁「火災の実態」平成14年度版より）

・消火失敗 24.7％
- 天井裏・ダクトなど消火困難な場所から出火した
- 延焼が拡大していて使用しても効果がなかった
- 危険物などに着火し火災が急激に拡大した
など

・消火成功 75.3％

表2・12　主な住宅用消火器（具）

エアゾール式簡易消火具	小型軽量で取り扱いが簡単で、安価である。容量や噴射距離が小さく、ごく初期段階の火災のみに有効であって、消火器の代替品とはならない。
粉末ABC消火器	粉末の消火剤を使用したもので、現在普及している。冷却作用がないため、油火などでは再燃する場合がある。
中性強化液消火器	中性の強化液を使用したもので、人体や環境への影響は少なく、消火能力や再燃防止性能が高い。使用後の後かたづけのしやすさなどから、普及が進んでいる。

いずれもABC火災[*2]に対応している。

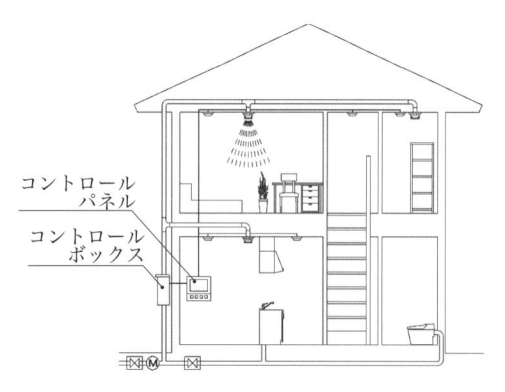

図2・60　住宅用スプリンクラーの例
住警器からの発報を受け、系統の給水管のバルブを開き、水道の給水圧力を利用して散水・消火する。

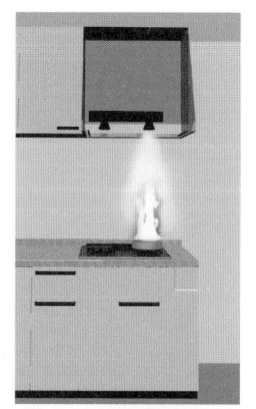

図2・61　自動消火装置の例
壁や換気扇内に、消火剤と噴出用の圧縮ガスを充填した消火装置を設置し、火災感知とともにコンロに向かって消火剤を噴出する。

[*1] 加圧式消火器の破裂事故　レバーを握ることで、内蔵された加圧用ガスの入った容器に穴を開け、そのガスで薬剤を噴出するもので、内圧が一気に上がるため、腐食などで本体容器が痛んでいると破裂する場合がある。このため家庭用では、あらかじめ薬剤を噴出するためのガスを、薬剤と共に充填した「蓄圧式」の採用が増えている。本体に腐食などで穴が開いても徐々にガスが抜けるため、破裂事故は起きにくい。

[*2] ABC火災　紙や木、布などの一般可燃物によるものをA火災、油などの可燃性液体によるものをB火災、電気設備などによるものをC火災という。

4）火災を閉じ込める

　火災が発生しても、その成長を遅らせ火災範囲を限定することで、在館者が避難する時間を確保し、消防隊の到着までの時間をかせぐことで被害を小さくすることができる。

◆ **a　内装の不燃化**　室内で発生した火災は、火元からカーテンや壁、さらに天井へと拡大する。内装材に表2·13のような不燃材料を使用することで、火災の拡大に時間がかかり、避難の時間を確保することができる。また、カーテンやカーペット、布張家具、寝具などに防炎品（図2·62）を用いることは、火災の発生や延焼拡大を防ぐ効果がある。

◆ **b　耐火構造**　壁や柱、床、梁、階段などの主要構造部が、一定の耐火性能を持った構造のもの。通常の火災が起きてから30分から3時間以上の間、建物が倒壊したり、他に延焼したりしない性能を、耐火性能という。建物部位や階数ごとに時間が決められている。鉄筋コンクリート造、レンガ造、コンクリートブロック造などの構造が該当する。

◆ **c　防火区画**　火災が発生して、フラッシュオーバーに至ったとしても、火災を建物内の特定の区画に閉じこめて、延焼拡大を阻止する。この区画には、主要構造部や扉などの開口部を、所定の時間火災に耐えられるものとする。それぞれの働きにより図2·63のような区画に分類できる。

表2·13　防火材料の技術的基準

	要求時間	仕様で規定されたもの
不燃材料（法2条9号）	20分間	コンクリート、モルタル 鉄鋼、ガラス 厚12mm以上の石こうボードなど
準不燃材料（令1条5号）	10分間	厚15mm以上の木毛セメント板 厚9mm以上の石こうボードなど
難燃材料（令1条6号）	5分間	厚5.5mm以上の難燃合板 厚7mm以上の石こうボードなど

要求時間とは、所定の試験方法で加熱した時に、①燃焼しない②防火上有害な変形ほか損傷を生じない③避難上有害な煙、またはガスを生じないなどの条件を満たすもので、これらの材料の他に、同様に性能を確認されたものも、同様に扱う。
例：木材も処理を施し、不燃材料として認定

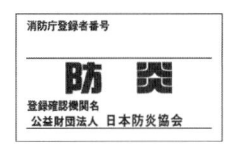

図2·62　防炎ラベルの例
小さな炎が接しても焦げるだけで容易に着火せず、容易に燃え広がることのない性能を「防炎」といい、消防法に定められた所定の性能のある物品には、このようなラベルが取り付けられる。

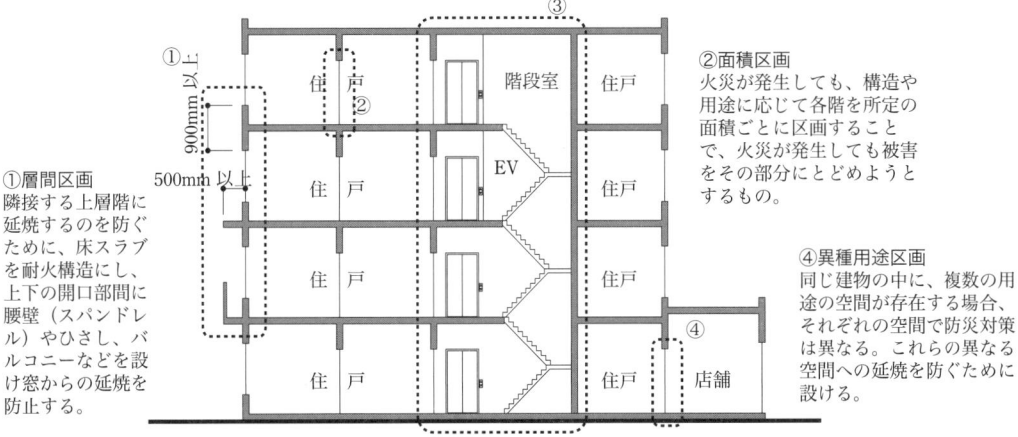

①**層間区画**
隣接する上層階に延焼するのを防ぐために、床スラブを耐火構造にし、上下の開口部間に腰壁（スパンドレル）やひさし、バルコニーなどを設け窓からの延焼を防止する。

②**面積区画**
火災が発生しても、構造や用途に応じて各階を所定の面積ごとに区画することで、火災が発生しても被害をその部分にとどめようとするもの。

③**竪穴区画**
階段室やエレベーターシャフト、吹き抜け、ダクトなど各フロアを垂直方向に貫通する部分は火災時に煙突と同じ働きをし、煙を建物内に充満させ、延焼を促進する。この部分に煙や炎が入らないように各階で区画する。

④**異種用途区画**
同じ建物の中に、複数の用途の空間が存在する場合、それぞれの空間で防災対策は異なる。これらの異なる空間への延焼を防ぐために設ける。

図2·63　防火区画の種類

5）火災から逃れる

　火災が発生し初期消火ができなかった場合は、住民による消火は不可能である。直ちに安全な場所に避難しなければならない。一度避難したあとの再侵入は極めて危険で、死亡につながる場合が多い。

◆ a　二方向避難　　２つの避難路を確保することで、１つの経路が使用不可能になった場合、もう１つの経路を使って避難するもの。原則として２つの避難路は反対方向にあることが望ましいが、避難階に通じる２つの階段がある場合、その経路について建築基準法で定められた距離の２分の１以下の重複が認められている。

◆ b　バルコニー　　炎や煙などで廊下からの避難が困難な場合、有効な避難路となる。隣戸との間に割れやすい材質（ケイ酸カルシウム板やフレシキシブルボード）で作った隔て板を設置したり、床面にタラップを内蔵したハッチを設置する（図2・64）。下の階からの延焼防止にも効果がある。

◆ c　避難すべり台　　高齢者施設や幼稚園・保育園など多数の避難弱者が集まる施設で、階段に代わり短時間に多数の人を避難階まで避難させることができる（図2・65）。形状から、らせん型と直線型に大別できる。同様のものに、非常時に設置する「避難シュート」がある（図2・66）。

◆ d　ヘリポート　　ヘリコプターを使ってやむをえず屋上に避難した人たちの救助や、消防隊の消火活動拠点となる。離着陸を前提としたものと、着陸せずにホバリングして人を吊りあげるものがある。法的な設置規定や義務はないが、超高層マンションなどで設置している例が増えている（図2・67）。

◆ e　避難弱者への配慮　　高齢者や乳幼児、障がい者、傷病者など、体力や運動能力、情報収集能力などに劣り、緊急時の避難行動が遅れがちの人たちを避難弱者という。これらの人たちの避難には近隣住民の協力が不可欠である。緊急時の協力体制を決めておくだけではなく、日常生活のつきあいなど、地域コミュニティの形成が必要である。

図2・64　バルコニーの避難ハッチと隔て板
柱や梁を住戸外に設けたアウトフレーム工法によるバルコニーの設計例。隣戸間の隔て板を小さくし、プライバシー性能を高くしている。

図2・65　避難すべり台の例

図2・66　避難シュートの例

図2・67　ヘリポートの例

2・4　住まいと防犯

　家人の外出中や寝静まった間にコッソリと侵入し、貴重品を盗む侵入窃盗、いわゆる「コソ泥」が多かったが、近年は犯行途中に家人と出くわすと暴力的な「居直り強盗」に豹変したり、家人の居る時を選んで侵入し、現金や貴重品を強奪する強盗も少なくない。金品だけではなく生命さえも危険にさらされる場合もあり、防犯対策の必要性はより高くなっている。

　図2・68の「犯罪情勢」によると、侵入窃盗・強盗ともに2002年をピークにほぼ減少傾向を続けている。しかし、2010年では侵入窃盗が住宅に限っても7分弱に1件、侵入強盗は1日あたり5件弱の割合で発生している。

❶侵入までの犯人の行動

　侵入犯の行動を知ることにより、どのような家が狙われやすいか明らかになる。実際に検挙された侵入犯に対するヒアリング調査によりその傾向を知ることができる。

1）目標の絞込み

　犯行に先立ち約半数の犯人が周辺を下見し、目標を定めている。下見の際に気にしていることを表したのが図2・69である。これによると、「人通りや人目が少ないか」「入りやすく、逃げやすいか」など、周囲の街の状況が重要な犯行要因となっている。

2）犯人の侵入の経路と侵入方法

　図2・70に示すように、侵入窃盗犯の侵入経路は、一戸建て住宅、共同住宅ともに「窓」からが6割を超えている。以前は共同住宅の場合には「玄関ドア」からが多かったが、2003年の「通称：ピッキング禁止法[*1]」施行後、減少している。

　また、侵入方法としては図2・71に示すように「ガラス破り」と「無締まり」の窓や扉からの場合が、ほぼ同じ割合で占めており、住人の油断が犯行を助けることになっているといえる。

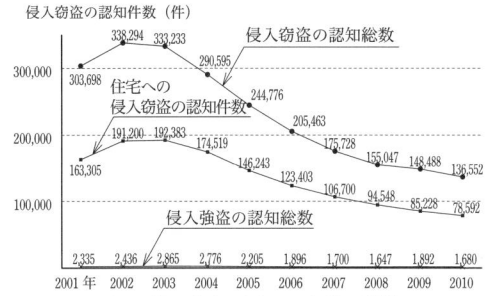

図2・68　わが国の侵入窃盗・強盗の認知数の推移（「平成22年の犯罪情勢」警察庁より作成）

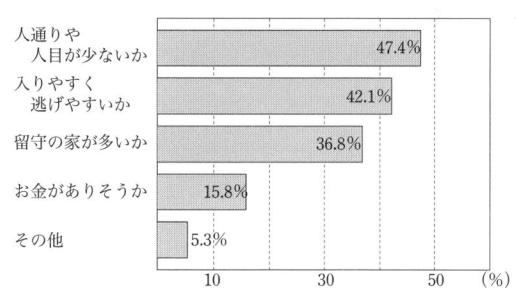

図2・69　周辺の下見で気にすること（「防犯環境設計ハンドブック住宅編」（財）都市防犯研究センターより）

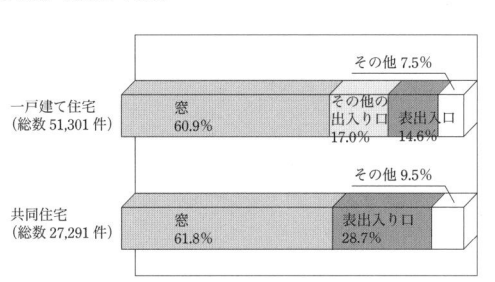

図2・70　住宅における侵入窃盗犯の侵入場所（「平成22年の犯罪情勢」警察庁より作成）

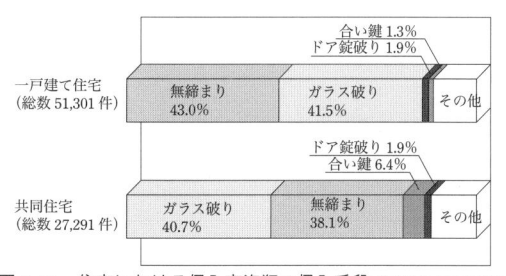

図2・71　住宅における侵入窃盗犯の侵入手段（「平成22年の犯罪情勢」警察庁より作成）

＊1　ピッキング禁止法　正式には「特殊解錠用具の所持の禁止等に関する法律」といい、解錠用具を正当な理由なしに所持しているだけでも罪を問われるようになった。

3）侵入をあきらめるまでの作業時間

侵入犯が侵入をあきらめるまでの時間を図2・72に示している。これによると、扉や窓が破壊に対して5分間耐えれば7割が、10分間耐えれば9割が侵入をあきらめるという結果がでている。一般の住宅であれば10分間侵入に耐えられる仕様であれば、侵入窃盗による被害をほぼ防ぐことができると言える。

4）侵入をあきらめた理由

侵入をあきらめた理由を表したのが図2・73で、「声をかけられた」が突出している。犯人は声をかけられ「顔を見られる」ことを一番警戒している。住人が不審者に気付き、声かけのできる雰囲気のあるコミュニティが防犯には重要であると言える。また続いて高い割合を示した理由として「補助錠」や「セキュリティシステム」があげられている。住人の防犯意識の高さを明らかにすることで、犯行の抑止効果がある程度期待できる。

5）留守の確認

ほとんどの侵入犯は、目標とした住宅に侵入する際に家人の留守を確かめている。その方法を図2・74に示している。犯人によっては、目標とした家人の行動を数日にわたって細かく観察している場合もある。郵便受けに郵便物や新聞が溜まっている状況は、長期の不在をアピールしていることと同じである。

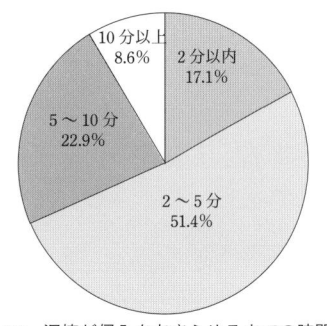

図2・72　泥棒が侵入をあきらめるまでの時間（「防犯環境設計ハンドブック住宅編」（財）都市防犯研究センターより）

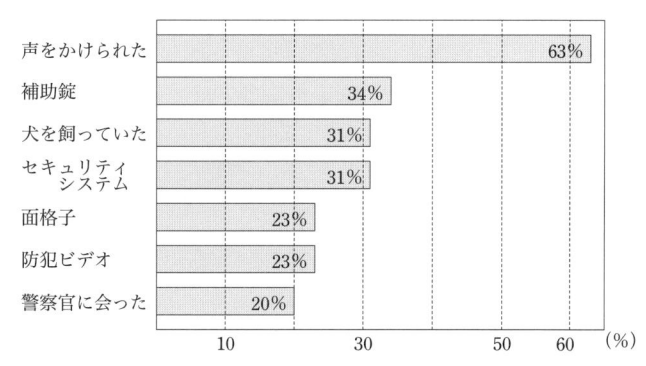

- 2分以内 17.1%
- 2〜5分 51.4%
- 5〜10分 22.9%
- 10分以上 8.6%

図2・73　犯行をあきらめる要素（「防犯環境設計ハンドブック住宅編」（財）都市防犯研究センターより）

- 声をかけられた 63%
- 補助錠 34%
- 犬を飼っていた 31%
- セキュリティシステム 31%
- 面格子 23%
- 防犯ビデオ 23%
- 警察官に会った 20%

図2・74　留守の確認方法（「防犯環境設計ハンドブック住宅編」（財）都市防犯研究センターより）

- インターホンで呼ぶ 45.7%
- 動きを見張る 20.0%
- 電話をかける 20.0%
- ガラスに石を投げる 20.0%
- カーテンの閉まり具合 20.0%
- 郵便などのたまり具合 20.0%
- その他 11.4%

❷侵入方法

1）窓

　窓からの侵入は一戸建て住宅などで多く見られる手口であるが、近年、玄関扉の対策が進んだため、集合住宅でもバルコニー側の窓から侵入される場合が増加している。

◆ **a　無締まり**　鍵のかかっていない窓から侵入するもので、至って簡単な侵入方法である。鍵のかけ忘れだけではなく、2階以上の階で「まさか」という油断から鍵をかけず、侵入されるケースが少なくない。

◆ **b　ガラス破り**　石やバールを使って単純にガラスを割る「打ち破り」、ドライバーなどの工具を巧みに使ってガラスを割る「こじ破り」（図2・75）、ガラス切りを使う「切り破り」、高温で燃焼する携帯バーナーやターボ式ライターを使った「焼き破り」などの方法があるが、短時間で簡単に侵入できるので多くみられる方法である。

◆ **c　クレセント外し**　クレセントが中途半端な状態でかけられている「半締まり」状態で、窓を巧みに動かしてクレセントを外してしまう。また、建具の合わせ目にくさび状のものを差込み、強引にクレセントの受け金具を変形させて外してしまう「クレセント錠とばし」と言われる方法がある。

◆ **d　ガラスルーバー窓**　開いていても室内が見えにくく、浴室や洗面室の窓に多く採用され、湿気を排出するために、開け放して使用することが多い。いっけん侵入が困難なように見えるが、ガラスの1枚1枚は簡単に取り外すことができ、数分で侵入することが可能である（図2・76）。

◆ **e　格子破り・外し**　窓の防犯性能を高めるために設置される「面格子」であるが、アルミ製の簡易なものや、材寸の細いものは簡単に破壊することができる。また、建物に格子を取り付けている「ねじ」を外して格子自体を取り外して侵入するケースもある（図2・77）。

◆ **f　雨戸**　通常の引込み式のものは、簡単に外してしまうことができるので、防犯性能はあまり期待できない。

図2・75　ガラス破りの例
ドライバーを使って、簡単にクレセント部分のガラスを割る事ができる。（「セプロ西東京」Webページより転載）

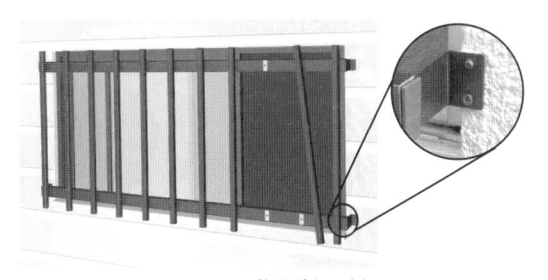

図2・77　格子破りの例
アルミ製でスポット（点）溶接の場合には、簡単に格子を壊すことができる。また、一般工具で簡単に取外しできるので防犯上脆弱である。

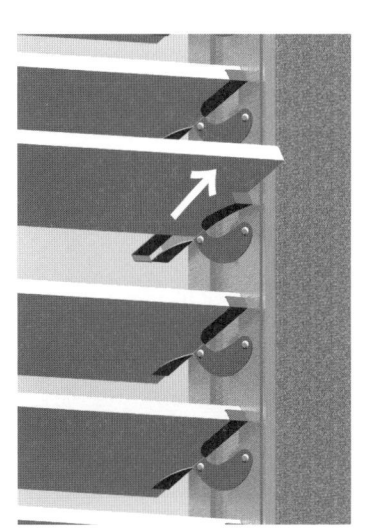

図2・76　ガラスルーバー窓
ガラスを引抜くことができ、短時間で侵入が可能である。

2) 出入り口

侵入犯の侵入経路として、窓に続いて多いのが出入り口であり、一戸建てで31.6%、共同住宅では28.7%の侵入経路になっている。

図2・78の侵入方法についてみると「無締まり」による侵入が最も多い。また、「合い鍵」を使用した侵入も多く見られる。植木鉢の下などに、家人のために隠し置いてある鍵を使用して侵入するもので、いずれも住人の油断をついたものである。

窓の場合と同様にガラス破りによる侵入もみられ、窓の付いた扉は侵入リスクが高いと言える。

この他に出入り口から侵入する方法として下記のようなものがある。

◆ a　ピッキング　　鍵の代わりに特殊な工具を鍵穴に差し込み、解錠するもの。対策の施されていない旧式のものは、熟練者は数秒で解錠することができる。

◆ b　サムターン回し　　扉についている新聞受けや、来客者を確認するためのドアスコープを外した穴、サムターン付近にドリルで開けた穴などから、特殊な工具を差し込み、室内側のサムターンを回し、鍵を開ける方法である（図2・79）。

◆ c　カム送り　　鍵穴のついているシリンダーカラーと呼ばれる部分をずらし、隙間から特殊工具を差し込み、デッドボルトを動かすもの。「バイパス解錠」とも呼ばれる（図2・80）。

◆ d　こじあけ　　デッドボルト付近の扉の隙間にバールなどを差し込み、扉枠を破壊し錠を壊すもの。外開き扉で、扉と扉枠の間の隙間が大きい場合、狙われやすい（図2・81）。

◆ e　ヒンジの破壊　　扉の吊元にある、「ドアヒンジ」の軸を抜いてしまうもので、扉を外して侵入する。

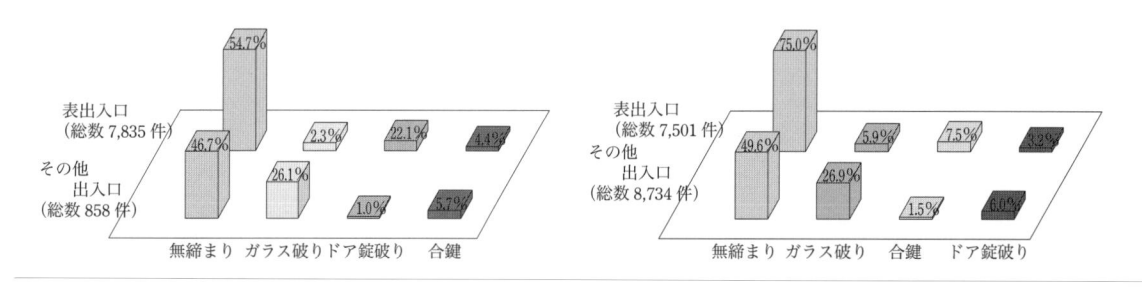

(a) 集合住宅の場合　　　　　　　　　　　　　　(b) 一戸建ての場合

図2・78　出入り口からの侵入方法

図2・79　サムターン回し
（警視庁HPより転載）
ドリルで開けた穴から特殊工具を挿入し、サムターンを回している。

図2・80　カム送り
カラー部を矢印の方向に移動し、隙間から特殊工具で解錠する。

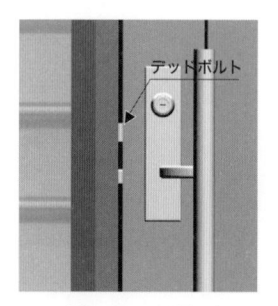

図2・81　こじあけ
扉と扉枠の隙間からデッドボルトが見えている部分を、バールで破壊し、こじあける。

❸侵入を防ぐ住まい

1）鍵の対策

◆ a　ワン・ドア・ツー・ロック　1つの扉に2つの錠を備えることで、最も基本的な防犯対策である。「鍵破り」に要する時間が倍になるだけでなく、住人の防犯意識を明らかにすることができる。同様に「合鍵を隠し置かない」ことは当然のことである。

◆ b　『CPマーク』の付いた対策錠　ピッキング、カム送りに対する対策済み品を使用することにより解錠に要する時間を大幅に長くすることができる。防犯性能向上のため官民合同会議[*1]が定めた試験基準に基づき、防犯性が高いと認められた建築部品に表示されるもので（図2・82）、CrimePreventionの略である。

◆ c　サムターンカバー　特殊工具を挿入しても「サムターン回し」できないようにサムターン部分にカバーを取り付けたり（図2・83）、サムターンを脱着できたり、特殊工具で回せない形状（図2・84）の対策品を採用する。また特殊工具の挿入口となるドアスコープを取り外せないように接着し、ドア付きの「郵便受け」がある場合には、郵便受けの箱部分が簡単に外せないように、取り付けを強化する。

◆ d　ガードプレート　デッドボルト付近にガードプレートを設置することで（図2・83）、バールなどの挿入を防ぎ、「こじ破り」による破壊に強い構造とする。また、鎌錠（図2・85）は、こじ破りに対して高い耐久性がある。

◆ e　防犯ヒンジの採用　ヒンジのネジを一般の工具で取り外すことのできない「特殊形状」のものや（図2・86）、ヒンジの軸を簡単に引き抜くことのできないよう「ロングヒンジ」のものとする。

◆ f　高セキュリティ錠　電気錠はピッキングなどによる解錠は不可能である（図2・87）。指紋や網膜認証など生体認証キーなどは紛失することもなく、複製できないなど高い防犯性を誇っているが、まだ高価であり使用範囲は限定されている。

図2・82　CPマーク

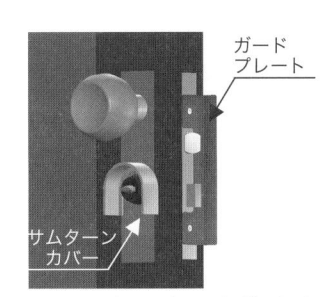

図2・83　サムターンカバーとガードプレート

図2・84　サムターンキャップ　丸い形状のカバーをサムターンの上に取り付け、工具で回せないようにしたもの。

図2・85　鎌錠の例（写真提供：美和ロック株式会社）

図2・86　特殊なヒンジの例　通常の工具では軸を外すことができないようになっている。

図2・87　電気式キーの例（写真提供：美和ロック株式会社）　テンキーは入力する毎に配列が変わり、のぞき見に対抗している。

*1　官民合同会議　「防犯性能の高い建物部品の開発・普及に関する官民合同会議」の略称で、警視庁ほか関係省庁と民間団体から構成され、平成14年11月に発足した。建物への侵入を防ぐ各種建物部品の開発や普及、性能試験を実施し、一定の防犯性能があると評価した防犯建物部品を公表し、その数は2014年12月末現在、17種3266品目になっている。

2）窓の対策

◆ a　鍵付きクレセント　　一般のサッシに使用されているクレセントは、ガラスに開けた小さな穴からドライバーなどを差し込み簡単に開けることができ、鍵としての防犯性は極めて低い。図2・88のようにクレセント自体に鍵のついた、簡単に解錠できないものを採用する。

◆ b　補助錠　　「ワン・ドア・ツーロック」と同様に侵入に要する時間が倍増するだけではなく、屋外から見えにくい位置に設置することで防犯性能を高くすることができる（図2・89）。

◆ c　ガラス破壊センサー　　ガラスが割れるときに発生する独特の振動をキャッチして警報を発するもの（図2・90）。センサーを設置していることが外部からわかるように明示することで侵入を未然に防ぐ効果が期待できる。

◆ d　防犯ガラス・防犯フィルム　　防犯ガラスは2枚の普通ガラスの間に特殊フィルムをはさみ込んだもので（図2・91）、簡単には破ることができない。ガラス破りに対しては高い効果が期待できるが、値段が高いのが欠点である。防犯ガラスを使用していることを明示することで、侵入を未然に防ぐ効果が期待できる。防犯フィルムは既存の普通ガラスの内側に貼り付けることで、ガラス破りに対抗する。紫外線により劣化し機能が低下するので、耐用年数ごとに張り替えが必要である。なお、網入りガラスは防火目的であり、防犯性能はまったくない。

◆ e　開閉センサー　　窓や扉が開くと警報を発信するもの。建具や建具枠に開閉を感知するスイッチを取り付ける必要があり、有効開口幅が制約される場合がある。

◆ f　面格子　　鉄などの強い材質で、材寸が太く、格子同士の接合部が多いほうが破られにくい（図2・92）。格子を建物に取り付けているネジ頭のネジ山を潰したり、いたずら防止ネジ（図2・93）を使用して簡単に外せないようにする。

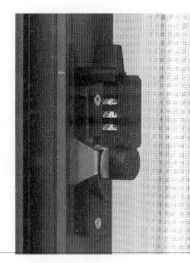

図2・88　鍵付きクレセント（鈴商トレーディングWebページより転載）
ダイヤル式の鍵がついている。また、掛かり金具に掛かり外れ防止金具を付ける事で、「錠とばし」にも対応している。

図2・89　補助錠の例
施錠後、ハンドルを外しておくと、より防犯性能は高くなる。

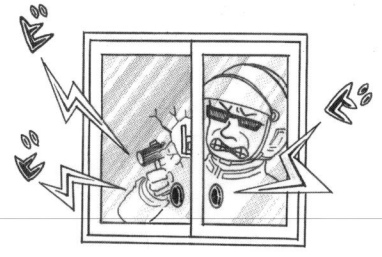

図2・90　防犯センサーの例

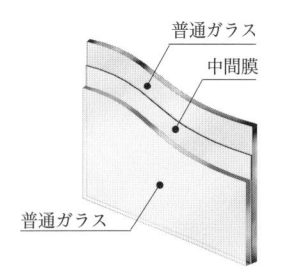

図2・91　防犯ガラス
中間膜が厚いほど、防犯性能は高くなる。

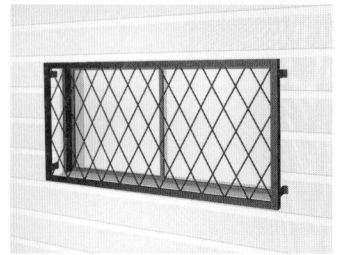

図2・92　安全性の高い面格子
接合点の多いクロス型の格子は、破壊に対しても強い。

図2・93　いたずら防止ネジ（サイマコーポレーションWebページより転載）
専用工具でなければ取外しが困難である。

3）防犯設備

◆ a　カメラ付きインターホン　　来訪者をカメラで確認できるだけでなく、留守中の来訪者を記録する機能の付いたものがあり、侵入の下見などにみられる度重なる不審者の訪問などを事前にチェックできる（図2・94）。

◆ b　防犯カメラ　　侵入犯は姿を見られることを嫌うため、防犯カメラの設置は、犯行を抑止するうえで効果的である（図2・95）。また、居住者の防犯意識の高さを示すことになる。

　室内にWebカメラを設置しておき、インターネットを使って映像を確認することもできる。セキュリティシステムと連動させ、異常があった場合には、異常を知らせるメールを送信し、外出先からも家の様子を確認できるシステムも提供されている。

◆ c　セキュリティセンサーとセンサー付きライト　　セキュリティセンサーは、不審者が敷地内や屋内に侵入した時に、自動的に警報を発する（図2・96、97）。敷地外からの死角になる場所や、侵入されやすい場所に設置すると効果的である。センサー付きライト（図2・98）は人が近づくと自動的に点灯し、不審者に対して警告するとともに、闇に紛れての作業を防ぐ。誤作動を避けるために、感知範囲の調整機能がついたものが望ましい。

◆ d　ホームセキュリティ　　警備会社と契約し、各種センサーにより異常を感知した場合、警備員が急行したり、警察などに通報する。防犯だけではなく、火災やガス漏れなどの防災、高齢者の体調不良や生活支援サービスなども併せて提供している場合もある。

図2・94　カメラ付きインターホンの例
（画像提供：パナソニック株式会社）

図2・95　屋外用防犯カメラの例
（画像提供：パナソニック株式会社）

図2・96　セキュリティセンサーの活用例
音や光で侵入者を威嚇することが大切である。

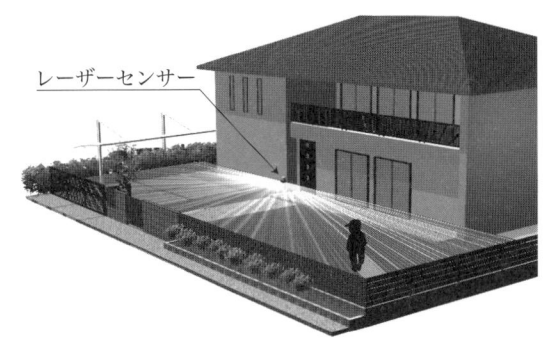

図2・97　レーザーセンサーの例
一カ所に設置したレーザーセンサーで広範囲を監視することができ、効果が高く、設置コストの軽減が可能となる。

図2・98　センサー付きライトの例
（ELPA2013総合カタログより転載）

❹侵入されにくい住宅

　一戸建て住宅の場合は（図2・99 (a)）、植栽や塀を低くして、道路からの視線を確保することで、ガラス破りなどの侵入行為が難しくなる。また、自由に敷地内に出入りできないように、門扉には施錠する。

　2階以上の窓や、高窓などについては、施錠していない場合が多く、狙われやすい。雨樋や植栽、物置、ガレージの屋根など、2階に上がるための足場として利用されることがないように、配慮が必要である。また、補助錠や防犯ガラスを設置し、バルコニーの手すりを外部から見えやすくすることで、侵入行為を防止する。

　隣戸との境界など、不審者が入り込んでも気が付きにくい場所には、砂利や砂を敷くと、足音がし、足跡も残るので、侵入犯は嫌がる。

　道路から見えにくい場所に設けられることの多い浴室の窓には、接合点の多い面格子をいたずら防止ネジなどで取付けたり、身体を通すことのできないスリット窓などを採用する。

　集合住宅の場合は（図2・99 (b)）、ピッキングなどの鍵破りへの対策や、扉の破壊への対策が強化され、侵入が困難になった。このため、バルコニー側の窓から侵入するケースが増加している。また、バルコニー伝いに移動して、連続的に犯行を繰り返す例もある。特に上層階では「バルコニーから侵入されないであろう」という油断から、バルコニー側の鍵をかけていない場合も少なくないので、侵入犯にとっては好都合となっている。

　集合玄関には、管理人が常駐するのが望ましい。また、集合郵便受けは施錠できるものとし、個人情報が盗まれないようにする。

　非常階段などが、建物への侵入・逃走経路となることも多い。集合玄関をはじめ、要所に防犯カメラを設置し、不審者を威嚇する。また、エレベーターホールに、ベンチなどを配し、住人のコミュニケーションスペースにすると、不審者を排除する効果が期待できる。

(a) 一戸建て住宅の場合
①2階への足掛りとならないカーポーチや物置の位置
②2階以上の窓にも、補助錠や防犯ガラス
③視線を遮らない、テラスの手すり
④視線を遮らない高さの植栽や塀
⑤防犯格子の設置や身体の通らない窓の採用
⑥2階への足掛りとならない植栽
⑦施錠のできる門扉
⑧補助鍵や防犯ガラス
⑨外から見えにくい場所には砂利を敷く

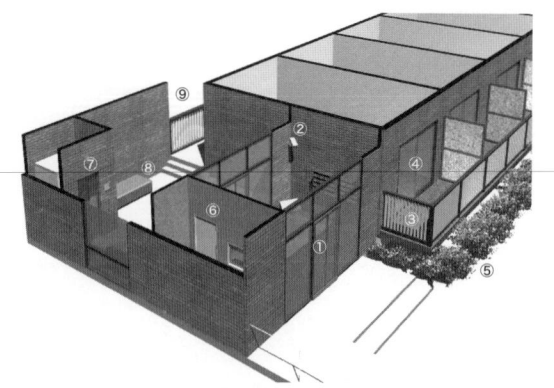

(b) 集合住宅の場合
①ホール内部が、外部から視認できるようにする
②防犯カメラの設置
③視線を遮らない、テラスの手すり
④補助錠や防犯ガラス
⑤ヒイラギやツルバラなどのトゲのある植栽
⑥管理人室
⑦エレベーター内部のモニター
⑧ベンチなどのコミュニケーションスペースの配慮
⑨外部からは入れない高い手すり

図2・99　侵入されにくい住宅の例

2・5　長持ちする住まい

❶長持ちは敷地から

　建物を長持ちさせるには、建物を支える地盤が堅固であることが重要である。また、水害や地震などの自然災害を避けるためにも、敷地の選択は慎重に行うべきである（図2・100）。日照や通風の確保は、建物の耐用年数だけではなく、住人の健康にも関わる。一般に緩やかに傾斜し、南面の開けた土地が良いとされているが、季節風など地域の風土を考慮することも大切である。

1）造成地

　山林や丘陵を開発して住宅地を新たに作る造成地は（図2・101 (a)）、斜面を削り取り（切土）、その土で斜面の下部を埋めて（盛土）、ひな壇状の平らな土地を造り出す。盛土部分の転圧が不十分な場合は地盤沈下の原因となり、さらに切土と盛土の境目に建物を建てると不同沈下の原因となる。また、斜面の設計・施工が不適切であれば、集中豪雨や地震の際に崩壊する危険もある（図2・101 (b)）。

　また、水田や海辺などを埋め立てた造成地では転圧だけでは不十分であり、透水性の低い土の場合は長期間にわたり圧密沈下を生じるので、基礎の選択や地盤改良などに配慮が必要である。

2）低い地域

　周辺地域や河川に対して標高の低い地域は、集中豪雨などにより冠水する危険がある。表2・14のように水に関わる文字のつく地名は、かつては文字の表す地勢であった可能性が高い。このような地域は地下水位が高く、水はけも悪く集中豪雨や河川の氾濫により冠水する危険性も少なくない。

　近くに河川がなくても付近に降った雨が低地に集まり浸水被害を及ぼす場合もある。近年では、ヒートアイランド現象に伴う都市型集中豪雨により、排水能力を超えた雨水が下水道に流入し、周辺より低い地域のマンホールから逆流し、冠水する被害が増加している。

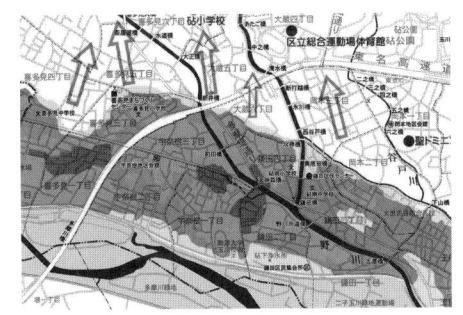

表2・14　水に関わる地名の例

水に関わる地名	堀江、横堤、砂川、新田、沼田、扇沢、小淵沢、白州、川口、出水
水運に関わる地名	船泊、長堀、船橋、摂津、唐津、新湊
水辺の動植物	鷺洲、亀井戸、蒲田、蓮池、鶴沢、鵜殿
近年造成された地名	○○リバーサイドタウン

水に関連する文字のつく地名は、かつてその土地の地形を表す場合がすくなくない。

図2・100　ハザードマップ（国土交通省Webページより）
日本全国の各種ハザードマップを閲覧することができる。

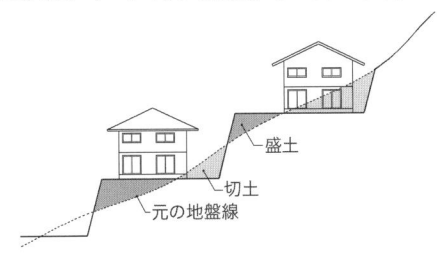

(a) 切土と盛土
斜面の一部を削り取り（切土）、その土で斜面を埋め（盛土）、水平な土地を作り出す。

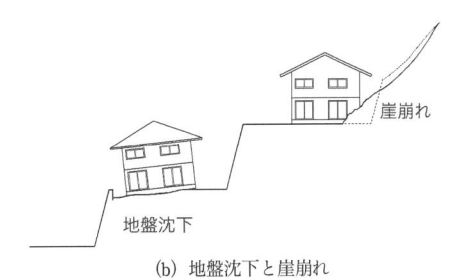

(b) 地盤沈下と崖崩れ
盛り土部分は地盤沈下の原因となり、擁壁や斜面の処理が不十分だと崖崩れの原因となる。特に集中豪雨や地震に際して被害を発生する。

図2・101　丘陵地での宅地造成

3）地下水位の高い地域

砂や砂礫が堆積し地下水位の高い地域では、大地震に際して「液状化現象」が発生する可能性が高い。地盤の液状化によって建物を支える地盤そのものが耐力をなくしてしまい、沈下により建物が傾く被害を招く。また、マンホールなどの埋設物は浮き上がり、古い上下水道管やガス管などが寸断される場合もある。

また、このような地域では地盤面からの放湿量も多いため、防湿対策が不十分な場合には床下の空間や建物内に湿気が入り込み、住人や建物に悪影響を及ぼす。

ベタ基礎や浮き基礎は液状化現象に対して有利であるが、根本的な対策としては地盤改良が必要となる。

4）活断層

地盤に圧縮や引張り等の歪みが長期にわたって加わり集積され、耐えきれなくなると地盤のずれとして力を解放する。この時に地震が発生する。今後も活動の継続が予測されるものを活断層といい、わが国においても多数確認されている。

インターネットを使って、主な活断層の位置や一定期間に地震の発生する確率などの情報を得ることができるが、まだ確認されていない活断層も多数あるといわれている。しかし、地震の発生周期は短いものでも数十年、長い物では数十万年であり、人間の生活サイクルとはかけ離れている。たとえ地震の発生周期が長くても、耐震補強や家具の転倒防止など地震に対する備えが大切である。

新たに敷地を選定する場合には、できることなら活断層から離れた所を選び、明らかになっている活断層のある地域に建築物を建てるのなら、その直上を避けるべきである（図2・102）。

5）沖積平野

軟弱な堆積物からなる沖積平野の地下には、硬い岩盤がすり鉢状に存在している（図2・103）。このような地形に、長周期地震動が来ると、岩盤の縁で地震波が反射され、いつまでも軟弱地盤を揺らし続ける。このため、長周期地震と共振しやすい高層ビルでは、長時間にわたり揺れ続けることとなる（図2・104）。東京、大阪をはじめ、日本の多くの都市は沖積平野の上に形成され、高層ビルが建設されているが、これらの建物への被害が懸念され、対策が求められている。

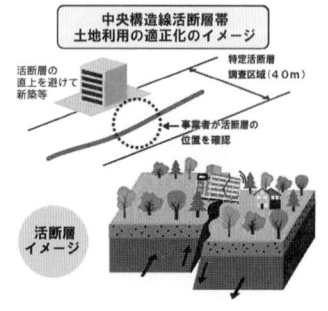

図2・102　活断層上の建築制限（徳島県Webページより転載）
日本でも最大級の活断層である中央構造線が通過する徳島県では、指定地域内で特定の施設の新築を制限する条例を2012年12月に施行した。

図2・103　沖積平野の模式図
かつて硬い岩盤であったところが、浸食され、そこに河川からの堆積物により形成された。約1万年余りしかたっていないため、軟弱である。

図2・104　大阪府咲洲庁舎
2011年の東日本大震災では震源域から700kmあまり離れていたにもかかわらず、10分余り揺れ続け、最大震幅は1.3mを越え、大きな被害を受けた。予測されていた長周期地震による被害が現実のものとなった。

❷強い地盤をもとめて

　地盤の耐力が不足し建物の重量に耐えられなくなると、地盤は沈下を起こす。沈下量が場所によって異なる場合を不同沈下といい、建物が傾くため小規模建築では、表2・15のような障害が建物に現れる。建物の資産価値が下がるだけではなく、外壁に亀裂が生じると雨漏りの原因となり、地中に埋設された排水管の勾配が変わり排水障害を起こす場合もある。さらに住人の平衡感覚に影響を及ぼし、頭痛や肩こり、めまいなどの健康被害の原因ともなる。

　あらかじめ地盤のもつ耐力を知り、これに応じた建物を設計しなければならない。

1）地耐力の測定

　地盤がどの程度の荷重を支えることができるかや、地下水位の高さなど、地盤の状況を測定する方法として次のような方法がある。

◆ a　**標準貫入試験（JIS A1219）**　63.5kgのドライブハンマーを、76cmの高さからボーリングロッドに自由落下させ、30cm打ち込むのに要する打撃回数（N値）を求めて地盤の強度の指標とする。時間や費用がかかるが、規模の大きい建物の場合には、この方法により地盤状況の把握が必要である（図2・105）。

◆ b　**スウェーデン式サウンディング試験（JIS A1221）**　1000Nの加重をかけたロッドを回転させ、25cm沈むのに要する回転数から計算で換算N値を求める。比較的簡単に地耐力を測定できるので、一戸建て住宅など規模の小さな建物の場合に用いる（図2・106）。

◆ c　**平板載荷試験（JIS A1215）**　直径30cm厚さ22mm以上の鋼製円盤の載荷板に、計画荷重を8分割したものを所定の時間をかけて載荷し、沈下量が50mmを超えるまで測定し、支持力の特性を求める（図2・107）。

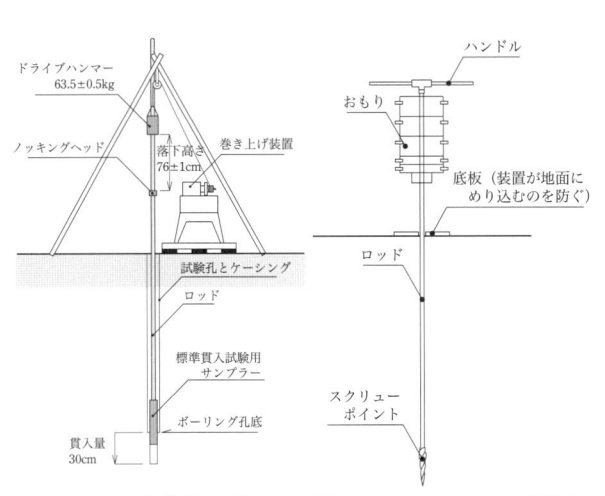

図2・105　標準貫入試験
サンプラーにより地盤サンプル採取ができるため詳しい情報を得ることができる。

図2・106　スウェーデン式サウンディング試験
N値に準ずるものとして、計算により換算N値を求めることができる。

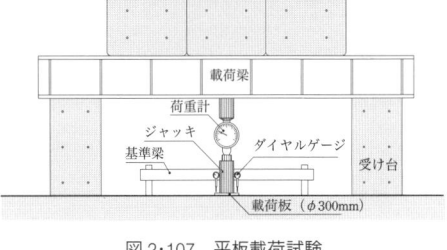

図2・107　平板載荷試験
試験の構成例であり、現場状況により異なる。反力用荷重には建設重機の底を利用する場合もある。

表2・15　建物の傾斜による建物と人に及ぼす影響

建物に発生する障害	建物の傾斜	人の感じ方
モルタル外装・コンクリート犬走りに亀裂が発生する。	1／1000	違和感はない。
つか立て床の不陸を生じ、布基礎・土間コンクリートに亀裂が入る。	3／1000	違和感を覚える。
壁と柱の間に隙間が生じ、壁やタイルに亀裂が入る。窓・額縁や出入り口枠の接合部に隙間が生じ、犬走りやブロック塀など外部構造に被害が生じる。	5／1000 ～6／1000	傾いていることを認識する。
柱が傾き、建具の開閉が不良となる。床が傾斜して支障を生じる。	10／1000	傾いていることに気づき、苦痛を感じる。
柱の傾斜が著しく倒壊の危険がある。床の傾斜もひどく使用困難である。	15／1000	気分が悪くなるほど、健康に影響を及ぼす。

日本建築学会「小規模建築物基礎設計の手引き」日本建築構造技術者協会「液状化による傾斜住宅の補修方法」を元に作成

2） 基礎の選択

建物を地盤面で支えるのが基礎である。種々の工法があるが、建物の規模や地盤の状況に応じて適切なものを選択しなければ、不同沈下や地震時に被害を大きくすることとなる。

◆ **a 独立基礎**　1本の柱の下に単一で設ける基礎で、地盤が堅固な場合に使用される。

◆ **b 布基礎**　壁を支える部分に設ける、断面が逆T字型の基礎。床下に地盤面が露出するため、地盤面からの放湿についての対策が必要となる。

◆ **c ベタ基礎**　建物の下面全部を基礎面とするもので、支持面積が広くなるので地耐力が低い地盤で採用されることが多いが、基礎自体の重量が増加することにも考慮が必要である。陥没や不同沈下などが生じても、比較的影響を受けにくく、地盤面からの放湿を抑える効果も期待できる。

◆ **d 杭基礎**　浅い部分の地耐力が不十分である場合に用いる工法で、先端を地耐力の大きい支持層まで伸ばす支持杭と、杭側面と地盤との間に生じる摩擦力により荷重を支える摩擦杭に大別できる。

3） 地盤の補強

建設地の地耐力が不十分な場合や地下水位が高い場合には、地盤を補強し建物を支えるための強固な支持地盤が得られるようにする。地盤改良には多種多様な工法があり、建物規模や地盤状態に応じて検討する。図 2・108 に地盤改良方法の例を示す。

◆ **a 表層改良工法**　地盤表土を掘り起こしセメント系固化材を混合・転圧して均一な地盤面を形成する。改良厚が2m程度までの浅い場合に用いる。

◆ **b 柱状改良工法**　セメント系固化剤と土砂を撹拌しながら穿孔し、これを埋めもどして支持体とする。軟弱地盤が2〜8m程度の場合に使用する。

◆ **c 砕石パイル工法**　透水性の高い砕石などの材料を柱状または壁状に打設し、地震時に発生する水圧をこの中を通して分散させ液状化現象を防止する。

◆ **d 締固め工法**　軟弱地盤中に砂を圧入したり、膨張性の材料で杭を形成し、地盤を締固めるもので、地震時に発生する液状化現象防止効果も高い。

◆ **e 鋼管杭工法**　鋼管杭を現場で回転・圧入するもので、長さが足りない場合は随時溶接して継ぎ足す。支持層までの深さが30m程度まで施工可能である。

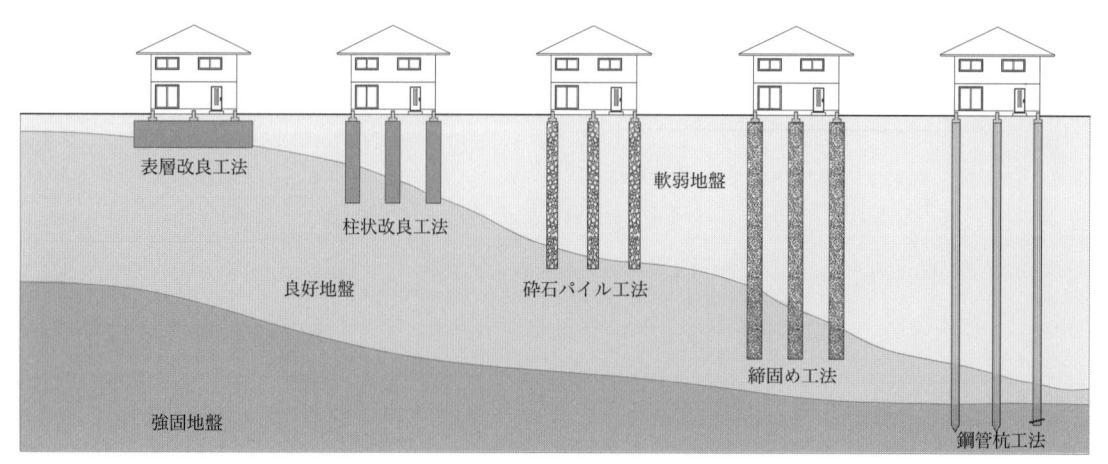

図 2・108　地盤改良工法

❸ 何もなければ安全？

建物が竣工した時点ですでに抱えている欠陥や契約内容とは異なる部分を瑕疵という（図2・109）。瑕疵には竣工時にあきらかなものもあれば、竣工後時間が経過してから明らかになってくるものもある。このため2000年に施行された「住宅の品質確保の促進等に関する法律」により、新築住宅の場合は、基礎や柱、梁などの構造上主要な部分や、屋根や外壁など雨水の侵入を防ぐ部分について、10年間の保証が義務付けられている。

1）瑕疵の発生原因

表2・16に瑕疵が生じる原因を示している。多くの場合は設計・施工者の責任によるものであるが、「無理のある工期や予算」や施工途中の「設計変更」など、発注者側の要求が遠因となる場合もある。

2）瑕疵の種類

◆ a　軽度の瑕疵　仕上げ材の汚れや傷など、表面的なもので比較的簡単に補修が可能なもの。建具の建付けが悪いなどもこれに該当するが、地盤沈下など他に原因がある場合もあるので、補修後の経過にも注意を払う必要がある。

◆ b　災害時に明らかになる瑕疵　日常生活での使用では問題がなくても、地震や台風など大きな外力を受けて明らかになるもので、強風時に建物が異常に揺れたり、地震時に建物に大きな被害を及ぼす。筋違や補強金物の不足、鉄筋量の不足や溶接不良、不適切な建築材料の使用などがある。

◆ c　進行する瑕疵　地盤の不同沈下などのように時間の経過と共に状況が悪化していくもので、発見や対処が遅れるほど被害が進行し、補修に費用がかかり建物の耐用年数にも影響する。外部から見えない部分での水漏れや壁体内結露などは、建物への被害だけでなくカビの発生などの原因となり、住人の健康被害を招くなどの二次被害を引き起こす。

◆ d　計画上の瑕疵　計画上の不備により「使い勝手が悪い」や「空調が効かない」「コンセントが扉の後ろに隠れて使えない」などの無駄や不満としてあらわれる。また住宅内事故の原因ともなるが、主観的な要因もあり瑕疵として認定されにくい。

表2・16　瑕疵の原因

原因	具体例
設計者・施工者の単純ミス	間違いに気づかずに施工してしまい、途中のチェックもすり抜けてしまった場合
設計者・施工者の知識や技術不足	・正しい設計・施工方法を知らない ・十分な設計知識や施工技術を持っていないなどによるもので、誤った知識が伝承されるので問題は大きい
施工者の責任感の欠如	自分の仕事に対して責任感をもっている、いわゆる「職人気質」の施工者の減少
無理な工期や予算	・仕事に見合う報酬が無ければ手間や材料を省いて利益を上げようとする ・良い工事を行なうには手間を掛けるだけの時間と準備・養生期間が必要 ・無理な気象条件下でも施工が余儀なくされ、施工不良の原因となる
設計の不備	・設計者の能力不足によるもの ・度重なる設計変更や、施工のせまった時期での設計変更は混乱やミスを招き、施工段階での場当たり的な対処が余儀なくされる
手抜き	必要な工事や材料、手間を省き、不当な利益を得ようとするもので、最も悪質で恥じるべき行為
不適切な施工管理	施工監理者と施工者の間に馴れ合い関係が生まれ、監理機能が十分に働かない場合

図2・109　瑕疵の例
コールドジョイント[*1]の部分からエフロレッセンス[*2]が発生している。窓部分にもジャンカが発生し、モルタルで補修しているが、雨漏りが発生する可能性が高い。

＊1　コールドジョイント　所定の時間内に連続してコンクリートの打設がおこなわれず、先に打設したコンクリートの硬化が進んでから次のコンクリートが打設されたために生じる不連続面。付着面が不良であり、構造上も水密性の欠陥となりやすい。
＊2　エフロレッセンス　コンクリート中の可溶性物質が水分とともに表面に溶出し、空気と反応して炭酸カルシウムとなり析出するもの。一般にコンクリートの耐久性には影響はないが、美観的に問題となる。白華ともいう。

❹建物も歳をとる

健全に設計・施工された建物でも、使用期間に応じて次第に痛んだ場所が出てくる。痛んだ場所に気がつかなかったり、そのまま放置して適切な補修を行わないと状況はさらに悪化し、建物の耐用年数は短くなり、住人に危害を及ぼす場合もある。このような事態を避けるためにも、定期的な点検や補修・改修が必要である。

1）経年変化

表2・17に建物各部別の補修等が必要となる経過年数を示している。これは標準的なものであり、施工状態や建築材料の種類、建物の建っている環境、日頃のメンテナンスの頻度によっても異なってくるので、定期的な点検を行い問題が発見されたら早期の対処が必要である。

2）各部の劣化状況

◆ a　コンクリート　ひび割れは漏水や鉄筋の腐食の原因となる。配筋に沿って浮きがあったり錆汚れが出ている場合は、内部の鉄筋が錆びているので、直ちに補修が必要である。

◆ b　モルタル・タイル面　下地面との付着力が低下すると剥落事故を起こす。「浮き」が発見されたら直ちに補修するとともに、他にも同様の問題がないか点検が必要である。

◆ c　給・排水管　使用期間に応じて配管の更新が必要になる。あらかじめ更新を考慮した計画がなされていないと、大がかりな工事が必要になったり、新たに露出で配管するなど問題が生じる。

◆ d　建具　屋外ドアは鋼やアルミなどの金属製が多く、錆に注意する。窓サッシでは、戸車などの付属金物の劣化や摩耗により、開閉不良やがたつき、すきま風などの不良が発生する。また、建具の開閉不良やがたつきは、不同沈下に起因する場合があるのでこの点についても確認が必要である。

◆ e　金属部　アルミ材は汚れが付着すると、またステンレス材は鉄錆びや塩化物、大気染物質などが付着すると錆の原因となるので、年に2回程度の清掃が必要である。鉄材はすぐに錆びるので防錆処理として塗装やメッキ処理を行い防錆層を形成する。防錆層が劣化して水が侵入するとすると、急速に錆びを生じ腐食するので、錆を生じる前に定期的に塗装する。

◆ f　屋根・外壁面　風雨や紫外線にさらされ、劣化しやすく、雨漏りの原因となる。こまめにメンテナンスを行うことで、更新時期を遅らせることができる。コーキング材の寿命は5年程度なので、外壁面材よりも短い間隔での更新が必要である。

表2・17 建物各部の改修時期

部位		修繕項目 部材	修繕区分	建築後の経過年数(年)
建築	屋根	露出アスファルト防水	かぶせ工法又は取替	10〜14
		アスファルト防水（本防水）	かぶせ工法又は取替	18〜20
		瓦葺き屋根（石綿セメント瓦葺）	補修	30
	外壁	モルタル塗り	補修・塗装	9〜15
		タイル張り	補修	9〜15
		コンクリート打放し	補修・塗装	9〜15
		木質系	補修	10〜20
		金属系	補修	10〜20
	天井	モルタル塗り	塗装	10〜14
		コンクリート打放し	塗装	10〜14
	床	モルタル塗り	塗装	10〜14
		張り床	取替	15〜20
		タイル張り	取替	19〜20
	バルコニー	防水	改善	8〜14
	外部金物	鉄製	塗装	3〜5年毎

部位		修繕項目 部材	修繕区分	建築後の経過年数(年)
電気	電気設備	照明器具（屋内共用灯）	取替	9〜12、19〜22
		照明器具（屋外共用灯）	取替	6〜19、14〜18
給排水	給水設備	FRP製水槽	取替	25
		給水ポンプ	補修・取替	オーバーホール7〜9 取替14〜17
		屋内給水管（パイプライニングライニング鋼管）	取替	12〜20
		屋外給水管	取替	12〜20
	排水設備	雑排水共用竪管	取替	16〜24
		屋内汚水管	取替	30
		屋外汚水管	取替	24
		屋外雨水管	取替	30

「特定優良賃貸住宅の供給に関する法律」の運用について（建設省住宅局長 H5.7通達）より抜粋

第3章　ここちよい住まい

3・1　気持ちよく暮らす

　人類は、今から約700万年前に誕生したとされている。現生の新人類のホモ・サピエンス（ヒト）も20万年ほど前に、アフリカで誕生し、居住地域を拡大し、世界中に広がっていった（図3・1）。熱帯から寒帯まで、多様な環境に生息できる適応力は、他の種には見られない大きな特徴の一つである。人類は、各地域の環境に適応し、長い年月をかけて生体機能を調節する生理的な適応能力を獲得し、環境に馴染んで生活してきた。社会、文化を築く過程で、徐々に衣服や住居を持つことなどの文化的な適応によるところが大きくなり、今日の多様な地域集団と文化を形成した。人類は、住環境を改善しながら今日に至っている。

　心理学者のマズローは、欲求には優先度があり、低次の欲求が充足されると、より高次の欲求へと段階的に移行するものと説明している（図3・2）。これを住環境で考えると、最初の基本的な段階は暑さ、寒さなどの不快な要因を取り除き、安全の確保や健康の維持が目的となる。次の段階では、外界からの刺激が人体にストレスを感じさせず、生理的に満足できる状態を求め、さらに使いやすさ、生活しやすさなどの機能面を要求する。これらの段階が満たされると、住環境に対する要求は多様化し、生活の彩りや潤い、雰囲気など心理的に満足できる水準を求めるようになる。

　現代は「感性の時代」と言われ、内閣府が実施する国民生活に関する世論調査でも、ゆとりや心の豊かさを求める人が増加していることがわかる（図3・3）。

　毎日を気持ちよく暮らすためには、人間の生理面と心理面をともに満たす条件を整えることが必要であるが、これらは個別に成立するものではなく、相互に関係し、影響しあう。五感で感じる刺激に対し、からだの感覚的な処理と、こころの感性的な処理が同時に行われるのである。

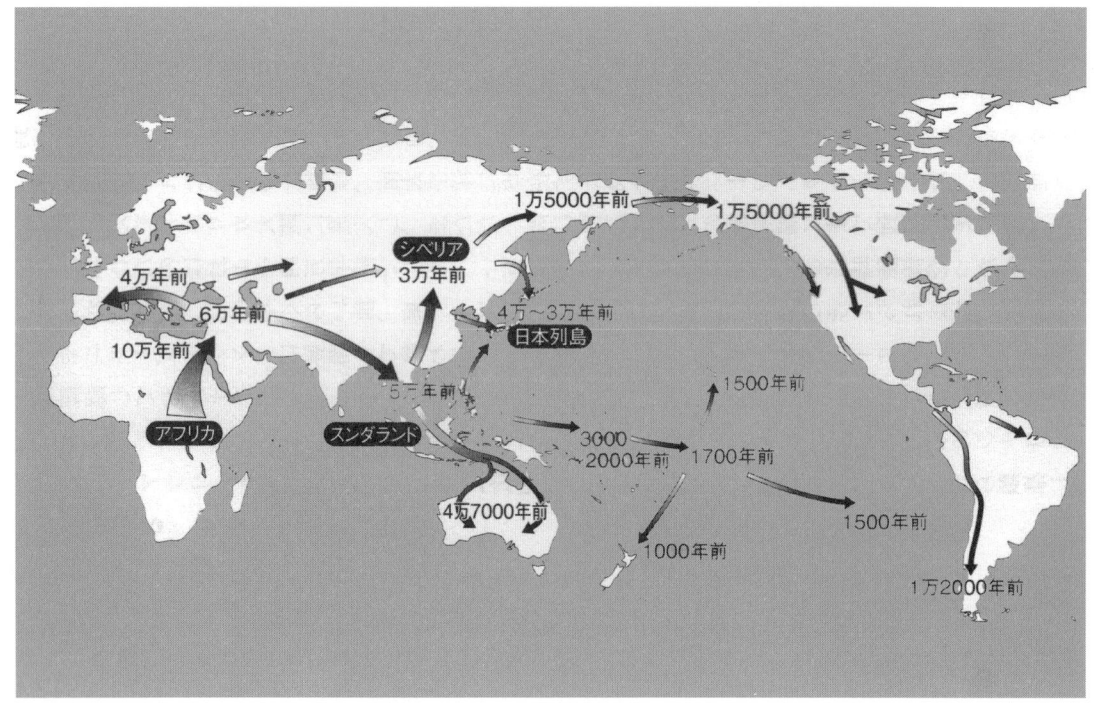

図3・1　新人類の世界拡散の経路とその時期（「日本人になった祖先たち」篠田謙一著より）

生理面での快適性は、物理的に測定可能な要素で論じることができるが、心理面での快適性については見た目の美しさ、香り、やわらかさ、あたたかみ、安らぎなど、数値になりにくい「ここちよさ」が複合したもので、その時の状況や好み、知識、経験、価値観など個人差が大きく影響する。その一つの例として、建築家の安藤忠雄が設計した「住吉の長屋」がある（図3・4）。都会の狭小住宅地においてプライバシーを確保しつつ、自然の光や風を導き入れたこの住宅建築は、1979年に日本建築学会賞を受賞した。屋外を通らなければ次の部屋に行けず、雨の日は傘をさす必要があるため、この建物に対する評価には賛否両論がある。しかしクライアントが、雨にぬれたとしても設計者によるこの提案を良とし、自然を楽しむ事を受け入れており、近隣の人々に迷惑を与えるものでないのであれば[*1]、この住宅建築は是である。

　だが、住まいは身にまとうものとは異なり、長期的に居住するものである。選択に際しては長い目で見た快適性の判断も必要である。目先の利便性や精神的な満足を優先しすぎると、生活に支障をきたしたり、人間本来の適応能力まで低下させる可能性がある。日常生活においては、まずは基本的な生理的欲求を満たすことが前提であり、その上で心理面で満足できる水準を検討し、両者のバランスを保つことが重要である。本章では、まず生理的な快適性を検討し、その上で心理的な快適性について言及し、自然環境との共生の視点から住まいのここちよさについて述べたい。

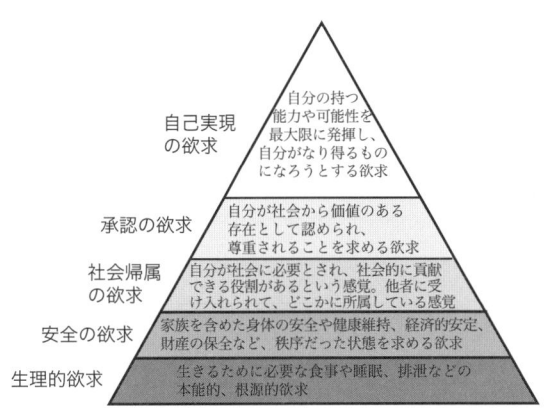

図3・2　マズローの自己実現論（欲求段階説）

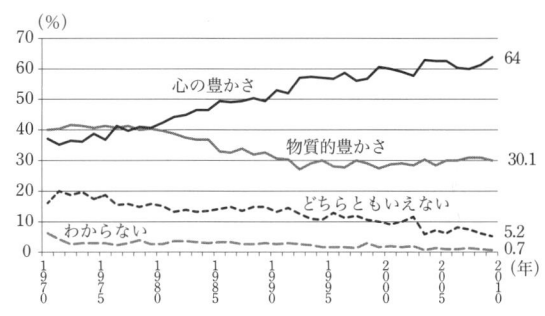

図3・3　重視する豊かさ（「国民生活に関する世論調査　平成24年6月調査」より作成）

(a) 断面模型　　(b) ファサード

図3・4　住吉の長屋

*1　この住宅建築があまりにも有名になりすぎたため、見学者が絶えず近隣住民は困惑しているが、これはまた別次元の問題である。

3・2　からだのここちよさ

　からだが快適な状態とは、暑すぎず寒すぎないちょうど良い温湿度環境であったり、適度な明るさのもとで感じられる、ストレスのない状態である。これは、室内での作業状態や過ごし方、目的などによって異なり、多少の個人差があるため、実験などにより求められた平均的な数値を目安にしている。

　現在の建物では、冷暖房や照明器具などの設備機器を用いることで、便利で快適な生活を享受している。しかし、そのような生活によって、エネルギーが大量に消費され、さらには深刻な地球温暖化の原因にもなっている。これからのわたしたちの生活には、設備機器に頼りすぎることなく、日本の伝統的な住宅の良さや地域性を見直し、さまざまな建築的工夫を積極的に取り入れていく必要がある。

❶あたたかさ・すずしさ

1）温熱感覚

　わたしたちは、生活の中であいさつをする時に、「暑いですね」「最近涼しくて過ごしやすいですね」「寒くなりましたが、風邪を引かないように気をつけてください」といった、その季節に応じた言葉を交わすことが多い。このような温度感覚は、わたしたちの生活に深く関わっており、快適に気持ちよく生活するためには、まず温熱環境について適切に整えていかなければならない。

　わたしたちが感じる「暑い」「寒い」などの温熱感覚は、単に気温だけで判断されているものではなく、人間がどれだけ放熱するかで決まる。放熱とは、体とそのまわりの空気や周壁などとの間で熱のやりとりをすることで、人間は放熱によって36～37℃に体温を調節しており、湿度や気流、放射熱、着衣状況、作業状況などによって放熱量が異なる（図3・5）。これらの温熱感覚は、人種や生活スタイル、性別、年齢によっても異なり、一般的に、青年は老人よりも低温を好み、女性は男性よりも高温を好むといわれている。

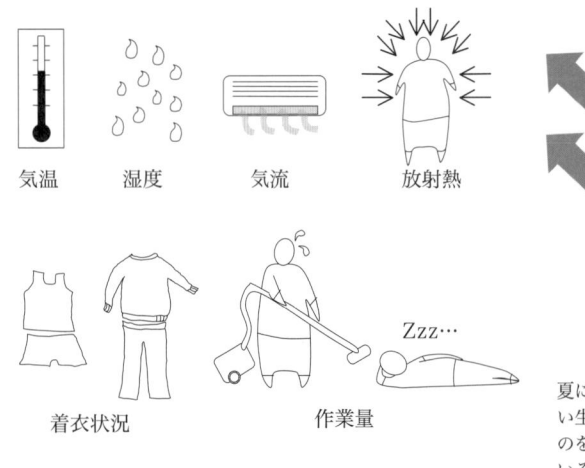

気温　湿度　気流　放射熱

着衣状況　作業量

(a) 放熱に影響を与える要素

夏に半袖やショートパンツなどの、冬より露出の多い服や、薄い生地の服を着用するのは、体から放熱する時に邪魔になるものをできる限り取り除き、空気と接する体の表面積を多くしていることになる。

(b) 放熱量

図3・5　放熱

わたしたちは多くの時間を室内で過ごしている。その室内で感じている体感温度は、室温だけによるものではなく、壁や床、天井などの表面温度も大きく関係している。室温が高くても、壁や床などの表面温度が低ければ、気温の割に涼しく感じられるし、逆に、室温が低くても、壁などの表面温度を高めに保つことができれば、ある程度の快適さを得ることができる（図3・6）。また、例えば夏の暑い日、同じ気温であっても、湿度が高いとジメジメして不快であるが、湿度が低いと比較的過ごしやすく、さらに窓を開け放して通風を確保すれば、より涼しく感じられる。このように、気温だけでなく、湿度、気流についても調節することが大切である。現在ではエアコンの利用が一般的で、エアコンを設定するだけで、簡単に過ごしやすい環境をつくることができるが、太陽光や風などの自然エネルギーをうまく活用することが求められている。ただし、自然エネルギーだけを利用したのでは、快適性を一定に保つことが難しいため、真夏や真冬などの寒暑の厳しい時期にはエアコンとの併用を考えて計画すると良い。

　快適な室内の温熱環境をつくるために、建築基準法施行令やビル管理法（建築物における衛生的環境の確保に関する法律）施行令では、建物内の居室の温度や湿度などの環境衛生管理基準が規定されている（表3・1）。また、省エネの観点も含めると、一般的には、夏25〜28℃、冬18〜22℃、相対湿度50％程度を目安として、室内の温熱環境を計画するのが望ましく、特に調湿することは、ウィルスの感染やアレルゲンの発生を抑えるためにも重要である（図3・7）。

室内での体感温度は、室温と床・壁・天井などの表面温度の平均になる。同じ室温でも、条件が異なれば、体感温度も異なる。

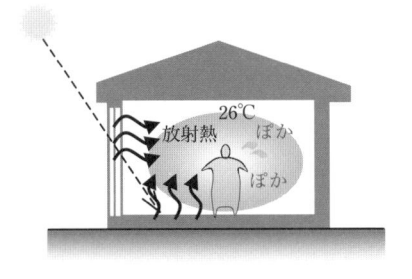

表3・1　居室の環境衛生管理基準

温　度	1　17度以上28度以下 2　居室における温度を外気の温度より低くする場合は、その差を著しくしないこと。
湿　度	40％以上70％以下
気流速度	0.5m/s　以下

「建築基準法施行令」第129条の2の6第3項および「ビル管理法施行令」第2条の1より抜粋

図3・6　室内での体感温度

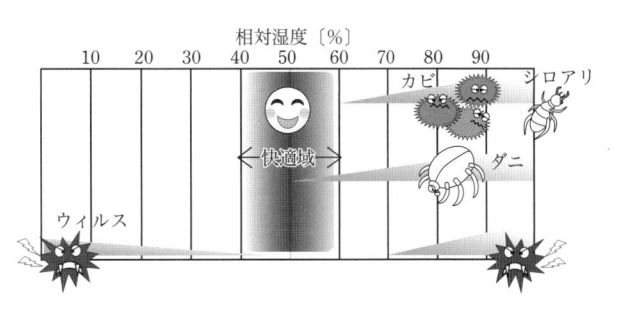

図3・7　快適域とアレルゲンの関係

2) 自然的工夫

近年、わたしたちの生活では、冷暖房設備によって季節を問わず過ごしやすい室内環境で生活できるようになった。その反面、地球環境に大きな負荷をかけている。これからの住まいは、これまでの生活を見直し、なるべく地球環境に悪い影響を与えない方法を選択するのが大切である。ここでは、設備に頼りきらずに、自然の力を利用した工夫を紹介する。

◆ **a 風**　室内に溜まっている暖まった熱を排出するためには、風通しを良くすることが大切である（図3·8）。自然の風にはエアコンにはない心地よさがあり、積極的に取り入れるようにする。

◆ **b 太陽光**　わが国では、日照を得るために南側に大きな開口を設けることが多いが、これは冬に太陽光を熱エネルギーとして利用するのにも大変有効である（図3·8）。

◆ **c 樹木**　建物の周囲に樹木を植えることで、冬は風を遮ることができ、夏は日射しを遮り日影をつくる（図3·9）。最近では、アサガオやゴーヤなどのつる植物を、窓の外側で栽培する「緑のカーテン」が増えている（図3·10）。

◆ **d 芝生**　照り返しによって室内が高温になるのを防ぐのに効果的である。また、植物は葉から水分を蒸発させていて、その蒸散作用で周囲が涼しくなる。風の通り道になる外部空間を芝生などにすることで、風が室内に入る前に冷やされ、より冷たい風を導くのに効果的である。

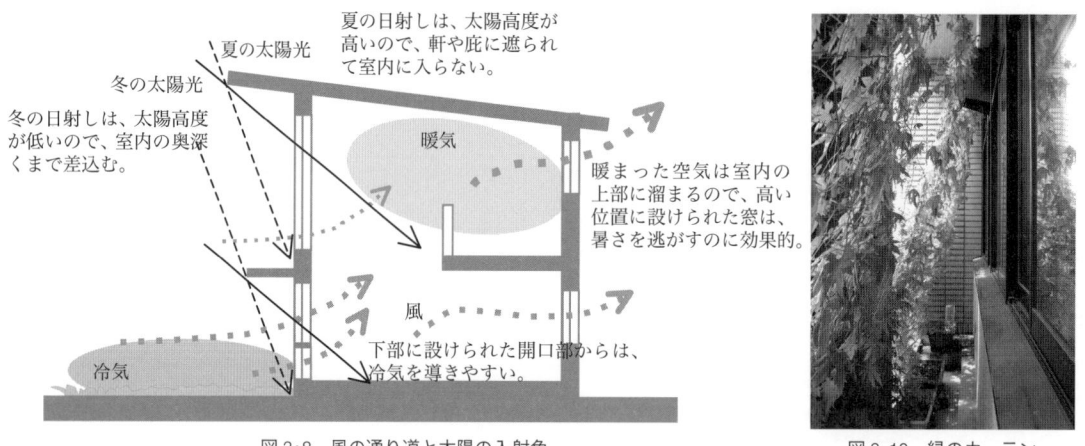

図3·8　風の通り道と太陽の入射角

図3·10　緑のカーテン

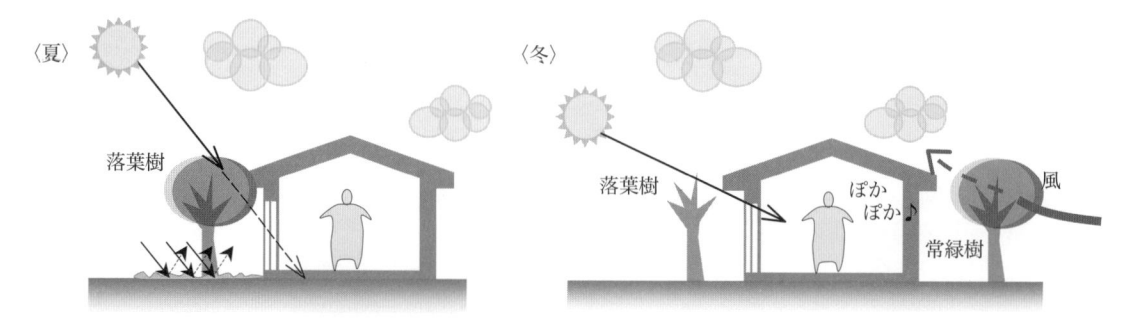

南面に落葉樹を植えると、夏の日射しは遮るが、冬の日射しを室内に取り込むことができる。また、冬は樹木によって風を遮ったり、方向を変える効果が期待できる。

図3·9　南面の落葉樹樹木による日照と風のコントロール

3) 建築的工夫

　元来、わが国の住まいは、夏の通風を取り入れた建築の計画を重視していた。伝統的な民家は、厚い茅葺き屋根によって夏の日射しを遮り、開放的な造りによって通風を確保し、夏の涼しさを得てきた。しかし、夏向きにつくられた住宅はすきま風が多く、外壁や建具の断熱性も十分ではなく、熱が逃げやすいという難点があった。厳しい夏の暑さや冬の寒さに影響されることのない建物にするために、次のような方法がある。

◆a　**自然素材**　わが国の建物には、身の回りにある土や木などの自然素材が用いられてきた。特に季節により変化する気候に対応するため、断熱性や調湿性に優れた土壁（図3・11）や漆喰壁によるものが多くつくられた。近年、工期が短く費用も安い工業製品の利用が一般的であるが、一方で自然素材が見直され、漆喰や珪藻土などが用いられることが増えてきている。また、藁を固めたブロックを積み重ねて作り上げていくストロー・ベイル・ハウスは断熱性や調湿性がきわめて高い。

◆b　**開口部**　効果的な風の通り道をつくるには、開口部を上下または対向する面に設ける（図3・12）。室内に取り込んだ風が効果的に流れるために、壁や開口部にも工夫する（図3・13）。また、前述のように南面に大きな開口を設けることで、より多くの太陽光が確保でき、冬は採暖の助けとなる。

図3・11　土壁

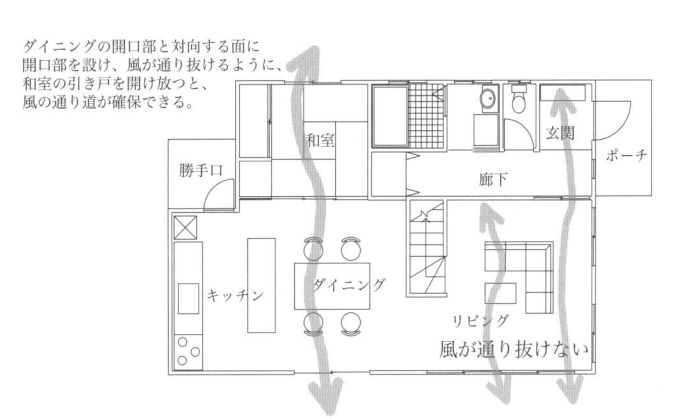

図3・12　開口部の位置

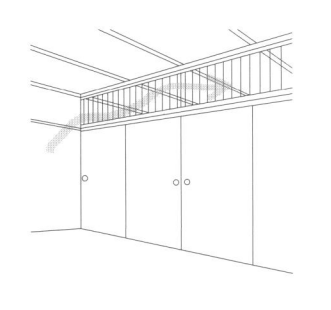

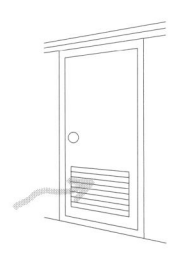

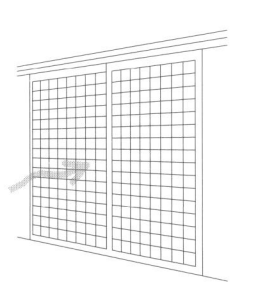

ダイニングの開口部と対向する面に開口部を設け、風が通り抜けるように、和室の引き戸を開け放つと、風の通り道が確保できる。

開口を閉じて室を仕切っていても、通風は確保できる。

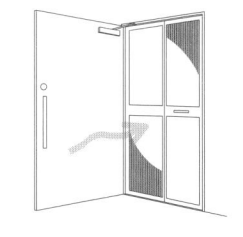

防犯面で玄関を開け放つのは難しいが、施錠できる網戸を設置すると通風を確保できる。

(a) 欄間　　(b) がらり　　(c) 格子戸　　(d) 玄関網戸

図3・13　通風を確保する工夫例

◆ **c 縁側** 図3·14のように庭に面して和室の外側に設けられた板敷きの空間で、洋風住宅が一般的になり、最近では少なくなっているが、室内の気温調整が行われる空間である。夏は、室内と屋外との中間領域となり、ひんやりと気持ちの良い空間である。ここにガラス戸や障子を用いるとサンルームになる。寒い冬には日だまりとなり、室内の暖かさを外に逃がさないように、断熱空間にもなりうる。

◆ **d 日除け** わが国では古くから、庇によって室内に日射しが入り込むのを遮ってきた。時間や季節に応じて手軽に日除けできるものに、すだれやカーテンがあるが、日射しは一度室内に入ってから遮断するよりも、窓の外で遮る方が高い効果が期待できる（図3·15）。

◆ **e 建築化された日除け** 規模の大きな建築物では、建築化されたルーバータイプの日除けなどを外壁に設ければ、通風と眺望も確保できる(図3·16)。ガラスの窓面を壁面より後退させて日照調整する事例もある。また、方位によって用いる日除けを選択すると、より高い効果が期待できる。建築化された日除けの代表的なものには、ル・コルビュジェの、ユニテ・ダビタシオンに用いられたブリーズ・ソレイユという日照調整の仕組みがあげられる（図3·17）。

ベネシャンブラインド
○すべての方位

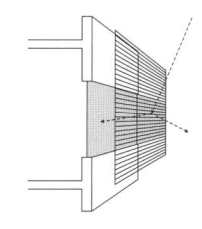

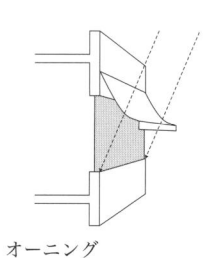

すだれ
○南西、西、東、南東
●北東、北、北西

オーニング
○南西、西、東、南東
●北東、北、北西

○適している方位
●適していない方位

図3·14 縁側

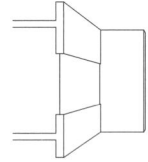

図3·15 日除け

袖壁
○北東、東、南東
南西、西、南東

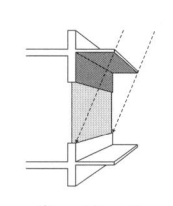

庇・バルコニー
○南
●南東、北、南西

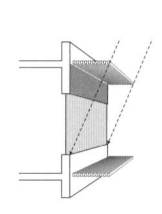

ルーバー庇
○南
●南東、北、南西

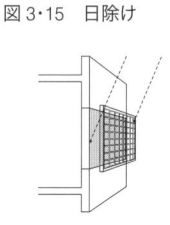

格子ルーバー
○南西、南東
北西、北東

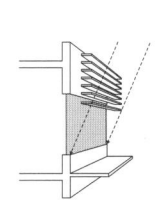

水平ルーバー
○南東、南、南西
●東、北、西

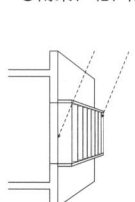

垂直ルーバー
○北西、北、北東
●西、南、東

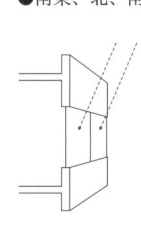

熱線吸収ガラス
○北東、南、南西
●北東、北、北東

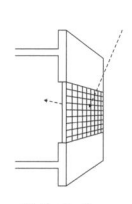

ガラスブロック
○南東、南、南西
北西、北、北東

○適している方位
●適していない方位

図3·17 ブリーズ・ソレイユ
(ユニテ・ダビタシオン)

図3·16 建築化された日除け

◆ f 高気密・高断熱　気密性が高く、冷暖房が効率よく行える。窓ガラスの部分は外気の熱の影響を受けやすいため、複層ガラスを用いて、室内への日射量を減らすことなく熱の出入りを少なくする（図3・18）。しかし、高気密・高断熱化により室内の汚染空気が外に逃げにくくなり、湿気の処理を十分に行わなければ、結露が発生したり汚染された空気が滞留しやすくなるので、健康面に与える影響についても考慮しなければならない。

◆ g パッシブソーラーシステム　図3・19のように、建築的な手法で太陽のエネルギーを利用するものである。その地域の気候や風土、四季に応じて変動する自然エネルギーに対応できるものでなければならない。

◆ h アクティブソーラーシステム　機械設備を用いて太陽のエネルギーを電気や温水に変えて利用するもので、太陽光発電システムなどがある。

◆ i 地中熱　地下10m以下の地中温度は、一年を通してほぼ年平均気温と同じ10〜15℃で一定である。地上との温度差を利用し、地中に埋設したチューブによって、夏は地上の暖かい熱を地下に放出して冷房し、冬は地中から熱を吸い上げて暖房する（図3・20）。

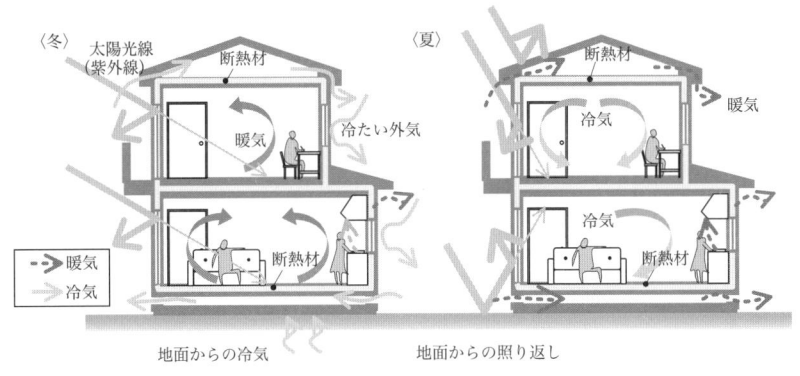

図3・18　高気密・高断熱住宅のイメージ

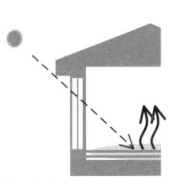

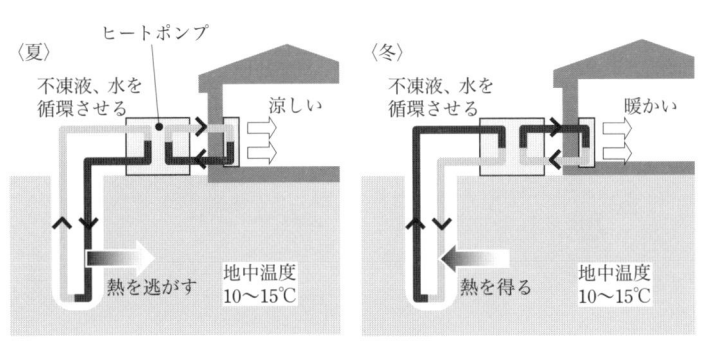

図3・20　地中熱利用の概念

(a) ダイレクトゲイン
昼間に取り入れた太陽光を、床や壁などに蓄熱し、日射量の少ない時や日没後に放熱させて、室内を暖かくする。

(b) 付設温室システム
南側に壁や屋根をガラスにしたサンルームを設け、そこで暖まった空気を室内に取り込む。

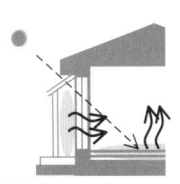

(c) トロンブ壁
蓄熱させる壁の外側にガラス面を設けて空気層をつくり、暖まった空気を室内に取り込む方法。

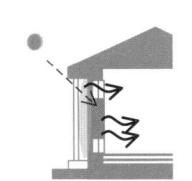

図3・19　パッシブソーラーの手法

❷あかるさ

　室内を明るくすると、わたしたちは快適に、そして安全に生活することができる。たとえば、細かい作業では手元を照らして見えやすくしたり、夜間の室内移動では足下灯が点灯すると安全に移動できる。しかし、ただ一様に明るくするだけではなく、その室の利用目的に応じた、適切な明るさにすることが大切で、特にグレアを生じないように配慮が必要である。グレアとは、まぶしさのために物が見えにくくなるだけでなく、目の疲労感や不快感を生じる現象のことで、図3・21のような原因がある。このように、快適な住まいづくりには、光環境を適切に整えることも大切である。

　一般に日中は、太陽の光を採り入れて室内を明るくしている。太陽の光の下で生活すると単に省エネにつながるだけでなく、心地よい明るさを得られ、物がもつ本来の色で対象物を見ることができる。しかし、太陽の光は気候や時間によって変動が大きいため、照明器具が必要になる。日中は、太陽の光の補助的な役割として、夜間は必要な明るさを確保するために照明器具は使用される。

1）自然光

　太陽から地表に届く光（昼光）は、大気層を透過して地表に達する光（直射日光）と、大気層で散乱されてから地表に達する光（天空光）である（図3・22）。直射日光は強い光で、季節や時間、天候などよって大きく変化するため、そのままでは読書などの視作業には適さない。それに対し、天空光は時間などであまり変化せず、視作業に利用できる光の強さである。このように、直射日光と天空光は、同じように太陽から地表に届く光ではあるが、その性質は大きく異なるので、昼光を利用して安定した光環境を得るには、性質の異なる直射日光と天空光をうまく取り入れなければならない。

　また、わたしたちの体には、暗くなると眠くなったり、明るくなると活動的になるような、決まった周期で体に働きかける生体リズム（概日リズム）が備わっている。1日が24時間なのに対し、この生体リズムは25時間が1周期なので、そのずれを毎日リセットするには自然光を浴びることが効果的である。

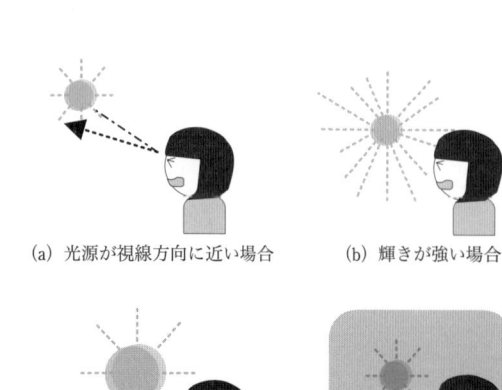

(a) 光源が視線方向に近い場合　(b) 輝きが強い場合

(c) 光源が大きい場合　(d) 周囲が暗い場合

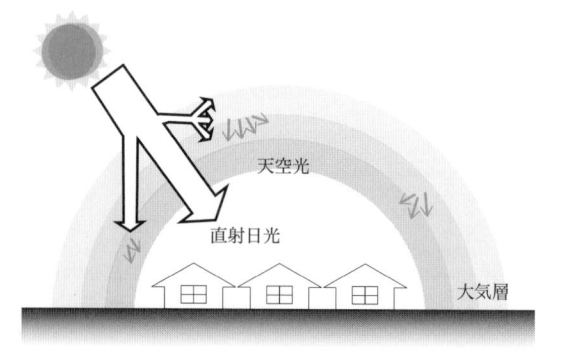

図3・21　グレアの原因

図3・22　直射日光と天空光

自然光による明るさは、一般的に採光窓に近い所では明るく、窓から離れると暗くなっていく。室内の明るさが場所によって大きく異なると、順応が追いつかず、不便に感じるため、室内の明るさを均一にするのが望ましい。

　明るさを均一にするためには、窓の位置や高さについて考えなければならない。図3・23のように、天井に設けられたものを天窓、壁面に設けられたものを側窓という。天窓は、側窓に比べ採光量は多く、周囲の建築物や樹木などからの影響を受けにくいが、開閉や清掃といった管理がしにくいという欠点もあるため、安易に導入しにくい。天窓に比べ側窓は、開閉が自由で、直射日光にも対応しやすく、図3・24のように設ける高さによって室内への光の届き方が異なるため、なるべく高い位置に設けると奥まで光が届くようになる。採光をより多く確保するには、一面に採光窓を設けるよりも、二面に設けたほうが効果的で、室内の照度分布も均一になりやすい。しかし、複数面に窓を設けると、壁面が少なくなるので家具の配置がしにくかったり、外からの視線が増えて落ち着いた空間になりにくい、冷暖房効率が悪くなる、などの欠点もあるので、注意しなければならない。また、わが国では、南側からの採光が好まれているが、直射日光が入ったり雲によって影になったりと、室内の照明環境が安定しにくい。それに対し、北側の窓からは直射日光がほとんど室内に入らず安定した明るさを得られるため、アトリエなどで用いると良い。

　窓の位置だけでなく、室内の仕上げを工夫するのも、照度分布を均一にするのに効果的である。たとえば、天井や壁面などを、反射率の高い明るい色で仕上げると、入ってきた光が反射され、室内にその光が行き届き照度分布が均一になる。また、直射日光を入れずに、明るさだけを確保するには、軒を深くして、室内への日射を遮り、光を反射しやすい白い玉砂利などを採光窓の屋外側に敷いたり、障子などを通したやわらかい拡散光を採り入れるとよい（図3・25）。

図3・23　天窓と側窓

(a) 室内全体　(b) 窓から遠い場所　(c) 窓の近く

高い位置にある方が室内の奥へ光が届きやすい。低い位置にある窓は、床面で反射してから室内へ広がるが、その光は下から上の方向である。
図3・24　側窓の高さによる光の届き方の違い

(a) 軒を深くする　(b) 反射性材を用いる　(c) 拡散性材を用いる
障子は光を拡散させる効果が高い。

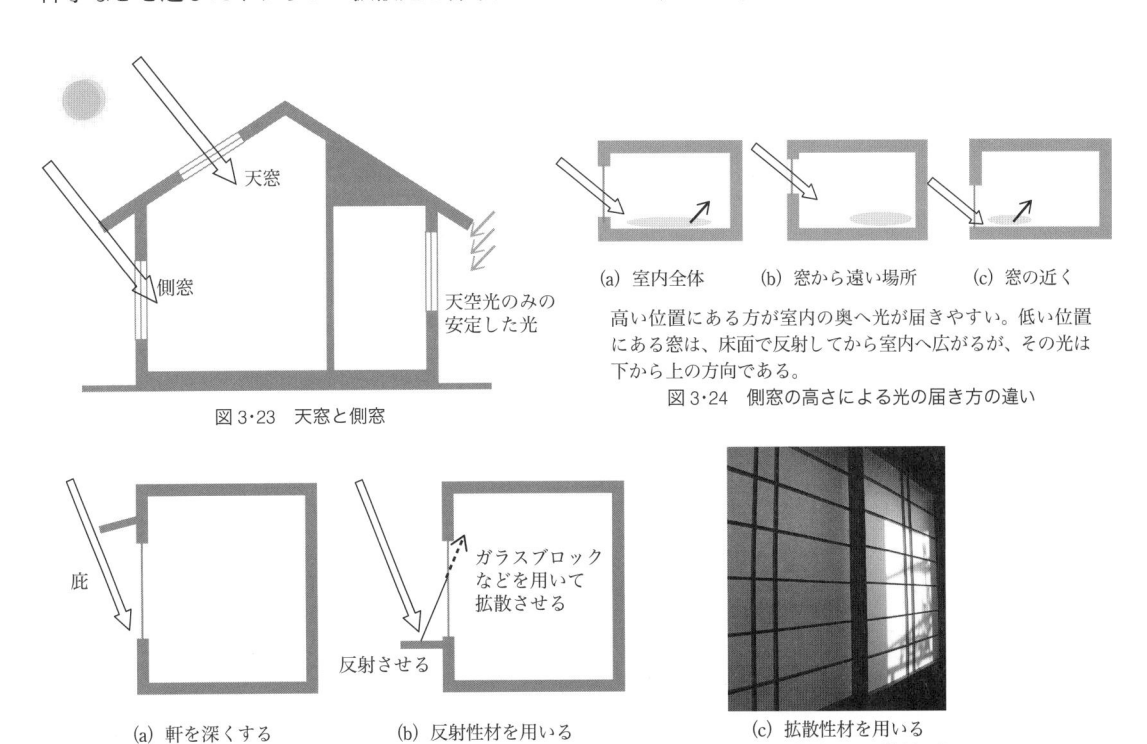

図3・25　直射日光を入れない工夫

2）照明

　技術がそれほど発達していない頃は、自然光での生活が中心だったので、暗くなれば限られたあかりの下に集まり生活してきた。現在では照明器具を用いて、必要なところに必要な明るさを確保できるようになった。照明の利用は夜間だけではなく、日中においても天候などで左右される自然光を補うためにも用いられており、より快適に安全に生活できるようになった。様々な工夫によって、住まう人の好みやライフスタイルに合わせることができるので、照明について学ぶことが大切である。

　必要な明るさは、行われる作業の細かさによって決められるが（表3・2）、明るさが十分であっても、手元が影にならないように光の方向にも注意しなければならない。照明は室内全体を明るくする全般照明が一般的であるが、キッチンや勉強部屋などの視作業が中心になる室では、その作業が行われる場所だけを明るくする局部照明を用いるのが合理的である。しかしこの場合も、全般照明との併用が望ましく、室全体の明るさを全般照明で確保し、作業をする場所は局部照明によって十分に明るくする（図3・26）が、その明るさの比が10倍以上にならないようにする。

　さらに全般照明には、直接照明と間接照明がある。直接照明は、光源からの光を直接用いるもので、効率よく照明できるが強い影ができてしまうので注意が必要である。間接照明は、光源からの光を天井や壁などで反射させたやわらかい感じの光を用いるもので、影ができにくいが照明の効率は悪い。

表3・2　照度の目安　(JIS Z 9110 より作成)

照度(lx)		居間	食堂	台所	書斎	子供室勉強室	寝室	浴室脱衣室家事室	便所	廊下階段	納戸物置	玄関（内部）	門・玄関（外部）	庭
2000 1500 1000 750	細かな作業	手芸裁縫読書			勉強読書VDT作業	勉強読書	読書化粧							
500 300	注意を要する視作業			調理台流し台				洗面化粧				鏡		
200 150	普通の視作業	団らん娯楽	食卓			遊び		洗濯				靴脱ぎ飾り棚		
100 75	軽度の視作業			全般	全般	全般		全般	全般			全般		食事パーティ
50 30		全般	全般							全般	全般		表札新聞受け押しボタン	テラス全般
20 15 10							全般							

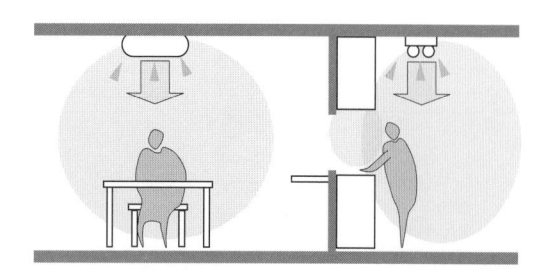

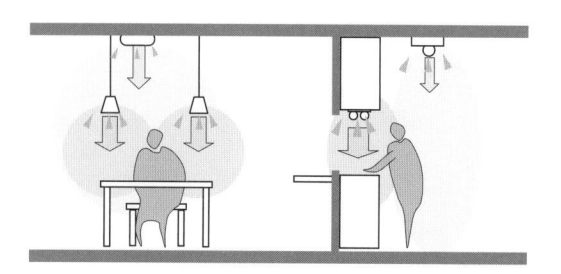

図3・26　全般照明と局部証明

照明器具には多くの種類があり（図3・27）、それぞれ配光が異なるため、その特徴を理解したうえで、室の用途にふさわしい照明器具を選択しなければならない。一般にペンダント、シーリングライト、シャンデリアは全般照明として用いられ、その他の照明は局部照明として利用される。また、図3・28のように建物と一体化して設置されるものを建築化照明といい、すっきりしたデザインの室内を計画できるが、変更しにくいという欠点もある。

　照明器具に用いられる光源には表3・3のようにいくつかの種類があり、住宅では主に白熱電球と蛍光灯が用いられてきた。しかし、地球温暖化防止などの観点から、短寿命で消費電力が多い白熱電球は、長寿命で電力消費が少ない電球形蛍光灯やLED（Light Emitting Diode：発光ダイオード）への切り替えが進んでいる。

　太陽光の下では、物体のもつ色を正しく認識できるが、照明の下では特定の色だけが発色してしまい、物体の色が自然に見えない。このように、物の色が自然に見える度合いを演色性といい、ダイニングでは食事をよりおいしく見せるために、またアトリエなどの作業室では、正しく色を認識するために、演色性の高い光源を用いるのが望ましい。

　近年では、青色光源の街灯や誘導灯が用いられることが増えてきている。これは、人間の目が暗い場所で青色への視認性が高くなるというプルキンエ効果を利用したもので、夜間でも遠くまで見通すことができる。このように、照明は室内だけでなく屋外においても効果的に配置する必要がある。

■指向性のある光源
　ブラケット、ペンダント、ダウンライト、スポットライト、足元灯
■拡張性のある光源
　シーリングライト、フロアスタンド、卓上スタンド、シャンデリア、吹抜用照明

　拡張性のある光源は、指向性のある光源よりも少ない数で済むが、薄暗くならないように注意して計画する。

図3・27　さまざまな照明器具

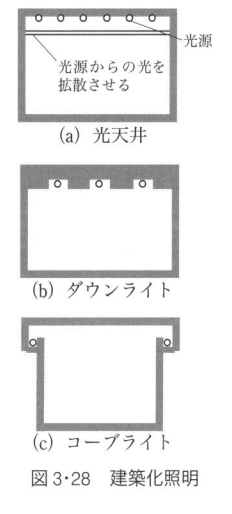

図3・28　建築化照明

表3・3　光源の種類と特徴

	蛍光灯		白熱電球	LED
	電球色	昼白色		
色味質感	やや赤みを帯びた温かみのある光　落ち着いた雰囲気	太陽光のような青白い光　爽やかで活動的な雰囲気	赤みを帯びた温かみのある光　落ち着いた雰囲気	白色と電球色　陰影ができ、物の立体感が強調される
特徴	・スイッチを入れてから点灯するまで少し時間がかかるものもある ・長時間点灯向き ・電気料金が安く経済的 ・寿命が長い		・すぐに点灯する ・短時間点灯（頻繁な点灯、消灯）向き ・演色性に優れている ・電気料金がやや高い ・寿命が短い	・寿命がとても長い ・小型、軽量 ・長時間点灯向き ・電気代が安く経済的
用途	リビング、ダイニング、和室、外構など主に長時間点灯する場所	リビング、ダイニング、子ども室など主に長時間点灯する場所	廊下、階段、浴室、洗面所　など主に頻繁にスイッチの切り替えが行われる場所	廊下、階段、外構など主に長時間点灯する場所や、取り換えが困難な場所

3・3 心のここちよさ

❶音

　私たちは、生活の中で様々な音に囲まれている(図3・29)。心が和む音や好んで聞きたい音もあれば、不快を感じ、生活上問題となる望ましくない音もある。また生活する上で必要な情報としての音もある。人間は常に耳を澄まして全ての音を聞いているわけではないが、音は人の感性に働きかけ、様々な心理的効果をもたらし、空間の質を左右する。地域やまちの魅力や特徴を象徴することもある。

　従来、音に関しては騒音など量的な側面が重視されてきたが、近年では感性が重視され、質的な側面も求められている。快適な音環境のためには、望ましくない音を排除し、必要な音や快適な音を効果的に取り入れることが大切である。

1）音が聞こえるしくみ

　音は、音源から発生した音波が伝わるものであり、計測可能である。音は、大きさ、高さ、音色という音の三要素（表3・4）によって特徴付けられる。

　音波が鼓膜を振動させ、聴覚神経に情報を送り、脳に到達して音の特徴、音源の方向、リズム、言語などを知覚する。ひとが知覚できる音の範囲を可聴域という（図3・30）。低音域など、皮膚が振動を感じることで知覚する場合もある。

2）望ましくない音（騒音）

　日常における騒音は、生活音から交通騒音、工場騒音などさまざまである（表3・5）。騒音と感じるには音の大きさが影響する（表3・6、3・7）が、音の感じ方には個人差があり、好みや場所、時間帯などによって楽音も騒音となる場合がある。受け入れがたい音は不快に感じるだけでなく、作業効率の低下や心身に支障をきたす。

図3・29　生活を取り巻く音

表3・4　音の三要素

音の要素	単位	意味
音の大きさ	dB	音の強さを人間の聴覚特性に合わせて表現したもの
音の高さ	Hz	振動数の大小による音の違い
音色	（波形）	澄んだ音など音の聞こえ方の特性

図3・30　可聴域（2,000〜4,000Hzが最も聞こえやすい　超低周波音／可聴域／超音波　20Hz〜20,000Hz）

表3・5　騒音の種類

種類	意味	影響
環境騒音	鉄道、自動車、航空機、工場騒音など不特定多数の音源から発生する総合された騒音	音が大きく、騒音性難聴を発症する危険性がある
近隣騒音	生活音、飲食店等の営業に伴う音、拡声器の音などが、近隣の人々に影響を及ぼす騒音	音は比較的小さく、限られた範囲の生活者に影響を及ぼす。
低周波騒音	人間の聴覚では認識できない100Hz以下の騒音	不快感や圧迫感、吐き気など。窓や戸の揺れ、がたつきなど。

表3・6　音の大きさ（日本建築学会編資料集成より）

dB	20	25	30	35	40	45	50	55	60
うるささ	無音感		非常に静か		特に気に障らない		騒音を感じる		騒音と無視できない
会話		5m離れてささやき声が聞こえる		10m離れて会話可能　電話は支障なし		普通会話（3m以内）　電話は可能		大声会話（3m）　電話やや困難	

3）音のコントロール

　音が壁に入射すると、一部は反射され、一部は吸音され、残りが透過する（図3・31）。これらの現象を用いて音をコントロールする。音の伝わり方には空気中を伝わる空気音と、建物の壁や床など躯体中を伝わる固体音があり（図3・32）、防音を考える場合はそれぞれに分けて考える必要がある。空気音には遮音・吸音、固体音には、制振・防振対策が適切である。音源からできるだけ離す平面計画のほか、窓や壁の隙間をなくし、気密性を高めることや、インテリアも含めた住宅全体で総合的に遮音・吸音・防振（表3・8）などを考慮することが大切である。

　また、反射性が高いと音が響きやすいので、室内の音の質や明瞭度などを確保するための吸音を考慮する。

4）音のデザイン

　私たちは、自然の音に時や季節、天候を感じ取り、またその町ならではの音に魅力や愛着を感じる。これらは人の感性を育む豊かな響きを持っている。また、インターホンやリモコンの操作音をはじめ、日々の生活は各種の音で囲まれている。住まいにおいて、快適な音環境を得るためには、音のコントロール（マイナスのデザイン）に加え、音を取り入れる（プラスのデザイン）ことも必要である。

◆**a　音の演出**　庭の植栽や手水鉢などを施すことによって、葉音、小鳥のさえずり、虫の音、落ち葉を踏みしめる音、せせらぎの音などを楽しむことができる。また、風鈴や鹿威し、水琴窟[*1]などは、音によって涼感や静けさ、空間的広がりを風流に楽しむことのできるしかけである。いずれも日本人が好む音で、心地よい安らぎを与えてくれる。

◆**b　音のユニバーサルデザイン**　電話の呼出音や警報、家電製品などのサイン音は生活に欠かせない音である。聴力の低下した高齢者にも聞き取りやすいものとなるよう、JISによってサイン音に関する規格[*2]が定められており、ISO規格にも採用されている。鉄道の駅などでは、サウンド・ピクトグラム[*3]よって場所が認識できるような工夫もなされている。

表3・7　騒音に関する環境基準

地域の類型	基準値	
	昼間	夜間
特に静穏を必要とする地域	50dB（A）以下	40dB（A）以下
住居の用に供される地域	55dB（A）以下	45dB（A）以下
住居と併せて商業、工業等の用に供される地域	60dB（A）以下	50dB（A）以下

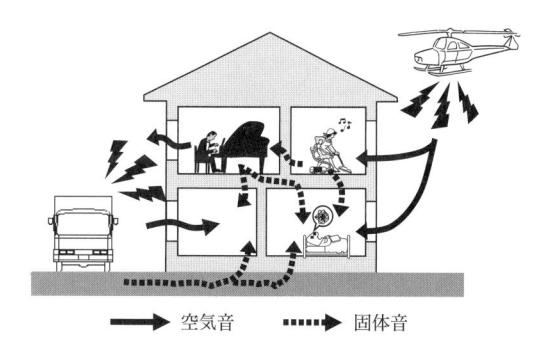

図3・32　空気音と固体音

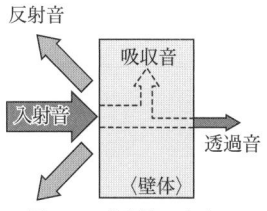

図3・31　入射音のゆくへ

表3・8　騒音対策

方法	概要
遮音	壁材を密度が高く、厚いものにする。窓を二重にする。
吸音	カーペット、厚手のカーテンなど、内装に多孔質材料を使用する。
防振	音の発生源を、防振ゴムなど弾性のある材料で支える。

＊1　地中に伏瓶を埋めて空洞を作り、そこにしたたり落ちる水が反響して、琴の音色に聞こえるようにしたもの。
＊2　JIS S 0013「高齢者・障害者配慮設計指針－消費生活製品の報知音」等
＊3　統合的に音を計画することで、場所や方向などの情報提供と、快適な音演出を両立させる音のデザイン手法。

❷ あかり

　人は、外界から得る情報を五感によって得ている。その中でも視覚からの情報量が圧倒的に多く（図3·33）、心地よさに及ぼす影響も大きい。p.70でも述べたように、ものを正確にとらえたり、作業を行う上では見やすさを確保することは重要である。しかし、そのような均質な明るさの室内は、変化に乏しく、単調な印象が生じやすい。くつろぎを得るためには、見やすさはそれほど重要ではなく、不均一である方が望ましい場合もある。太陽の光を浴びて爽快な気分になったり、木漏れ日や水面(みなも)のきらめき、夜の星や月の明かりに感動したり、キャンプファイヤーの火を囲む友とのつながりを感じたりするように、光は人に心理的な効果を与える。また古来より、人は光の中に、精神性や力を求め、神や真理を見いだしてきた。光による心理的効果や雰囲気性を考慮し、光を演出することで、心地よい空間を作り出すことができる。

1）自然光の演出

　大きな窓のある室内は明るく、視覚的な広がりのある空間となり、屋外との一体感を感じさせる心理的効果が高い。時刻や雲によって安定しない明るさも、時の移ろいや天候、季節を感じることができ、室内の表情の変化を楽しむことができる。

　影によって光はその存在感を増す。室の用途によって高窓や腰窓・地窓にしたり（図3·34）、小さな窓を連続させて光を限定し、影を作ることで、逆に光が強調され、空間の雰囲気は大きく変わる。また、明かり障子は室内に柔らかな光を放ち、外の風景はシルエットとして映し出され、心地よい雰囲気をつくる（図3·35）。

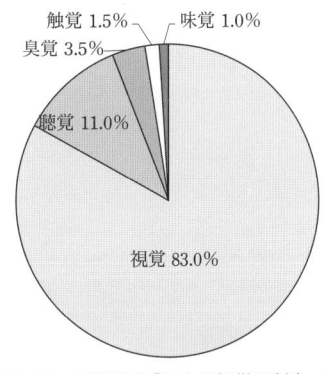

図3·33　人間の五感による知覚の割合（「産業教育機器システム便覧」1972年より作成）

- 視覚 83.0%
- 聴覚 11.0%
- 臭覚 3.5%
- 触覚 1.5%
- 味覚 1.0%

図3·35　明かり障子

図3·34　窓の高さによる明るさと見え方

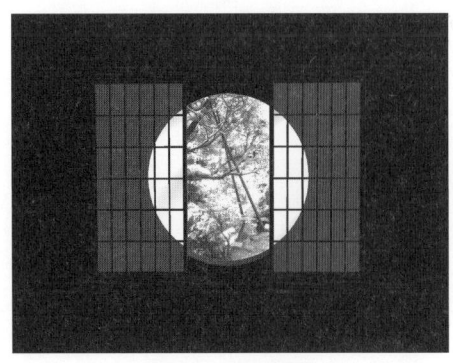

(a) 天井に近い位置（高窓）
・部屋全体が明るくなる。
・高揚感があり、活動的な印象を受ける。
・外部からの視線は、ほとんど気にならない。
・メンテナンスが困難。

(b) 壁の中央付近（腰窓）
・部屋全体が明るくなるが、窓から離れた位置では照明が必要となる。
・プライバシーを守るための対策が必要。

(c) 床に近い位置（地窓）
・落ち着いた雰囲気となる。
・外部からの視線は気にならないが、敷地境界が近い場合は対策が必要となる。

2）照明と心理的・生理的効果

◆ **a　クルーゾフ効果**　色温度の高い青白い光（昼光色の蛍光灯）は気分をさわやかにするが、照度が低すぎると陰気で寒々しい感じになる。一方、色温度の低い赤い光（白熱灯）は、照度が低いと穏やかな雰囲気になり、照度が高すぎると暑苦しく、不快感を与える（図3・36）。

◆ **b　サバンナ効果**　人は暗い所から明るい所へは入りやすく、明るい所から暗い所には入りにくいというもの。玄関など、向かって行く方向が明るいと安心が得られ、入りやすい。

◆ **c　サーカディアンリズム**　生物に備わる1日のリズムのことで、朝に光を受けることで活動状態となり、陽が落ちる頃にメラトニンと呼ばれるホルモンが分泌されて休息状態となる。夜遅くまで明るい照明の中にいるとメラトニンの分泌量が抑制され、睡眠覚醒リズムが乱される原因となる。就寝前の照明には、色温度の低い赤みのある光にすることでリズムを調整することができる（図3・37）。

3）雰囲気照明

見やすさを照明の目的とする明視照明に対し、ここちよさを目的とするのを雰囲気照明という（図3・38）。照度、輝度とも均一な照明は作業にはよいが、変化に乏しく面白みや味わいに欠ける。天井の直接照明の他に、壁や床などに各種の照明器具を設置し、照度や輝度を変化させて部屋に明暗のコントラストをつけることで、部屋の雰囲気を変えることができる。室の使用目的に応じて使い分けるとよい。

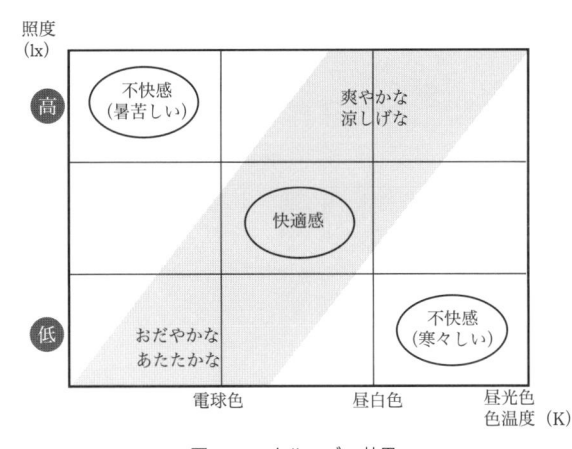

図3・36　クルーゾフ効果

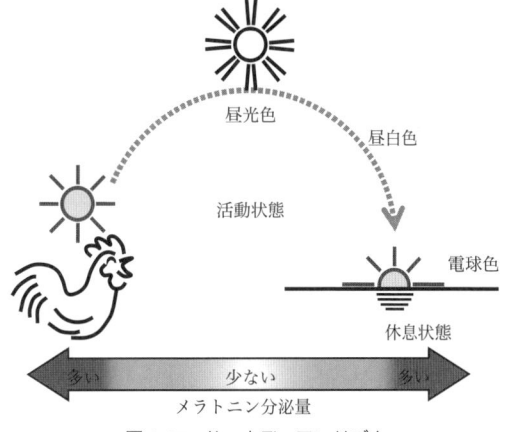

図3・37　サーカディアンリズム

図3・38　雰囲気照明の例

❸ 彩り

　私たちは、ものを形や大きさだけで認識したり、表現したり、違いを判断しているわけではない。例えば、毒々しい色彩の動植物に危険を感じたり、色により野菜や魚の鮮度を見分けるなど、色のおかげで安全に生きることができている。何よりも、自然から与えられる四季折々の多彩な色あいは、私たちの情操を育み、豊かで潤いのある生活を与えてくれる。

　また、色によって、ひとは元気になったり集中力が高まるなど、色はひとの感情や行動に影響を及ぼす。生活環境を快適で能率的にするために、室の用途や目的に合わせた色彩計画は重要である。

1）色が見えるしくみ

　私たちがものを見るためには、「光」と「眼」と「対象物」が必要である。光とは電磁波の一種で、人が認識できる波長の光を可視光といい、青紫から赤までの様々な波長の光が合成されている（図3・39）。その光が対象物に当たり、光の一部は吸収され、一部が反射される。（図3・40）。ひとは、その反射された一部の光を眼の網膜にある視細胞（図3・41）によってそのものの色と認識する。視細胞には明所で働く錐体と暗所で働く杆体があり、光に対する感度の違いから、明るいところでは赤が、暗いところでは青が鮮やかに遠くまで見える。これをプルキンエ効果といい、この特性を利用して、青い色の防犯灯などが採用されている。

2）色の表示のしかた

　言葉で「赤い」と言っても、その赤さ加減のイメージはひとによって多様であり、正しく伝えるためには共通のルールが必要である。そこで、多くの色を正確に表す代表的な方法を以下に挙げる。

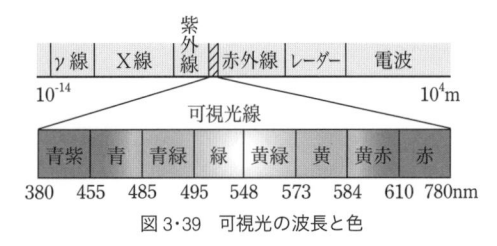

図3・39　可視光の波長と色

図3・40　色が見えるしくみ

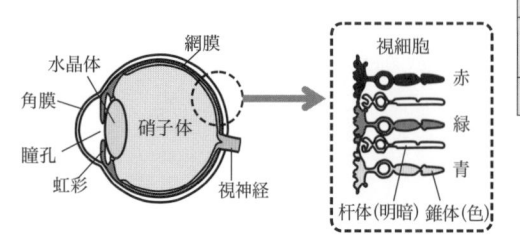

図3・41　眼の構造と視細胞

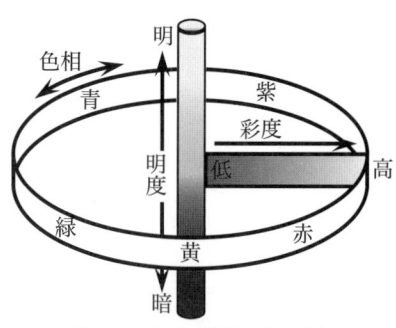

図3・42　色の三属性の相互関係

表3・9　色名による表示　(JIS Z 8102)

基本色名	基本的な色の区別のための名称。白、黒、赤など。
系統色名	基本色名に修飾語をつけて表す方法。黄みの赤など。
固有色名	動植物や鉱物などの名前を用いて表す方法。藍色、サーモンピンクなど。
慣用色名	固有色名のうち現代でもよく使われ、知られている色名。

表3・10　色の表示例

慣用色名	系統色名	マンセル値	CIE 表色系(X, Y, Z)
桃 色	やわらかい赤	2.5R 6.5/8	45.99、35.77、34.33
水 色	うすい緑みの青	6B 8/4	53.59、58.52、88.18

◆**a　色名による方法**　色に個別の名前をつけて表す方法で、「基本色名」、「系統色名」、「固有色名」、「慣用色名」に大別される（表3・9、3・10）。

◆**b　色の三属性による方法**　色には赤や青といった色み、明るさ、鮮やかさの三つの性質があり、これを色の三属性という。それぞれ「色相」、「明度」、「彩度」と呼ばれ（図3・42）、各属性に一連の数値を割り当てて色を表す方法で、代表的なものにマンセル表色系がある（表3・10）。

◆**c　光の三原色による方法**　光の三原色（赤、青、緑）の混合量によって、色をX、Y、Zなどの三つの値で表す方法で、代表的なものにCIE表色系がある（表3・10）。

3）色の心理効果

色には、単色で人の心の働きに影響を与えているが、複数の色の組み合わせによっても、異なった印象を与える。各色のイメージを表3・11に、住まいに関係の深い心理効果を表3・12に挙げる。

4）住まいの色彩計画

住まいの色は、室の用途や使用者に応じてどのようなイメージの部屋にするのか、コンセプトを設定した上で、ベースカラー（基調色）、アソートカラー（配合色）、アクセントカラー（強調色）の3つに分けて考えるとよい。それぞれの選定の要点を図3・43、表3・13に示す。採光条件や照明の明るさ、色によって色の見え方が変わるので、どの光の条件下で過ごすことが多い部屋なのかを考慮して選択する必要がある。

建物の外観は、誰の目にも触れるものであるので、街並みとの調和に配慮した色彩であることが望まれる。自治体によっては、色彩に関するガイドラインが設けられている。

表3・11　色のイメージ

赤	生命、情熱、衝動、暴力	青紫	精神、気品、崇高、宇宙
橙	家庭、暖かい、推察力	紫	高貴、優雅、神秘、霊的
黄	好奇心、向上心、軽快	白	清潔、純粋、神聖、始まり
緑	自然、穏やか、協調	灰	不安、憂鬱、過去、謙虚
青	安全、平和、知性、冷静	黒	死、恐怖、悪、高級感

表3・12　色の心理効果

色相	温度感	赤系：暖	青系：寒
	距離感	赤系：進出	青系：後退
	高揚感	赤系：興奮	青系：鎮静
明度	重量感	高明度：軽い	低明度：重い
	硬軟感	高明度：柔かい	低明度：硬い
	大きさ感	高明度：膨張	低明度：収縮
彩度	華やか感	高彩度：派手	低彩度：地味
組合せ	色相対比	色相の異なった色が配されたとき、各色相が色相環の反対方向に移ったように感じられる。	
	明度対比	明度の異なった色が配されたとき、高明度色の方はより明るく、低明度色はより暗く見える。	
	彩度対比	彩度の異なった色が配されるとき、彩度の高い色は一層鮮やかに、低い色は一層彩度が低く見える。	
大きさ	面積効果	同じ色でも、面積が大きくなるとより明るく鮮やかに見える。	

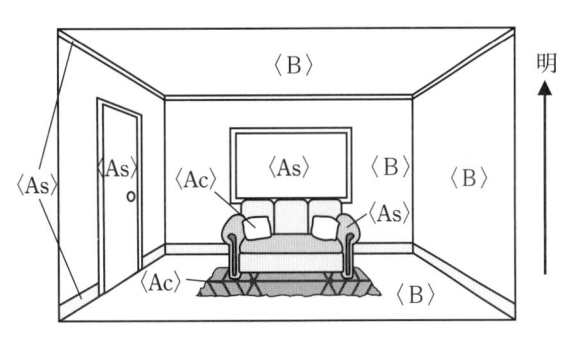

図3・43　室内の色彩構成

表3・13　配色の要点

〈B〉	基調色	壁・天井・床（70%程度）	飽きの来ない色。高明度・低彩度。オフニュートラル系*色など。上方の明るい方が安定感がある。
〈As〉	配合色	家具・建具（25%程度）	室の印象を決定づける。基調色と類似の色を選ぶと統一感が得られ、対照的な色を選ぶと変化が得られる。
〈Ac〉	強調色	小物類（5%程度）	空間に変化やめりはりを加える色。基調色に溶け込まない高彩度色。手軽に部屋の雰囲気を変えられる。

*オフニュートラル系とは、無彩色にわずかに色みが加わった色

❹肌ざわり

　肌ざわりとは、肌に触れたときに受ける感じのことで、皮膚感覚（図3・44）のひとつである。私たちは日々、様々なものに触れており、触れたものが何であるかの情報を得ると同時に様々なことを感じ取る。熱さや痛みを感じて危険を察知するのは生命維持に必要なことであり、また、ものの奥行きや大きさなどの形態知覚は、触れる経験を重ねることで得られるようになるといわれる。

　日本語では、肌ざわりの感じを「肌理（きめ）」や「風合い」という言葉で表したり、触感に関するオノマトペ[*1]が非常に多い（表3・14）このことから、日本人は肌ざわりに敏感であるといえる。ふんわりとしたものはここちよく、ゴワゴワしたものは不快であるように、肌ざわりと心は密接に関わり（図3・45）、心身の健康度にも影響する。住まいにおいて、壁や家具など肌が触れる場所の素材の質感は、日常生活のここちよさを左右する大きな要素となる。

1）触覚のしくみ

　触覚は、特定の感覚器官を持たず、感覚細胞が体表に散在している。このため、触覚は五感のうちの他の4つの感覚と異なり、原始的な感覚であるとされている。しかし、手や口などよく使われる部分は感覚細胞の密度が高く、優れた識別能力を持ち、指先での細かい作業や偽札の判別など、視覚だけでは不可能な処理を行うこともできる（図3・46）。

　触覚は、ものに触れて皮膚表面が変形することによって生じる感覚であるが、ひとは目的に応じて触れ方を変えている（図3・47）。例えば、ものの素材を判断する場合には、表面を引っ張る、指先で押す、指の腹で軽く撫でる、などを組合せて触れる。ひとは手指の動き、触れる強さ、速さなどで総合的にものを知覚している。

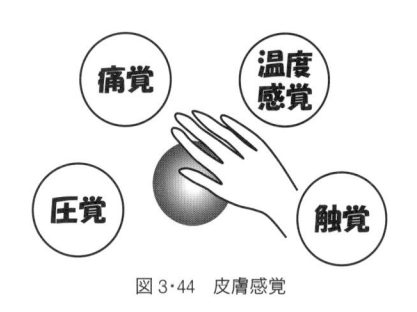

図3・44　皮膚感覚

表3・14　触感のオノマトペ

●良いイメージ
からり　さっぱり　さらさら　しっとり　しゃきしゃき　すべすべ
つるつる　ぱりぱり　ぴったり　ふかふか　ぷちぷち　ふわふわ
ぷにょぷにょ　ほかほか　ぽかぽか　もこもこ　もちもち
●悪いイメージ
いがいが　かさかさ　がさがさ　ぎとぎと　くたくた　ごつごつ
ごわごわ　ざらざら　じっとり　ちくちく　でこぼこ　ねとねと
ぬるぬる　ばりばり　ひんやり　びりびり　べたべた　べとべと

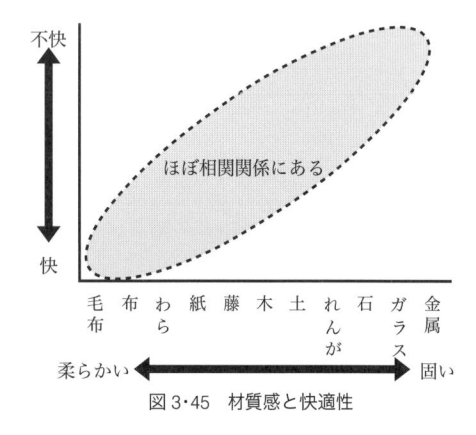

図3・45　材質感と快適性

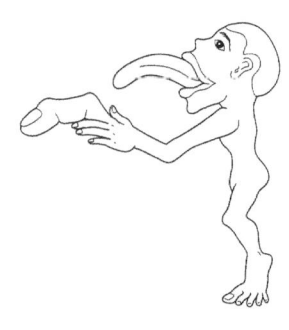

図3・46　大脳皮質における身体各部の占める割合（Essentials of Neural Science and Behavior（Prentice Hall international editions）Eric R. Kandel, J.H. Schwartz, Thomas M. Jessell　より）

身体各部をつかさどる大脳皮質の表面積の割合に応じて、身体の各部の大きさをあらわしたもの。指や舌、唇など大きく描かれているところは、感覚が発達しているといえる。

*1　オノマトペ　擬音語・擬態語　実際の音や感覚印象をことばで表現した語。「ざあざあ」「にこにこ」など。

触覚は本来触れることによって生じるが、触覚経験を重ねることで、見ただけでも触れた感じをイメージできるようになる。風鈴の音を聞いて涼しさを感じるのは、その音によって風を感じ、ガラスや金属の"冷たい"触感をイメージするためだと考えれば、触覚は視覚、聴覚などの情報に奥行きや深みを与えるものであるといえる。

2) 肌ざわりの快・不快

一般に、ひとは柔らかく滑らかで暖かい肌ざわりを好み（図3・48）硬くて冷たいもの、ざらつくものは異質なものとして認識する。肌ざわりに関する快適性は、単純に物理的な刺激だけでなく、心理的な要素が大きい。また、素材を判断する時と、感触を楽しむ時とでは、触れ方に違いがあり、触れる速さによっても心地よさは異なる。気温や素材の熱伝導率（図3・49）にも影響され、同じ素材でも季節により評価が異なる。金属など熱伝導率の高いものは、触れると肌から熱が奪われるため不快に感じることが多い。

3) 住まいの肌ざわり

テクスチャーとは、素材の持つ手や眼で感じる特性、材質感をいう。仕上げ材のテクスチャーは、形態や色彩と同様室内空間の性質を左右し、また人がその空間を把握する手がかりにもなるので、カタログで検討するだけでなく、実際に触ってその感触を確かめることは重要である。杉合板と杉の無垢材では見た目ではほとんど差がなくても、肌に伝わる感触は大きく異なる。

直接玄関で靴を脱ぎ、床に座ったり横になったりする日本の生活スタイルにおいては、時には顔も床に触れることから、床材の肌ざわりは重要となり、適度な柔かさ、暖かみ、吸湿性が要求される。

廊下や浴室など、大きな温度変化が予想される場所では、日に幾度となく手に触れるドアノブや手すりなども含め、気温の影響を受けにくい素材を用いるとよい。

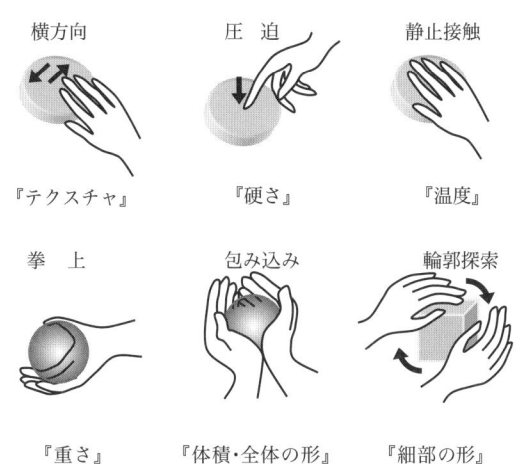

図3・47　物の特性を知覚する動作

図3・48　好ましい肌ざわりは、お母さんに似ている

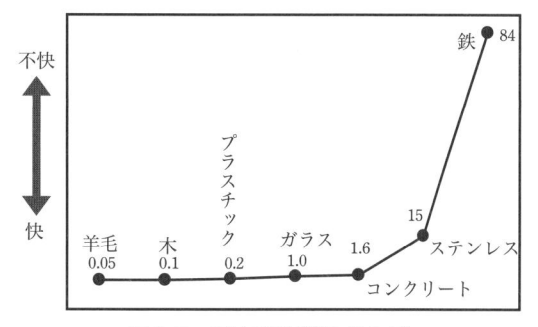

図3・49　素材の熱伝導率（W/mK）

❺香り

　沈丁花や梅の花の香りで春の訪れを感じたり、焼きたてのパンの香りに誘われてお店に入ったり、表替えした畳のいぐさの香りに思わず深呼吸してみたり、私たちは日々の暮らしの中で、様々な匂いに囲まれて生活している。かおり、と読む漢字は「香」の他に幾つかあり、どれも良い匂いを意味するが、それぞれに微妙な差異がある（表3・15）。また、一般に日本語に比べて表現が少ないといわれる英語でも、香りに関する表現は多くあり（表3・16）、洋の東西を問わず、香りに対する豊かな感性と歴史がうかがわれる。匂いには、人の気持ちを落ち着かせたり、爽快にするものもあれば、逆に嫌悪感を覚えたり、体調不良を引き起こすものもある。不快な匂いを取り除くだけでなく、よい香りを積極的に取り入れることで、豊かな生活空間の創出が期待できる。

1）匂いを感じるしくみ

　匂いとは空気中に含まれる揮発性のさまざまな化学物質で、約40万種類あると言われている。ヒトは、匂いの分子が鼻の奥にある嗅細胞の嗅覚受容体と結合することで匂いを感知し、電気信号に変えて大脳辺縁系に伝えられる。大脳辺縁系は脳の最も古い部位の一つで、魚類にも見られる。食欲などの本能に基づく行動、喜怒哀楽などの情緒行動を支配し、内分泌や自律機能にも大切な役割を果たしている。視覚や聴覚などと異なり、嗅覚は嗅神経から直接大脳辺縁系に伝わるため（図3・50）、匂いがヒトの生理・心理に直接的な影響を及ぼす。人間の嗅覚は匂いの分子をごく微量でも感じることができるが、順応が早く、しばらくすると気にならなくなる。しかし、別の臭いへの感度は低下しない。

2）匂いの快・不快

　同じ匂いでも、濃度が変われば感じ方が変化し、心地よい香りも、強すぎると不快に感じる。一方で、悪臭成分でも、濃度が低くなるにつれて快い匂いになるものもある（表3・17）。

表3・15　かおりと読む漢字

香	良いにおいがするさま。空気の動きに乗って伝わる
薫	香草のにおいがもやもやとたちこめること
馨	すみきった音＋香＝すんだかおり。遠くまで伝わる
芳	植物のかおりが四方にひろがること
馥	香＋ふくれたおなか＝ふくよかなかおり
芬	草の芽や花がひらいて、よいかおりをただよわすさま
郁	香りが強いこと

視覚　光→眼球→網膜→視床（外側膝状体）
　　　→大脳皮質（後頭葉・一次視覚野）

聴覚　音→耳孔→鼓膜→視床（内側膝状体）
　　　→大脳皮質（側頭葉・聴覚野）

嗅覚　匂い→鼻腔→嗅細胞→大脳辺縁系

◎嗅覚を除く感覚は、視床を中継する。

図3・50　感覚の伝達経路

表3・16　かおりの英語表現

ambrosia	飲食物の香り
aroma	強く良い香り
delicious	ふくよかな香り
fragrance	芳醇な香り
perfume	芳香（scentより堅い語）、香水
scent	快い匂い、香り
smell	匂い、香り（修飾語がない場合悪臭）
sweet	甘い香り

表3・17　濃度によって感じ方がかわる匂い成分

高濃度	匂い成分	低濃度
糞臭	インドール	ジャスミン
脂肪臭	ウンデシレニックアルデヒド	バラ
ガスの臭い	チオール	コーヒー
油臭	デカナール	オレンジ
スカンク臭	フルフリルメルカプタン	炒ナッツ

食べ物の中には、特有の匂いから好き嫌いが分かれるものがある。また、風土や文化によっても、匂いの感じ方が異なる。つまり、人の経験や記憶、育った環境や文化の違いによって快・不快の感じ方が異なり、個人差が大きい（図3・51）。さらに、同じ人が同じ匂いを嗅いでも、その時の気分や体調によって印象が異なる。

3）住まいの匂い

住まいの匂いは、生活行為に伴う匂いや体臭のほか、ペット臭、カビやバクテリアの繁殖、建材から発生する臭気など様々な匂いが混じり合ってできており（図3・52）、一般に生活臭という。居住者は鼻が慣れていて気付きにくいが、他所から来た人には感じられる。カーテンや絨毯などの布製品は、匂いがつきやすい。

生活臭を軽減するために、これまで芳香剤によるマスキング効果で紛らわせてきたが、根本的に臭気の発生を抑えることが重要である。発生した臭気に対しては換気を行い、状況に応じて消臭・脱臭剤や空気清浄機を併用する。近頃では、珪藻土や光触媒など、匂いを吸着する素材も注目されている。

4）香りのデザイン

古代エジプトでミイラの防腐剤として香りある植物が使われるなど、人が香りを利用してきた歴史は長い。日本では、古来木に親しんできたが、特に杉や檜が好まれるのは、優れた建材であるだけでなく、その香りの良さにある。香りには自律神経、免疫機能、生体リズムなどの働きを正常にする生理作用や、心を安らかに、あるいは高揚させたり記憶を呼び覚ます心理作用があり、心身ともによい影響を与える（表3・18）。また、抗菌作用や薬理作用を持つ香りもある。無垢の建材や家具を使用したり、天然の植物からとった精油を利用するなど、香りを上手に生活空間に取り入れることで、心身ともに心地よい空間を創ることができる。

図3・51　においの個人差

表3・18　香りの効果

香り		効　果
樹木	ひのき	鎮静、抗菌、防虫
	ユーカリ	覚醒、記憶力、消炎、抗菌
実種	オレンジ	高揚、集中力、健胃
	コーヒー	鎮静、集中力、抗酸化
草葉	ペパーミント	覚醒、爽快感、集中力、消炎
	ラベンダー	鎮静、催眠、生体リズム調整
花被	ジャスミン	鎮静、催眠、健胃
	バラ	覚醒、記憶力、ホルモン分泌調整

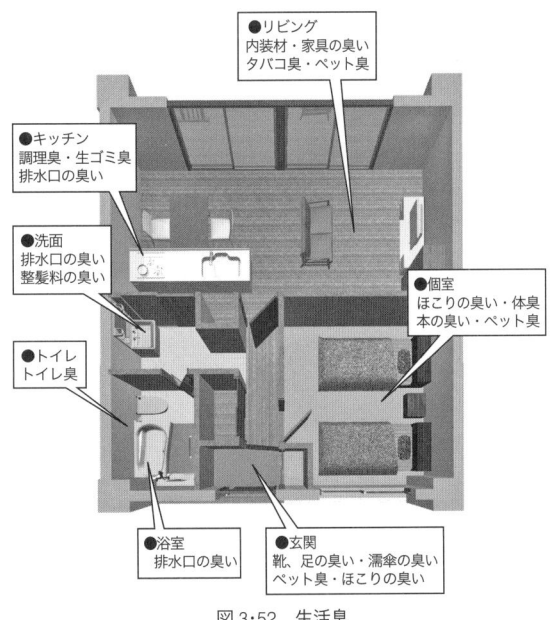

●リビング
内装材・家具の臭い
タバコ臭・ペット臭

●キッチン
調理臭・生ゴミ臭
排水口の臭い

●洗面
排水口の臭い
整髪料の臭い

●個室
ほこりの臭い・体臭
本の臭い・ペット臭

●トイレ
トイレ臭

●浴室
排水口の臭い

●玄関
靴、足の臭い・濡傘の臭い
ペット臭・ほこりの臭い

図3・52　生活臭

❻ しつらい

　しつらいとは平安時代、ハレの儀式の日に、寝殿の母屋や廂に調度を整え、室内を装飾することであった。当時の宮廷の儀式や行事における調度などについて詳しく記した「類聚雑用抄」によると、几帳、屏風や障子などで内部を仕切り、帳台や畳その他の調度を置いて、その都度適切な空間演出を行ったことが伺える（図3・53）。後に、「設い」「室礼」「鋪設」などの漢字が当てられるようになった。現代では室内の演出・装飾的な意味で使われ、庭園など外部空間の演出にもこの言葉が用いられる。

　四季に恵まれたわが国では、農耕文化とも相まって一年の節目となる行事（表3・19）や季節の情緒をしつらいによって表してきた。しかし、戦後における住まいの西洋化によって室の用途や家具類が固定され、エアコンや高気密住宅などにより季節感が薄くなり、しつらいを意識することが少なくなった。心の豊かさが求められる現代において、日本古来の細やかな感性に、西洋文化を取り込む現代のしつらいを工夫することで、豊かな空間を演出し、自然を感じる暮らしに近づくことができる。

1）季節のしつらい

　日本では、睦月や如月などの和風月名や、立春や穀雨など、1年を24分割した「二十四節気」という暦によって、季節感を美しい言葉で表現している（図3・54）。気候の変化に伴う必然性と、節目で気持ちを切り替える儀礼的な要素と、何よりも自然に対する豊かな感性をもって、日々の営みが行われてきた。

◆ **a　しつらい替え**　　夏を涼しく過ごすため、秋口から春まで使用する障子や襖を外し、葦障子や簾に取り替える。畳の上には網代や藤むしろを敷き、欄間も夏仕立てとする。見た目が涼しげなだけでなく、葦や簾は風通しがよく、藤は足裏にさらりとした感触を伝える（図3・55）。京の都で始まった習慣であるが、必然的に各地にも伝わり、地方でもみられる。

◆ **b　色の工夫**　　色の心理的効果を利用して、ファブリック*¹や小物などの色使いを変えることで、大掛かりな模様替えをしなくても季節感を出すことができる。春はパステル系の淡い色で植物の萌える雰囲気を、夏は青系統の寒色で涼しげに、秋から冬にかけては茶系統や彩度の低い色で落ち着きや暖かさを演出することができる。照明を利用することでさらなる効果が期待できる。

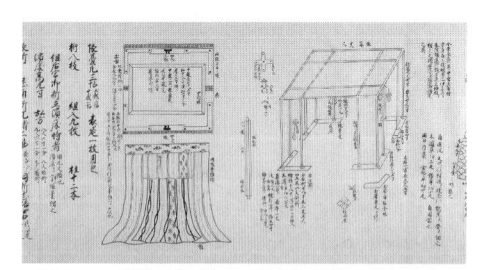

図3・53　『類聚雑要抄』に見られる東三条殿の室礼
（京都大学附属図書館所蔵）

図3・54　二十四節気

表3・19　季節の行事

月	和月	行事
1月	睦月	人日（七草粥）　鏡開き
2月	如月	節分　初午
3月	弥生	上巳（桃の節句）　彼岸
4月	卯月	花まつり　水口まつり
5月	皐月	端午の節句　八十八夜
6月	水無月	衣替え　大祓
7月	文月	七夕　お盆　土用
8月	葉月	（月遅れの）お盆
9月	長月	重陽（菊の節句）　十五夜
10月	神無月	衣替え
11月	霜月	酉の市　七五三
12月	師走	煤払い　大晦日

◆c　素材の工夫　　素材の質感や肌触りで、季節感は大きく異なる。竹や藤（とう）は、涼しげでさらりとした感触のよさから夏向きといえる。布でも麻などはさらりとした質感と通気性・吸湿性があるので夏に、ウールや厚地のものは温かみがあり冬に利用するとよい。

◆d　部屋の飾り　　雛人形やお月見の団子など季節の行事に伴う品や、季節の花を飾ることで部屋のアクセントとなり、気分を切り替え生活にメリハリをつけることができる。涼感を与える金魚鉢や風鈴、暖かな雰囲気をつくるキャンドルライトなども、しつらいの要素となる（図3・56）。

2）洋のしつらい

　西洋の建物は石やレンガで造られ、外部空間とのつながりや室の融通性に欠ける。床や壁の占める割合が大きいので、家具などが重要な室内の装飾要素となる。基本的に家具は代々受け継がれ、固定的であるが、クリスマスやハロウィンなどキリスト教の祝祭日には盛大な飾り付けを行っている。

　壁は部屋を区切るだけでなく、インテリアの一部として重要な役割を果たしている。古代では、レリーフ、モザイク、フレスコ画などが室内装飾のために使用され、壁や床を覆っていた。絵画やタペストリーなどは、季節や状況に応じて掛け替えることができるので、室内の雰囲気づくりができる。

　西アジア遊牧民の生活必需品として受け継がれてきたキリムは（図3・56（e））、敷物としての用途以外に、布団や間仕切り・テーブルクロス、日よけなど日常のさまざまな用途で用いられてきた。キリム独自の模様や色使いには魅力があり、生活に彩りを添える装飾品でもある。

　日本の伝統的なしつらいに、世界各地の装飾や演出を融合させ、現代のしつらいとして楽しみたい。

夏のしつらい（写真左上）
建具は簀戸[*2]や御簾（みす）に置き換えられて、風通しを良くし、畳の上には、足触りがさらりとした網代（あじろ）が敷かれている。

冬のしつらい（写真右上）
奥の間には高価な緞通[*3]を敷き、襖（ふすま）や障子を建てこみ、寒さに備えている。

宴（うたげ）のしつらい（写真左下）
襖をとりはらい、大広間として多くのひとが集う宴の場となる。床には五色の毛氈[*4]が重ね敷きされ、照明にぼんぼりを置き、華やかさを演出している。
室の機能を限定せず、調度を入れ替えることで、柔軟に対応している。

図3・55　しつらい替えの例（写真提供：島根県、熊谷家住宅[*5]）

---

*1　ファブリック：カーテンやカーペット、クッション、イスの張り地をはじめ、室内装飾に使われる布製品の総称
*2　簀戸（すど）：葦（よし）の茎を組み込んだ戸
*3　緞通（だんつう）：絨毯（じゅうたん）の一種で、一般に手織りの高級品のものをさす
*4　毛氈（もうせん）：獣毛を原料として圧縮した不織布の敷物。フェルトともいう
*5　熊谷家住宅：石見銀山で代官所の御用達などを務めた、この地域で最も有力な商家。現在の建物は1801年に建築。重要文化財。

3）ハレのしつらい

　今では少なくなったが、昔は節句、慶弔などのハレ*1の日は家で儀式が行われていた。二間続きの和室の襖を取り払って広い空間を作り、床飾りをするなどしつらいを整える。普段見慣れた部屋が、しつらうことで厳粛な空間に変わり、気持ちも引き締まる。

　現在の住まいは家族中心につくられ、また余分な部屋をつくる余裕もないので、来客を想定せず、住まいの中で特別な催しなどはあまり行われなくなった。しかし居間や食堂は、少しの工夫でフレキシブルに対応できる空間として家族や友人と楽しむことができる。食卓テーブルにランチョンマットを敷き、花瓶やろうそくを置くだけで、テーブル周りの雰囲気が一変し、クッションカバーを変えるだけで、よそゆきの顔にもなる。もてなしのしつらいは、季節感や五感を意識した心地よい空間をつくり出すことにつながる。

4）しつらいと収納

　しつらいでは、建具や調度類を入れ替えるため、本格的に季節ごとのしつらいを行うためには相当大きなスペースが必要となる。十分な収納スペースが確保できない場合でも、小物やレンタル用品などを上手に利用したり、音や香りといった目に見えない部分での気づかいで雰囲気を整え、住まいのしつらいを気軽に楽しめる。

迎春（松、葉牡丹、玉菊） 　　五月（筍、鳴子百合、玉菊） 　　（b）季節のしつらい
（a）季節の生け花（写真提供：富士山温泉ホテル鐘山苑）

（c）季節の素材 　　（d）キャンドル 　　（e）キリム

図3・56　しつらいの要素

*1　ハレ：折り目や節目となる祭礼や年中行事などを行なう非日常を「ハレ」といい、普段通りの日常を「ケ」という。弔事も非日常であることからハレと言える。

3・4　すこやかに暮らす

　人は、自然の脅威や外敵から身を守るためのシェルターとして住まいをつくった。そして、快適性や利便性を求め、健康で元気に暮らすために、風土や用途などに応じて工夫を施し、住まいを進化させてきた。しかし、これらの工夫は時として、住む人に新たな脅威をうみだし、建物の寿命を縮めることとなっている場合もある。

❶住まいと病気

　住まいを人にとって都合の良いものにするために、新たな素材を作り出し、建物に取り入れてきた。しかし、新たな素材が、そこに住む人々の健康をむしばむ原因となる場合もある。

1）ホルムアルデヒド

　ホルムアルデヒドは、建築資材や壁クロス、家具などの接着剤に使用されているもので、安価であるため、多岐にわたり使用されている。しかし、刺激臭をもち、目や鼻、喉などの粘膜を刺激するだけでなく、発ガン性が認められている（表3・20、3・21）。

　1960年頃より、建築資材にホルムアルデヒドが使用され、住宅内にも放出されてきたが、木製建具などによる隙間風により、十分な自然換気量が確保されていたため、大きな問題とはならなかった。しかし、アルミ製建具の普及により自然換気量が大きく減るとともに、冷暖房効率をあげるために建物の高気密化が進んだことで、住人への影響が顕著となり、シックハウス症候群の原因物質として注目を浴びることになった。

　このため建築基準法では、建築材料のホルムアルデヒド発散量に応じて、居室での使用制限を規定している（p.113　表4・4参照）。また、図3・57のように、換気の促進を義務づけている。

表3・20　ホルムアルデヒドの濃度と人体への影響

濃度（ppm）	人体への影響
0.05	臭いを感じる
0.08	日本の濃度指針値
0.2	目と鼻を刺激症状が増加（3時間以上の暴露）
2	目と鼻を刺激症状（35分の暴露）
5	咳、胸苦しさ、呼吸困難
50	肺水腫などの重い障害

（日本産業衛生学会・許容濃度の暫定値の提案理由より作成）

表3・21　化学物質と発ガン性

グループ	レベル	分類数	該当する物質
1	発ガン性がある (Carcinogenic to humans)	111	アスベスト ホルムアルデヒド
2A	発ガン性の可能性がある (Probably carcinogenic to humans)	65	
2B	発ガン性が疑われる (Possibly carcinogenic to humans)	274	スチレン、パラジクロルベンゼン、エチルベンゼン、アセトアルデヒド
3	発ガン性については分類できない (Not classifiable as to its carcinogenicity to humans)	504	トルエン キシレン
4	発ガン性は考えられない (Probably not carcinogenic to humans)	1	

（国際ガン研究機関[*1]による）

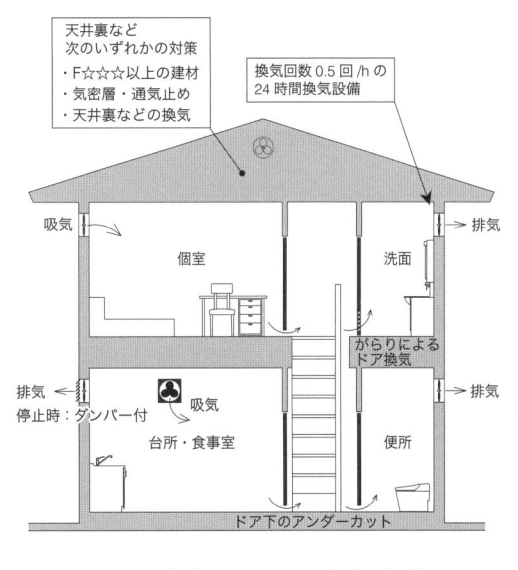

図3・57　換気によるホルムアルデヒド対策

＊1　国際ガン研究機関（International Agency for Research on Cancer）は、WHOに属する研究機関。

2）アスベスト

　アスベストは、耐久性や耐熱性、電気絶縁性、断熱性などに優れ、安価であるため建築資材をはじめ、電気製品や自動車、家庭用品など様々な用途に広く使用されてきた。しかし、その繊維を吸込むことで、肺ガンや悪性中皮腫などの原因となることがわかり、わが国では1975年以降、石綿含有製品の使用は規制され、2006年からは一切使用されなくなった。吸引から発症までの期間は十数年から数十年に渡るため、「静かな時限爆弾」とも呼ばれている。

　使用が中止されるまでに、建築資材として広く使用されてきた（表3・22、図3・58）。使用状況により、大気中に飛散する可能性の高いものは、取り除いたり、飛散しないように固定化処理を施してきたが、既存の建物にも多くのアスベスト製品が、使用されたままとなっている。このため、建物の改修・解体においては、アスベストの使用の有無を調査し、使用されている場合には、厳重な施工管理が求められている[*1]。

　1995年に発生した阪神・淡路大震災後の調査では、環境中への飛散量は図3・59のように大きいものではないが[*2]、一方、復旧作業の現場での管理・認識は十分ではなかったとみられる（図3・60）。当時、がれき処理や被災建物の復旧や解体に携わった人が、2012年にアスベストが原因の疾患と労災認定された。2011年に発生した東日本大震災の復旧作業についても、同様のことが懸念されている。

表3・22　アスベスト含有建材と製造時期

発塵性	施工部位	建材の種類	製造時期
著しく高い	吹付け材	吹きつけ石綿	〜1975
		石綿含有吹付けロックウール	〜1989
		石綿含有パーライト吹付け	〜1989
		石綿含有バーミキュライト吹付け	〜1988
高い	耐火被覆材	石綿含有けい酸カルシウム板第2種	〜1997
	断熱材	煙突石綿断熱材	〜2004
	保温材	石綿・けいそう土等各種保温材	〜1980
比較的低い	内装材（壁・天井）	フレキシブルボード大平板等	〜2004
		岩綿吸音板	1964〜1987
		石膏ボード	1970〜1986
	耐火間仕切り	けい酸カルシウム板第1種	〜1997
	床材	ビニル床タイル	〜1987
		長尺塩ビシート	〜1990
	外装材（外壁・軒天）	窯業系サイディング	〜2004
		フレキシブルボード・石綿セメント板	〜2004
	屋根材	住宅化粧目スレート	〜2004

「目で見るアスベスト」国土交通省より抜粋

図3・58　石綿含有吹付けロックウールの施工例（「目で見るアスベスト」国土交通省より転載）

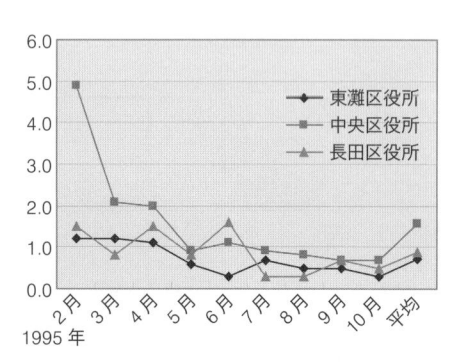

図3・59　一般環境のアスベスト濃度の変化（「阪神淡路大震災に係るアスベスト対策について」神戸市役所より作成）

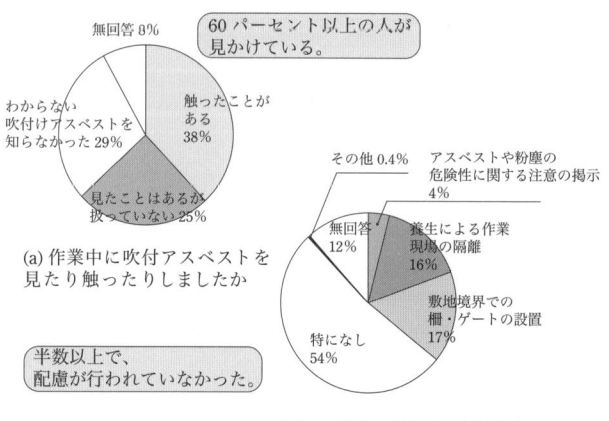

図3・60　現場労働者のアスベストの管理・認識状況（2012年度版別冊政策科学「阪神・淡路大震災の復旧作業における労働実態」立命館大学政策科学会・南慎二郎、より作成）

*1　労働安全衛生法に基づく省令の石綿障害予防規則
*2　わが国では環境基準は設定されていないが、WHOの環境保健基準によると、都市では1〜10［本／リットル］としている。

3）揮発性有機化合物（Volatile Organic Compounds）

揮発性有機化合物とは、常温常圧で空気中にガス状で存在する有機化合物の総称で、その頭文字をとって VOC と略されることがある。その種類は多種にわたり、建材や家具、接着剤、塗料、清掃用品その他から放出される。表3・21に、その例と発ガン性の程度について示す。

VOC の総計を TVOC（Total Volatile Organic Compounds）といい、厚生労働省の指針値は 400 $\mu g/m^3$ 以下となっている。

4）六価クロム

セメントに含まれる六価クロムは、自然界に存在する三価クロムの一部が、セメントの製造過程で変成されるもので、ダイオキシンと並んで毒性が高く、発ガン性がある。

通常、セメントが硬化する過程で水和物に固定されるため、環境基準を超えて排出されることはない。しかし、セメントやセメント系固化材を使った地盤改良工事などにおいて、対象の土中の鉱物や有機成分により水和反応が阻害されると、固定されなかった六価クロムが、自然界に溶出することが明らかになっている。火山灰質土において、溶出する傾向が高く（表3・23）、固化材別に比較すると普通ポルトランドセメントで溶出する傾向がある（表3・24）。このため2000年、当時の建設省は、セメントおよびセメント系固化材を使用する工法については（表3・25）、あらかじめ現地土壌と使用予定の固化剤により、六価クロム溶出試験を実施することを定めている。なお、溶出試験において環境基準を超える溶出が認められた場合には、固化剤の変更や工法の変更を検討するとしている。

土壌溶出量基準として 0.05mg/l、土壌含有量基準として 250mg/kg が定められている。

表3・23　土質別による六価クロムの溶出傾向

土質	環境基準を超過した試料数／全試料	最大溶出濃度 (mg/l)
砕石など	4／186（2%）	0.22
礫質土～シルト	48／1319（4%）	0.47
粘性土等	43／910（5%）	0.56
火山灰質粘性土以外の火山灰質土等	10／21（48%）	0.18
火山灰質粘性土	27／108（25%）	0.85

※ 2000年3月～2003年4月集計分。ただし「火山灰質粘性土以外の火山灰質土等」については2000年3月～12月集計分。
（「セメント系固化処理土に関する検討最終報告書（案）」2003.6.30 セメント系固化処理土検討委員会、より作成）

表3・24　固化材別による六価クロムの溶出傾向

固化材	環境基準を超過した試料数／全試料	土壌環境基準を超えた溶出量の平均値 (mg/l)
普通ポルトランドセメント	42／219（19%）	0.15
セメント系固化材	54／1047（5%）	0.17
高炉セメントB種	23／1041（2%）	0.08
新型固化材	13／322（4%）	0.09

※ 2000年3月～2003年4月
（「セメント系固化処理土に関する検討最終報告書（案）」2003.6.30 セメント系固化処理土検討委員会、より作成）

表3・25　溶出試験の対象となる工法

地盤改良工	粉体噴射撹拌 高圧噴射撹拌 スラリー撹拌	〈深層混合処理工法〉地表からかなりの深さまでの区間をセメント及びセメン系固化材と原地盤土とを強制的に撹拌混合し、強固な改良地盤を形成する工法
	薬液注入	地盤中に薬液（セメント系）を注入して透水性の減少や原地盤強度を増大させる工法
	表層安定処理	〈表層混合処理工法〉セメント及びセメント系固化材を混入し、地盤強度を改良する工法
仮設工	地中連続壁 （柱列杭）	地中に連続した壁面等を構築し、止水壁及び土留擁壁とする工法のうち、ソイルセメント列柱壁等のように原地盤土と強制的に混合して施工されるものを対象とし、場所打ちコンクリート壁は対象外とする

（「セメント及びセメント系固化材を使用した改良土の六価クロム溶出試験要領（案）」建設省、より）

❷健康な住まい

　建物内の湿度を管理することで、建物を健全な状態に保ち、その寿命を延ばすことができるだけではなく、この中で暮らす人の健康を守ることにもつながる。

1）虫干し・畳干し

　虫干しとは、衣類や書籍を棚から出し、日陰で広げて風にあてることをいい、乾燥させて害虫やカビの繁殖を防止する。

　同様に、畳を表に出して、陽にあてて乾燥させることを、畳干しと言う。畳を出した室では、窓を開け放して、風を通し、床板を乾燥させる。季節に合わせて衣類や調度類を入れ替える衣替えとならんで、畳干しは季節の風物詩であったが、手間がかかり場所もないことから、近年ではみられなくなった。

　しかし、カラリと晴れ渡った湿度の低い日には、図3・61のような湿気のたまりやすい場所では窓を開け放ち、いつもは閉めきった扉を開け放ち、乾いた空気を通すだけでも少なからず効果がある。さらに、棚の中のものを出し、扇風機などで風を送り込むと、乾燥の効果も高くなる。

2）呼吸する建築材料

　従来、建物の壁や床、天井には、土壁や無垢板（むくいた）が使われていた。これらの自然素材の建築材料は、湿度の高い時期には湿気を吸収し、乾燥したときにこれを放出する。この調湿機能を「呼吸する」と表現することがある（図3・62）。

　しかし、手間やコストのかかるこれらの材料は姿を消し、施工がしやすく安価で工期の短い、石膏ボードとビニルクロスや集成材、合板のフローリングなどに取って代わられた。その結果VOCによる健康被害や、結露によるカビの発生などの問題が生じ、改めて自然素材の良さが見直され、内装材料として使用されるようになっている。

　その結果、調湿機能をうたう各種の建築材料が発売されるようになったが、性能についてはばらつきがあった。このため一般社団法人日本建材・住宅設備産業協会が、客観的な評価を行い、一定以上の性能を有する製品には、図3・63のような「調湿建材認定マーク」を表示する制度を運用している。

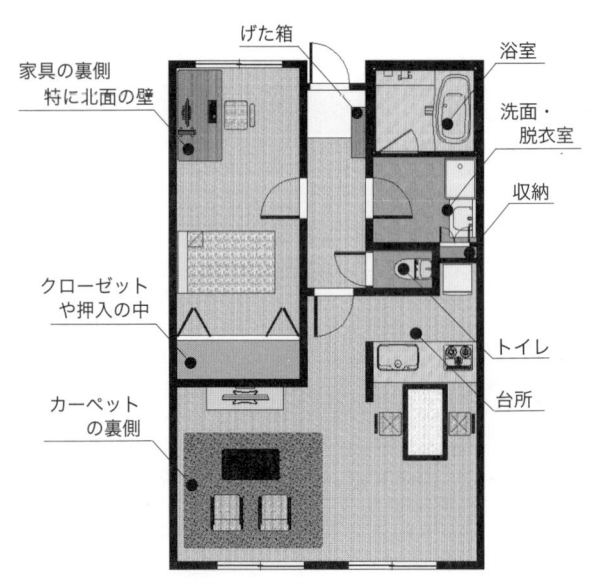

図3・61　住まいの中の湿気のたまりやすい場所

図3・62　土壁を使った室内（「きらくなたてものや」日高保氏提供）

図3・63　調湿建材認定マーク

◆ a　土壁　　壁の芯に、割竹をわら縄やしゅろ縄でしばった木舞(こまい)を組み、これを下地として荒壁、中塗り、仕上げ塗りなどの左官工事と乾燥を繰り返し、仕上げる。土による十分な厚さがあり調湿効果や蓄熱効果が期待できる。しかし今日では、手間と時間がかかるため、石膏ボード下地に、仕上げ塗りをするのが一般的になっているが、これでは塗り厚が数ミリ程度しかなく、土壁が本来持つ調湿効果や蓄熱効果は期待できない。表3・26のような、天然素材を使用するので、VOCなどの発生はほとんどない[*1]。

◆ b　多孔質タイル　　多孔質材を、粘土と混合しタイル状に成型し焼成したり、炭酸カルシウムなどと混ぜで固化させたもので（図3・64）、室内環境の調湿を目的としている。VOCなどの吸着能力を持つが、一般に分解する機能はない。また、接着剤を使用する場合や、貼り付ける下地の種類によっては、VOCの発生源となるので、注意が必要である。

◆ c　木材　　すまいには種々の木が使用され、様々な表情を与えている（表3・27）。木には調湿機能があり（図3・65）、一般に硬い木よりも柔らかい木の方が、この傾向が強い。また、木の表面を保護するために塗料を使用するが、塗料によっては、その調湿機能が損なわれるだけでなく、VOCの発生源となってしまうので、塗料も自然素材のものが望ましい。

◆ d　畳　　稲藁を圧縮・縫い付けた藁床に、い草で織った畳表を張った本畳は、畳干しなどの管理を行えば、調湿素材として機能するが、最近では、重く取り扱いが面倒なことから、芯に発砲ポリスチレンなどをはさんだものが多く、このような畳では調湿機能は期待できない。

表3・26　塗り壁に使う材料

種類	説明
土	粘土や土に、わら、麻などのすさを混ぜたものを使用する。仕上げ方法も多様で、様々な表情の仕上げが可能である。
珪藻土	珪藻類の殻の化石からなる堆積岩で、これを粉砕したもので、多孔質であり、吸湿性に注目され壁材として使用されるようになった。塗りつけるために接着剤が必要であり、選択を誤るとVOCを発生することになる。
漆喰	消石灰に、麻すさ、ふのりなどを混ぜたもので、空気中のCO_2と反応して$CaCO_3$に変化し、硬化する。外壁にも用いられる。アルカリ性が強く、防カビ効果もある

図3・64　多孔質タイルの例

表3・27　内装に使用する木材の例

樹種／比重	特徴
ヒノキ　0.41	光沢があり、独特の芳香がある。伐採後200年余りは強度が増すと言われ、世界最古の木造建築法隆寺をはじめ、寺社仏閣で多く使用されている。耐久性が高く、害虫やカビなどの発生も少ない。加工性が良く狂いも少ない。構造材をはじめ内装材、建具など幅広く使用される優良材。
スギ　0.38	比較的軽く、やわらかく加工しやすく建具や造作材に使用される。独特の芳香があり、木目が美しい。辺材は耐久性に劣るが、芯材は強く構造材に使用される。
ケヤキ　0.69	重く、非常に硬く、耐久性に優れ狂いも少ない。杢と呼ばれる変化に富んだ木目が美しく、寺院建築に多く用いられる。建築材、家具など幅広く使われる。
ヒバ　0.53	独特の芳香が強く、湿気や腐朽への耐久力が非常に高い。建材だけでなく、浴槽など水掛かりのある場所に、使用される。
レッドシダー　0.37	耐水性に優れ、腐りにくい。このため外装材やウッドデッキやフェンスなどのほか、天井などの内装材にも使用される。また、加工性もよく、狂いが少なく、香りにはリラックス効果があるとされている。酸性を持つため、釘などの鉄を腐食させるので、メッキしたものや銅製のものを使用する。

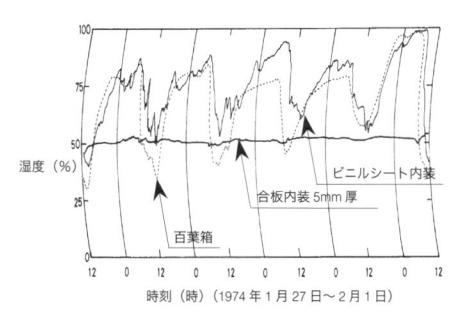

図3・65　内装材の違いによる湿度の変化（「木材研究資料」11号、1977年　則本京、山田正、より転載）

*1　接着剤を使用する場合があり、種類によってはVOCの発生の可能性がある。

❸ 建物をむしばむ病

　建物は人と同様に「病」にかかり治療が必要となる。治療となる修理を怠れば病は進行し、回復させるには多額の費用がかかるだけではなく、建物の寿命を縮めることとなる。

　特に水は天敵ともいえ、建物各部は濡れることで汚損され、木材などの腐朽の原因となる。カビの発生をまねき、喘息などの健康被害を引き起こし、シロアリやダニなどの害虫の発生にもつながる。建物の水損の原因には次のようなものがある。

◆ a　雨漏り　　原因は多岐にわたり、その特定には困難が伴う場合が多く（表3・28）、一度雨漏りが始まると、繰り返し発生することが多い。しっかりした施工が大切であるが、もし水が浸入しても、水が溜まることなく、ただちに排出できるよう計画することも必要である。また、日頃のメンテナンスも重要である。

◆ b　水漏れ　　配管の接合部分の緩みや浸食、パッキンの劣化によるものが多いが、給排水管の破損による場合もある。また、衛生器具が詰まり溢れ出る場合もある。特に排水管が詰まると詰まった部分から上部に逆流する場合がある。汚水管からの漏水は地下水の汚染につながり住人への健康被害の原因ともなる。エアコンのドレン管の詰まりや逆勾配により、結露水が逆流する場合もある（表3・29）。

◆ c　表面結露　　冬季に窓ガラスやサッシまわり、壁面で発生し、カビ発生により汚れ・腐朽の原因となる。一見、水漏れや雨漏りに見えるものが、結露が原因であることもある（図3・66）。結露の防止対策には（表3・30）のような方法がある。

◆ d　壁体内結露　　断熱材の位置や防湿層の施工不良などが原因で、壁体内で結露を発生する。わかりにくく、「壁がブヨブヨする」「床付近に水が出てきた」などの症状で気付くが、この時点ではかなり症状が悪化している。

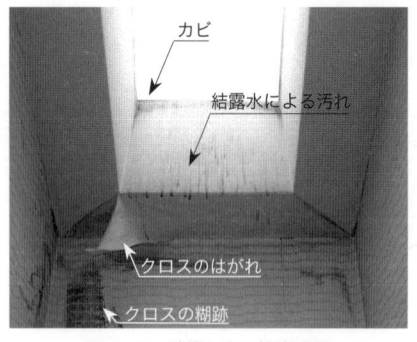

図3・66　結露による被害の例
天窓のガラス付近にはカビが発生。壁クロスにガラスから垂れてきた水滴による汚れが付いている。また、結露水が原因で壁クロスの糊がはがれている。壁の帯状の汚れは、クロス貼付けの際にクロス表面についた糊の拭き取りを怠ったためによるもの。

表3・28　雨漏りの原因

原　因	内　容
不適切な納まり	防水設計に関する認識不足 コーキングに頼った防水
不適切な施工	指定の防水施工を行わない クラックなどの下地の施工ミス・補修漏れ
建築材料の劣化 メンテナンス不足	紫外線や風雨により劣化は避けられないので、定期的なメンテナンスの不足 ルーフドレーンの清掃
予想を超えた環境	強風や短時間の豪雨

表3・29　水漏れの原因

場　所	原　因
蛇口付近	パッキンの劣化
給排水管	地震・地盤沈下などによる変形　施工不良、さび
排水管	詰まりによる溢れ、逆流
ロータンク	手洗い器部分に置いた芳香・洗浄剤が穴を塞いで溢れる
ドレン管	逆勾配

表3・30　表面結露の防止

手法	内容	具体例
断熱性能の向上	温度低下を防ぐ	二重サッシ、ペアガラスを使用する 断熱材の施工
設備機器の変更	室内での蒸気の発生量を減らす	開放型ストーブをFF式ストーブにする ガスコンロを電気調理器にする
通気・換気の配慮	空気を動かして乾燥させる	換気設備の導入

第4章　みんなの住まい

4・1 使いやすい空間

❶からだの大きさと比例

1) プロポーション

民族や地域、風土によって、人体の寸法とプロポーションは異なる（図4・1）。近年、わが国では北欧家具などの外国製の家具が流行しており、ソファをはじめ様々な家具をインテリアショップや雑誌などで目にするようになったが、海外で製作されたこれらの家具は、その国の人々が使いやすいように、その国の人々の身体に合わせて作られているため、日本人の身体になじまないことがある。家具だけでなく、海外のメーカーの厨房・衛生機器などもわたしたちにとって使いやすいとは限らない（図4・2）。

人体のプロポーションは、図4・3のように成長とともに変化し、新生児は4頭身であるが、幼児、児童、成人になるに従って8頭身に近づいていく。そのプロポーションは重心の位置に影響していて、乳幼児は重心の位置が上方にあるため、安定性が悪い。よちよち歩く子どもがよく転ぶのはそのためである。また、安定性の悪さは転落事故にも結びつきやすい。

このように、家具や空間を設計する際には、誰がどこでどのように利用するのかを考慮し、それぞれの要求を取り入れる必要がある。

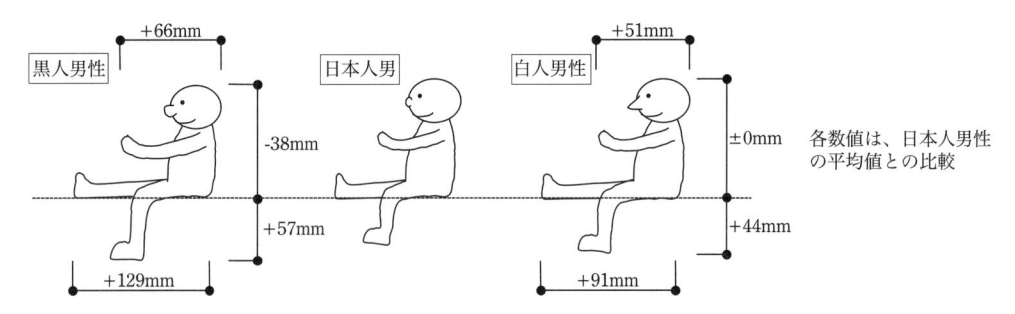

図4・1　座位寸法の国際比較（数値は『第3版コンパクト建築設計資料集成』による）

図4・2　日本人が海外家具を使うイメージ

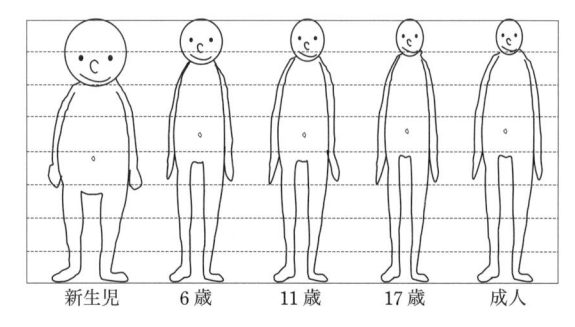

図4・3　年齢とプロポーション（男）

2）人体寸法と比例

　古来、人体の寸法が計測単位として、ものさしのように利用されてきた。例えば、古代エジプトでは、指先から肘までの長さを1キュービットとして用いていた。また、人体はバランスのとれた比例関係をもつ美しいものとして、絵画、彫刻、建築などの分野で研究されてきた。その有名なものとして、レオナルド・ダヴィンチの「人体比例図」（図4・4）や、ル・コルビュジェの「モデュロール」（図4・5）がある。『モデュロール』とは、フランス人の平均身長175cm [*1]を基準とした人体各部の比例関係で、建築だけでなく、家具や都市計画においても基準寸法として採用された。このように、人体各部の大きさには一定の比例関係があり（図4・6）、それらは身の回りの家具や空間の寸法体系として利用されている。

　寸法体系は国や時代によって様々であったが、1875年の国際条約で、長さの世界統一単位をメートルとすることが定められた。ここでは地球全周の4000万分の1を1メートルとして定義され、わが国でも1886年から導入された[*2]。しかし、メートル法は、それまで利用してきたような、人体寸法をもとにしたヒューマンスケールではないため、使いにくく長期間定着しなかった。わが国では、特に住環境において古くから用いられてきた「尺貫法」が利用されている。尺貫法とは長さの単位「尺」と重さの単位「貫」を用いるもので、1尺は約303mmである。また、人間の生活における最小単位は図4・7のように「起きて半畳、寝て一畳」と言われ、その一畳の大きさは3尺×6尺（約910mm×1820mm）である。その他、わが国では面積の単位として6尺×6尺（1間×1間）の「坪（約3.3㎡）」が利用されている。

　このように現在わたしたちの身の回りにある物は、人体寸法と関係しているものが多い。自分の身体各部の寸法を知ることで、便利なものさしとして利用でき、空間やものの大きさを感覚的につかむことができる。

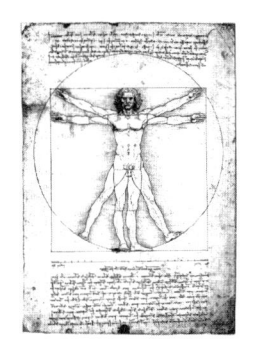

図4・4　ダヴィンチ『人体比例図』 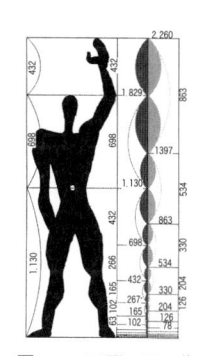　　図4・5　モデュロール 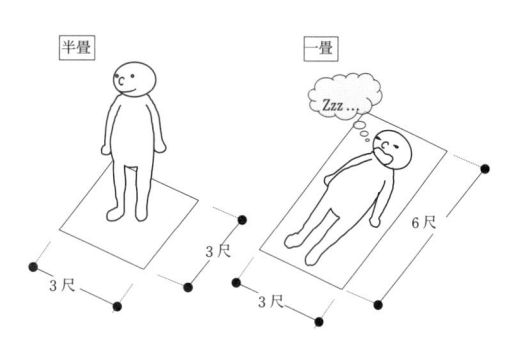　　図4・7　起きて半畳、寝て一畳

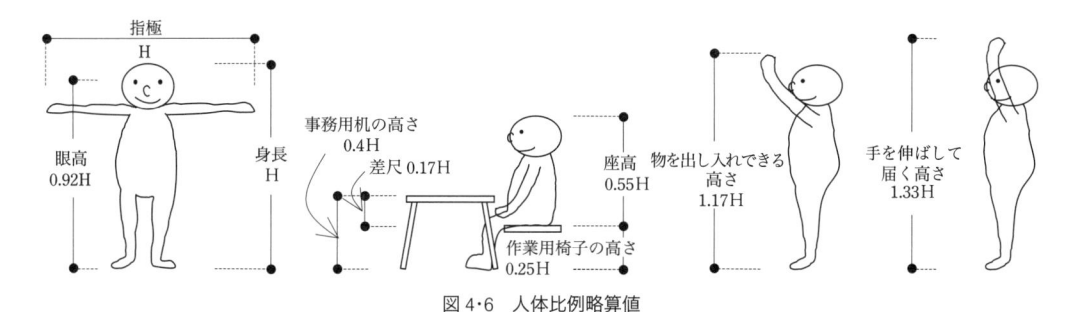

図4・6　人体比例略算値

*1　ル・コルビュジエはフランス人の平均身長を基準となる身体寸法として用いていたが、後に英国人の平均身長183cmに変更した。これは、世界的に共通する標準尺度をつくり出すためだった。
*2　現在は、1メートルを、光が真空中を299,792,458分の1秒間に進む距離と定義づけられている。

❷ からだの大きさと空間

1）動作域

　室内で動作をスムーズに行うためには、その動作にふさわしい空間が確保されていなければならない。その空間を動作域といい、そのスペースは人体寸法だけでなく、その動作に用いる関節の可動域によって決まる。この動作域内に、その作業に必要な設備・機器が配置されていなければ、無理な姿勢や動作などが生じ、機能的でスムーズな動作ができなくなる。この動作域を寸法体系として表したものが動作寸法である。

　動作域には、水平動作域（図4・8）と垂直動作域（図4・9）とがある。キッチンカウンターや作業台のように主として水平面の計画に利用されるものを水平動作域、棚、収納などの計画に利用されるものを垂直動作域という。また、動作域は立位、座位などの生活姿勢によっても異なる。

2）動作空間

　私たちが日常的に行っている生活行為は、限られたスペースの中で行われているのではなく、適度なゆとりがあることで、動作に歪みが生じずスムーズに行える。このように、人体の動作寸法にその動作を行うために必要な物の寸法と適度なゆとりの寸法を加えたものが動作空間である（図4・10）。ただし、この動作空間には挨拶や歩行など、物を必要とせず人間のみで行われる場合もある。

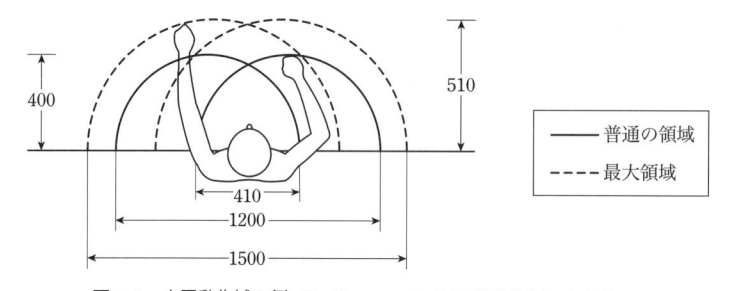

図4・8　水平動作域の例（第2版　コンパクト建築設計資料集成より作成）

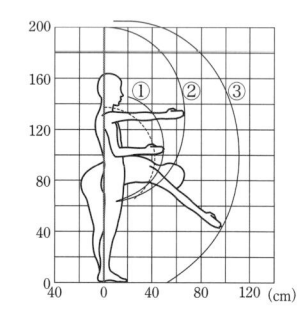

①上腕を体に付け、肘を中心にした時の腕の動き
②肩を中心にした時の腕の動き
③足の位置を固定して、腕を伸ばした時の上体の動き
　（破線は、この時の肩の動き）
165cmの身長をもとに描かれている。

図4・9　垂直動作域の例（第2版　コンパクト建築設計資料集成より作成）

空間の計画をする際には、そこでどのような生活行為が行われるかをよく考え、その行為に必要な動作空間を整理する。例えば図4·11のように寝室は、ベッドで寝る、更衣をする、収納する、机に向かうなどのいくつかの生活行為が行われ、それらすべての動作空間が組み合わさって寝室という空間ができあがる。また、複数の人間の動作が同時に行われる空間を複合動作空間という。

これらの基本的な動作空間の寸法は、さまざまな資料を参考にすればよいが、私たちの日々の生活の中で経験していることを身につけておくことが大切である。

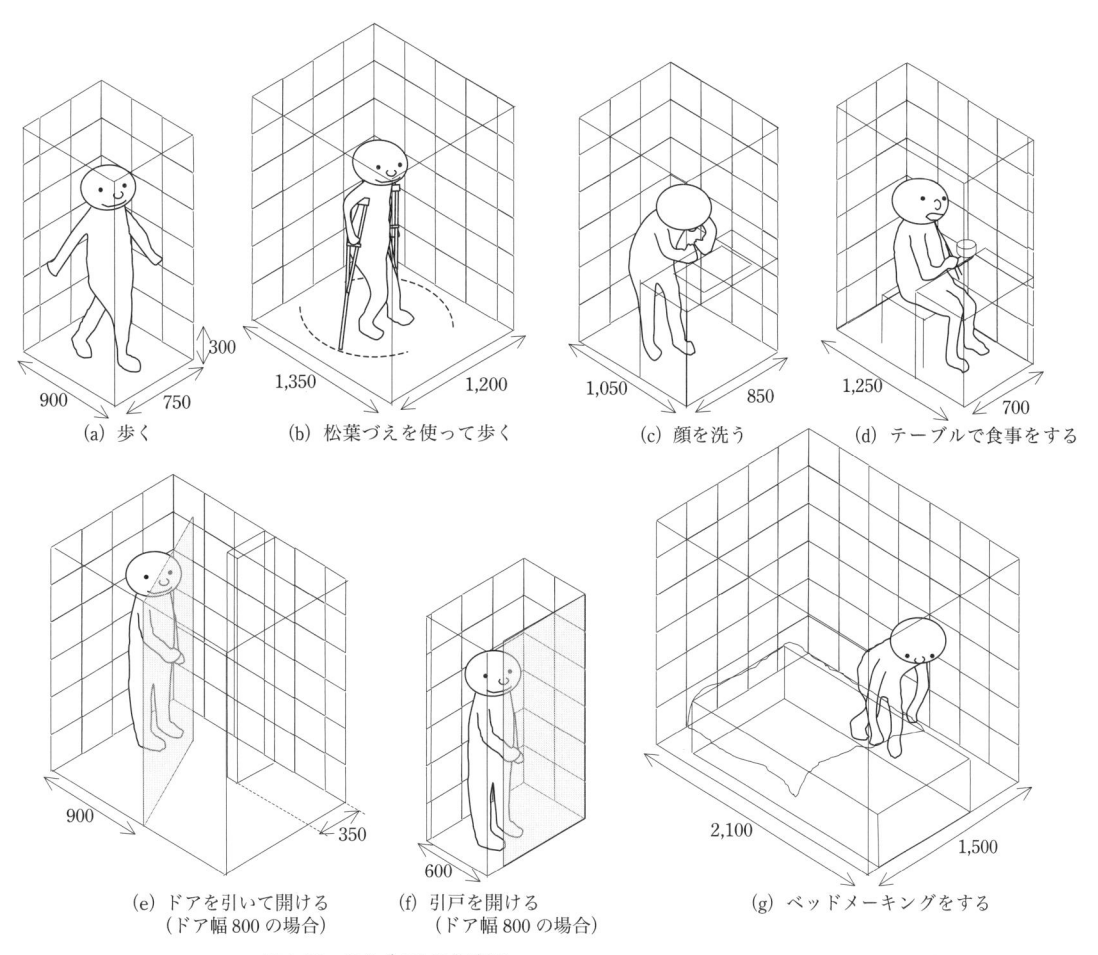

(a) 歩く
(b) 松葉づえを使って歩く
(c) 顔を洗う
(d) テーブルで食事をする
(e) ドアを引いて開ける（ドア幅800の場合）
(f) 引戸を開ける（ドア幅800の場合）
(g) ベッドメーキングをする

図4·10　さまざまな動作空間（第2版　コンパクト建築設計資料集成より作成）

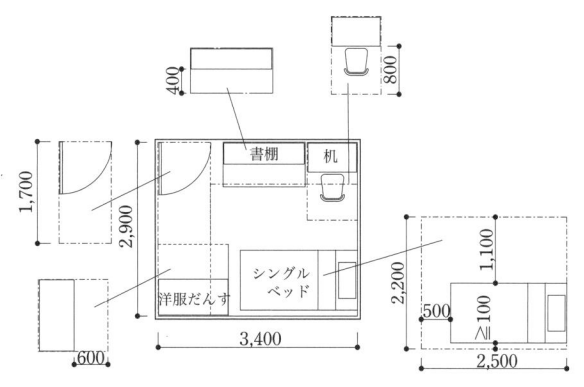

図4·11　寝室の複合動作空間（第2版　コンパクト建築設計資料集成より作成）

❸ 空間をとらえる

1）生活姿勢

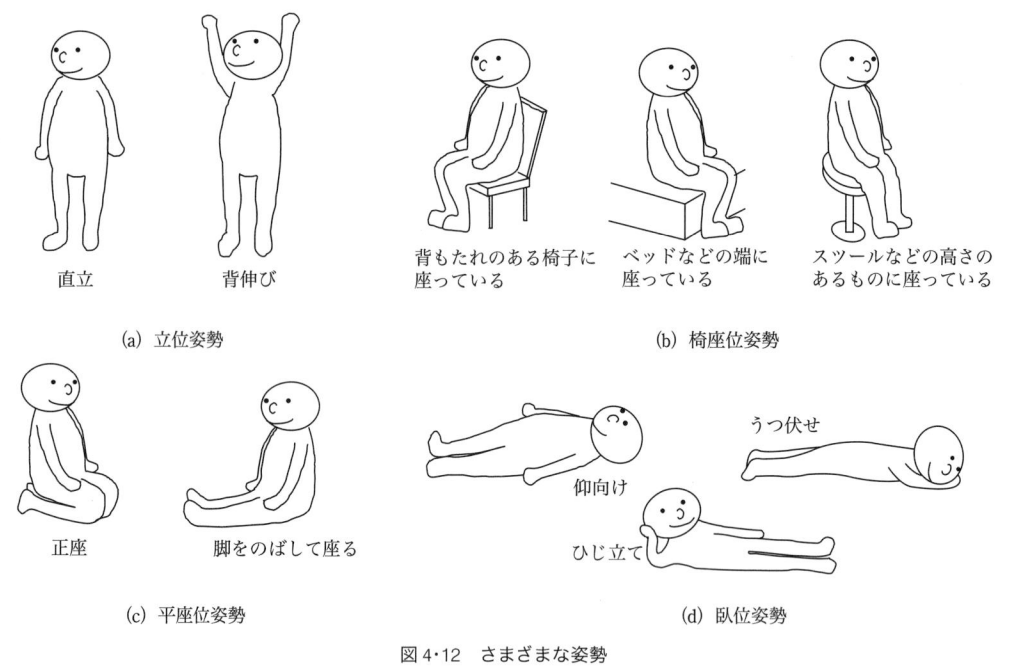

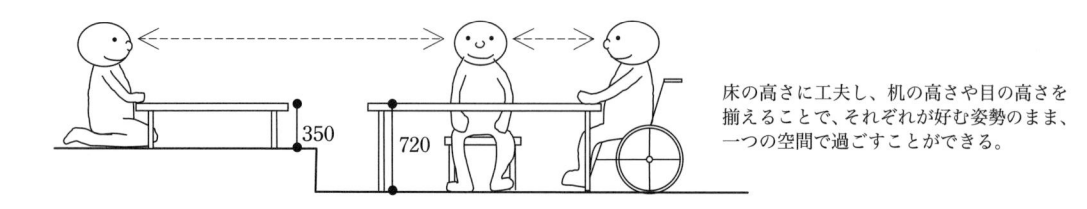

　人間は生活していくなかで、さまざまな姿勢をとるが、その姿勢を分類すると、主に立位姿勢（立っている姿勢）、椅座位姿勢（椅子などに着席している姿勢）、平座位姿勢（床などに座っている姿勢）、臥位姿勢（寝転がっている姿勢）の四姿勢に分類できる（図4・12）。わが国では、古くから平座位の生活が一般的で、卓袱台を囲んで食事をし、食後にくつろぐ際には卓袱台を移動させて床に座ったり寝転がったりしていたが、明治時代に西洋の文化が取り入れられ、椅座位の生活が広まった。しかし、わが国では玄関で靴を脱いで室内に上がる上足制が一般的であり、畳敷の和室もあるので、平座位での生活も行われる。平座位での生活空間は、場の用途が固定化されず必要な面積も椅座位より小さい。あるいは、くつろぐ時には椅座位より平座位のほうがくつろぎやすいということからも、平座位が好まれている。高齢者にとっては膝を曲げて座ることや立ち上がりが困難なため、椅座位が好まれる。このような場合、目線が揃うように床の高さに変化を持たせ、椅座位と平座位が同じ空間で生活できるようにする工夫も必要である（図4・13）。

直立　　背伸び

(a) 立位姿勢

背もたれのある椅子に座っている　　ベッドなどの端に座っている　　スツールなどの高さのあるものに座っている

(b) 椅座位姿勢

正座　　脚をのばして座る

(c) 平座位姿勢

うつ伏せ　　仰向け　　ひじ立て

(d) 臥位姿勢

図4・12　さまざまな姿勢

350　720

床の高さに工夫し、机の高さや目の高さを揃えることで、それぞれが好む姿勢のまま、一つの空間で過ごすことができる。

図4・13　目線を揃える工夫

2）パーソナルスペース

　私たちの身の回りにあるものや空間は、人体寸法が基準となって形成されているが、集団における寸法は人体寸法だけでなく、人と人との距離を大切にしなければならない。

　人間はだれでも、他人に「これ以上近づいてほしくない」という領域（なわばり：territory）を持っている。人間に飼われているペットや、ジャングルに生きる野生動物なども、他の動物のなわばりに近づかないようにし、自分のなわばりが侵された時には攻撃を仕掛ける場合もある。人間も動物もこのようにして無意識のうちに、自分たちが安らげる場所を確保しているのである。

　日々の生活のなかで、例えばエレベーターなどの狭い空間で、見ず知らずの人と居合わせた時に感じる「気詰まり」は、この個人のなわばりが侵されているから感じるものである。この「気詰まり」を感じる空間を、「パーソナルスペース（個人空間）」という。パーソナルスペースを図示すると、円形ではなく前方がやや広くなる卵のような形になる（図4・14）。前方から他人が近づいてくると警戒心を抱きやすく、横方向から人が近づいてくることに対しては、前方からよりも寛容になり、互いの距離も短くなる。人の相談にのる場合や、親密な話をする場合には、正面に座るより、相手の横方向に位置する方がより話しやすい雰囲気をつくれる。

　このパーソナルスペースは固定的なものではなく、人種、性別、相手との親しさ、感情の度合い、場面の状況などによって異なり、広がったり狭まったりする。例えば、欧米人は初対面の人に対しても握手を求め、時には抱擁したりするが、わが国にはこの習慣はなく、親しくない人の接近に対して警戒することが多い。また、同じ見ず知らずの相手であっても、電車の中では離れていたいと感じるが、仕事の場面ではある程度接近して話し合いが行われる。文化人類学者のE.T.ホールは、人と人との距離とコミュニケーション機能との関係に着目して、これらの関係を図4・15のように4つの段階に分類した。

図4・14　パーソナルスペースの概念図

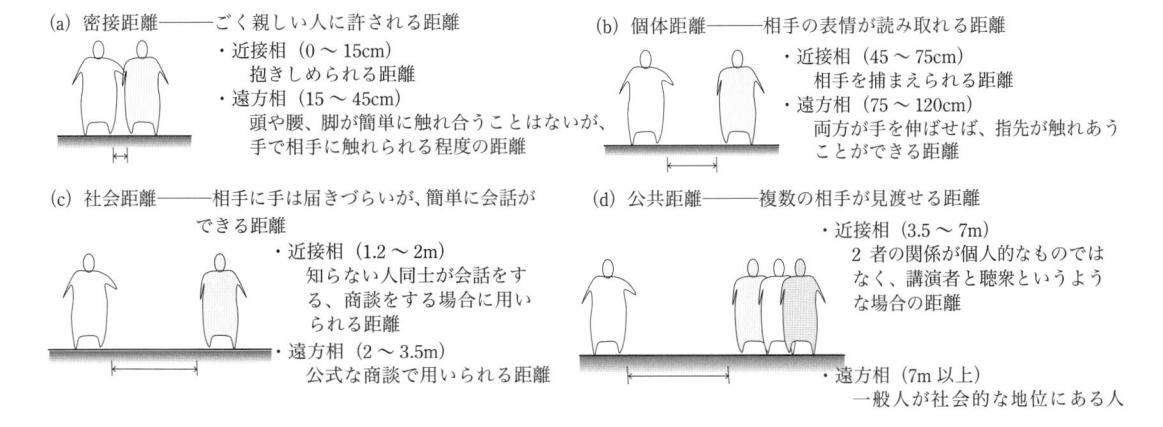

(a) 密接距離────ごく親しい人に許される距離
　　・近接相（0〜15cm）
　　　抱きしめられる距離
　　・遠方相（15〜45cm）
　　　頭や腰、脚が簡単に触れ合うことはないが、手で相手に触れられる程度の距離

(b) 個体距離────相手の表情が読み取れる距離
　　・近接相（45〜75cm）
　　　相手を捕まえられる距離
　　・遠方相（75〜120cm）
　　　両方が手を伸ばせば、指先が触れあうことができる距離

(c) 社会距離────相手に手は届きづらいが、簡単に会話ができる距離
　　・近接相（1.2〜2m）
　　　知らない人同士が会話をする、商談をする場合に用いられる距離
　　・遠方相（2〜3.5m）
　　　公式な商談で用いられる距離

(d) 公共距離────複数の相手が見渡せる距離
　　・近接相（3.5〜7m）
　　　2者の関係が個人的なものではなく、講演者と聴衆というような場合の距離
　　・遠方相（7m以上）
　　　一般人が社会的な地位にある人

図4・15　人間同士の4つの距離

❹ 使いやすいデザイン

　使いやすく、快適なすまいになるためには、前述したような寸法体系、空間に対する感じ方などを理解し、それぞれに応じた空間を計画しなければならない。本項では一般的な空間計画のための留意事項を述べるが、子ども、高齢者、障がい者のための空間については4・2項（p.106）に記述する。

1）集いの空間

　生活のスタイルが多様化するなかで、家族間のつながりが希薄になりつつある。このような状況であっても、同じ空間で過ごし、互いの存在を感じることが大切である。

◆ a　リビング　　家族が集い団らんするための場であり、くつろぎ、リラックスして家族との時間を過ごせるように計画する。図4・16のように屋外に向けて開かれたリビングは広々とした感じが得られるので、庭やバルコニーなどの屋外とのつながりをもたせる。ただし、近隣や面する道路からの視線は、家族で過ごすプライベートな時間を邪魔するものなので、床や壁の高さに配慮し、植栽をうまく用いて、これらの視線を遮るようにする（図4・17）。また、わが国の住宅においては、食事・接客・家事などの諸行為を兼ねる場合も多いので、それぞれの空間との関係を考慮して計画する。リビングでどう過ごすかはそれぞれの家族の考え方で異なる。ピアノ、ステレオ、ホームシアターなどの団らんを演出する装置を設置する場合が多いが、家族が相互に向き合い、語り合うことを重視して、そのような装置を設置しない場合もある。どのようなリビングにも「座」のスペースは必要であり、座の形式や位置を検討してリビングは設計されなければならない（図4・18）。

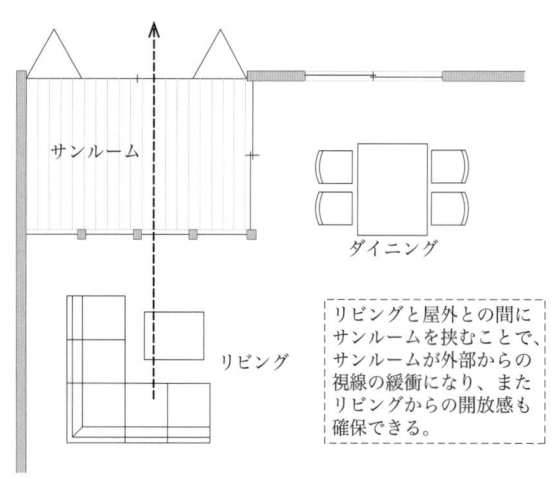

図4・16　屋外に開かれたリビングの例

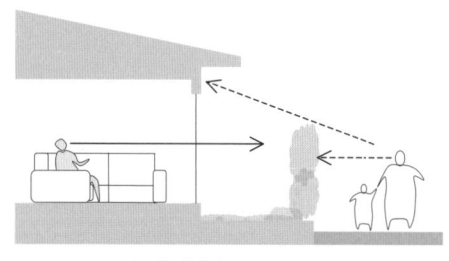

リビングと屋外との間にサンルームを挟むことで、サンルームが外部からの視線の緩衝になり、またリビングからの開放感も確保できる。

図4・17　道路との仕切り

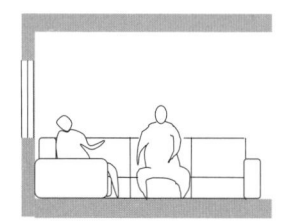

リビングと前面道路との間に植栽を設け、道路からの視線を遮る。

(a) ソファに腰かける
座のスペースにソファを用いる場合も多いが、場所をとることもあるので注意する。

(b) ラウンジピットに座る 
床を一段下げて作るピット。下がったところに座ったり、一段高いところに腰をかけることもできる。

(c) 掘りごたつに座る 
椅子に座るような感覚で使用できる。こたつはダイニングテーブルとしても利用できる。

図4・18　さまざまな座の形式

◆ b ダイニング　家族のコミュニケーションという面からはリビングとの結びつきが強く、調理するという作業と関係してキッチンとの結びつきが強い。食事の仕方や団らんのもち方は、家族の習慣や考え方によって異なるので、ダイニングテーブルと椅子を置いただけのダイニングではなく、その家族のライフスタイルに応じたダイニングを計画する（図4・19）。

◆ c テラス・庭　テラスや庭などの屋外空間があることで、家庭菜園やガーデニング、バーベキュー、ホームパーティーなどができ、暮らしに変化が生まれる。このような屋外空間は、独立して考えるのではなく、リビングやダイニングの延長として計画する（図4・20）。また、道路や近隣からは見えない中庭として設けると、プライバシーが保たれたリラックスして過ごせる空間になる（図4・21）。

◆ d 接客空間　わが国の住宅事情では、接客のための空間として、独立した空間を設けるのが難しい場合が多い。接客する相手は、日頃お世話になっている大切なお客さんから配達の人まで、関係が深い者から浅い者まで様々である。住宅の余裕に応じて接客空間の独立性は高くなるが、接客のための空間は、相手との関係によって決まり、座敷、応接室、勝手口、縁側、玄関、門と様々である（図4・22）。

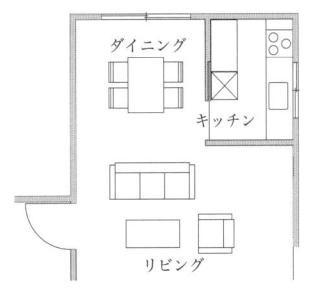

キッチンの音やにおいに影響されることが少なく、ダイニングは落ち着いた食事空間になる。
(a) ダイニングと独立したキッチン

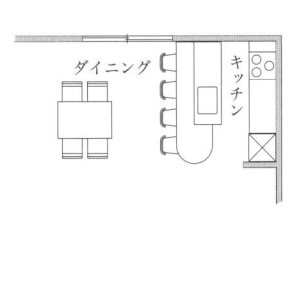

調理する人と会話を楽しみながら食事ができる。また、カウンターとは別にダイニングテーブルを置くことで、食事だけでなく、子どもが勉強したり、さまざまな用途で利用することができる。
(b) カウンターテーブルを設けたダイニング

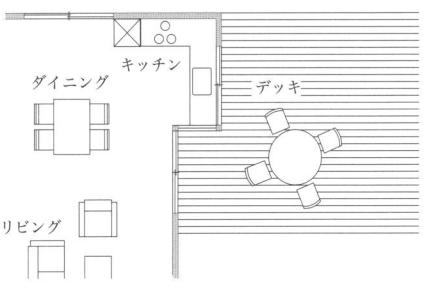

ダイニングからアクセスできるデッキは、セカンドダイニングとして食事やお茶を楽しむことができる。
(c) デッキに面したダイニング

図4・19　さまざまなダイニングの形式

開放的な窓を設けることで、リビングと連続的な空間としている。

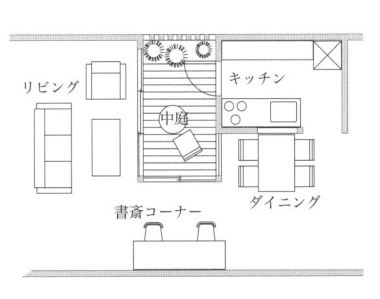

中庭は、外に出て過ごせるウッドデッキになっているものだけでなく、植栽が施された見て楽しむ中庭もある。また、中庭は光と風を取り込むのにも役立つ。

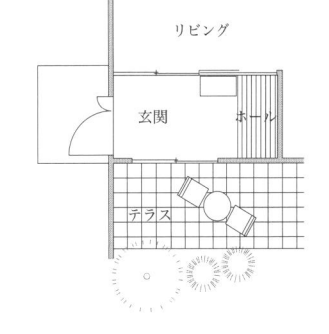

玄関に面してテラスを設け、接客空間として利用できるだけでなく、開放感のある玄関になる。

図4・20　庭の例　　　　図4・21　中庭の例　　　　図4・22　玄関横の接客空間の例

2）個人の空間

　就寝、休養や趣味などを行う空間として、独立性が確保された個人の空間を設ける。必要な個人の空間はライフスタイルによって異なるので、個人の要求に応じた空間として計画する。また、より快適な生活空間をつくり出すために、図4・23のような騒音や外部からの視線に留意し、個人のプライバシーが確保されなければならない。

◆**a　寝室**　寝室は、その日の疲れを癒せるものでなければならない。必要に応じて個人のプライバシーを保てる場所として、必ずしも独立している必要はないが、落ち着いて過ごせる空間にする。また、図4・24のように寝室には適度な収納空間が計画され、身の回りの整理整頓をしたり趣味のためのものを収納したりできるようにする。

◆**b　その他**　学習や読書、趣味の場などとして、書斎などの必要に応じた室を設ける。独立した室として計画できない場合は、図4・25、26のように机や椅子、書棚などを設けたコーナーとして設ける場合もある。

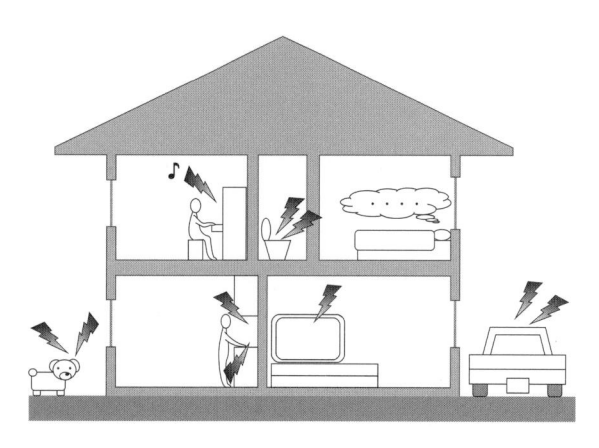

図4・23　日常の中のさまざまな騒音

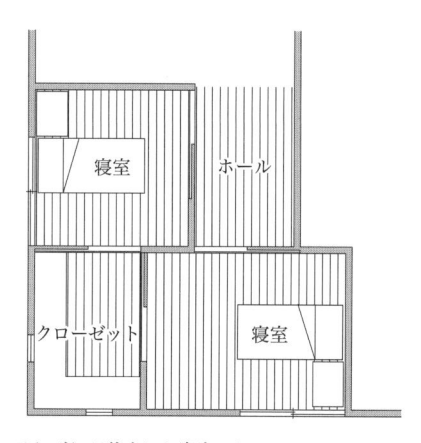

それぞれが独立した寝室になっている。クローゼットを共有することで、十分な収納が確保できる。
図4・24　寝室と収納の関係

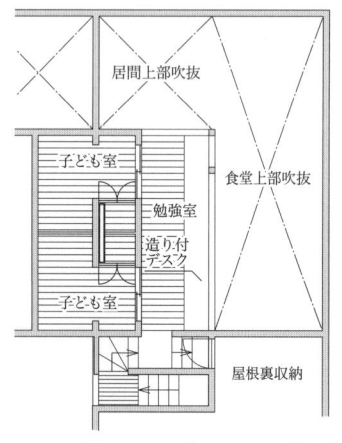

図4・25　子どものための勉強室の例 (写真提供：笠松義紀氏)

図4・26　階段の踊場に設けられた書斎コーナーの例

3）家事空間

　家事にはたくさんの種類があり、その労力も大きい。いくつかの家事が同時に行われることもあるので、機能性と効率性を重視して計画する。特に負担の大きいものについては、さまざまな工夫によってその負担を軽減することが大切である。

◆ **a　キッチン**　調理は毎日繰り返され、能率的に作業できなければならない。そのため動線を単純化、最小化し、作業動作に無駄が生じず、作業中無理な姿勢にならないように計画する（図4・27、4・28）。これまではキッチンで働くのは主婦で、主婦が一人でやるものとされていたが、夫婦共働きが一般的になり、主婦が調理するというのが当然のことではなくなった。高齢化した時のこと、子どもと一緒に調理することなどを考慮して、誰もが作業しやすいキッチンを計画することが大切である（図4・29）。キッチンには食器洗浄機、電子レンジ、冷蔵庫など一定の空間を占めるものが多く、食器や保存食品も増えていく。これらを収納するための空間を設け、作業しやすいキッチンにする。また、ゴミ処理についても考えなければならない。ゴミは再利用のための分別をしなければならず、分別したゴミを置くためのスペースも確保しなければならない。

◆ **b　家事室・ユーティリティ**　家事には、調理、食料や食器の整理などの食生活に関するもののほか、洗濯、物干し、洗濯物をたたむこと、アイロンかけ、裁縫、衣類の整理収納といった衣類に関するものや、掃除、ゴミの処理、植栽の手入れなどの住宅を維持管理するためのものがある。これらの家事を行う空間は、キッチンと同様、充分な収納を設け、図4・30のようにそれぞれの室どうしのつながりも考え、機能的な空間にする。

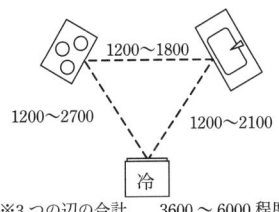

※3つの辺の合計　3600〜6000程度

「コンロの中心」「シンクの中心」「冷蔵庫の中心」が頂点となる三角形を「ワークトライアングル（作業の三角形）」という。各辺が短いと作業に必要なスペースがなくなったり、逆に長いと無駄な動きが生じてしまい、作業効率が悪くなってしまう。

図4・27　ワークトライアングル

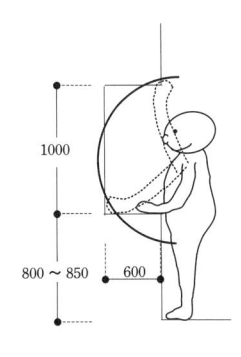

図4・28　調理の基本寸法

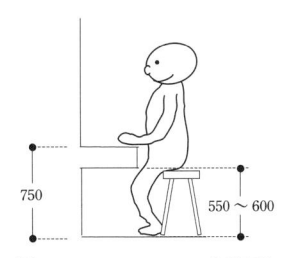

作業台の下にニースペースを確保しておくと、スツールなどに座ったり、車椅子のままでも作業台に近付くことができ、調理できる。

図4・29　ニースペースを確保した作業台の高さ

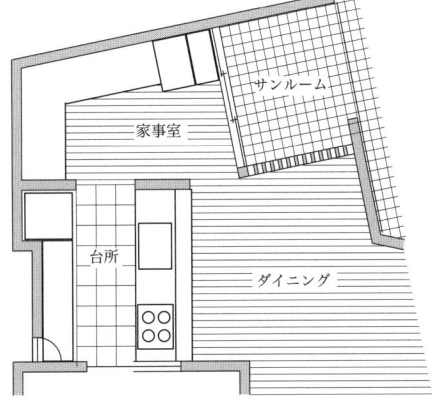

台所から家事室への動線が単純なので、複数の家事も効率的に行うことができる。

図4・30　家事室の例

4）収納空間

　わたしたちの身の回りには、多くの生活品がある。それらは、日常的に使用するもの、あまり使用頻度は高くないがあると便利なもの、思い出の品などさまざまである。ライフスタイルの変化によって収納するものの内容や量も変化する。これらのものは、上手に収納されないと、必要な時に見つからないこともあり、使用場所や頻度、目的を考慮して収納されるべきである。収納空間は、図4・31のように、わたしたちの生活を便利に快適にするためにとても大切な空間であり、適切な大きさ、奥行き、高さで計画する（図4・32、4・33）。また、前述の家事空間とのつながりも大きく、家事をより効率良く行うためにも、図4・34のように適切な場所に計画する。

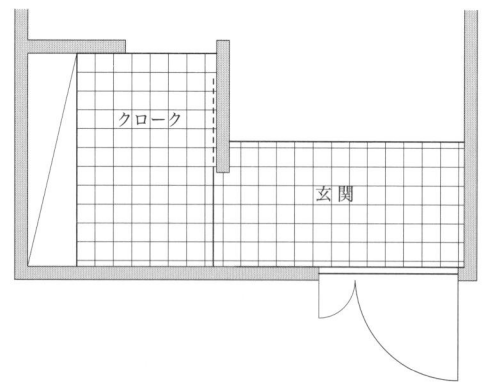

玄関脇に靴や上着、子供の遊具などを収納できるスペースがあると、玄関が散らからず、必要な時にも出し入れしやすい。

(a) 玄関クロークの例

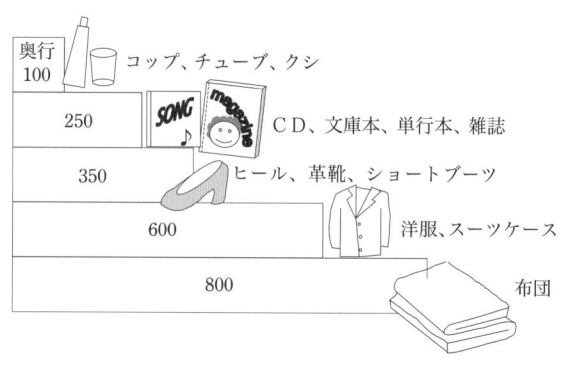

図4・32　収納スペースの奥行き

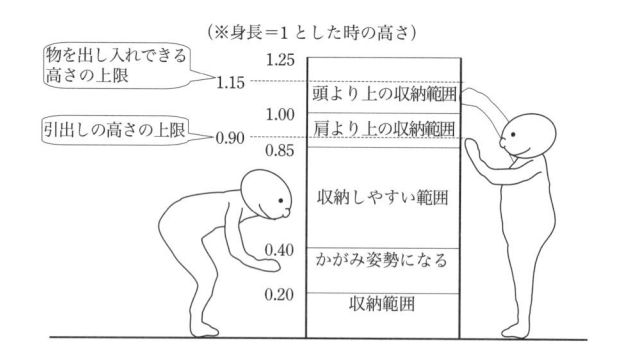

床下の空間を利用した床下収納庫。
(b) 床下収納庫

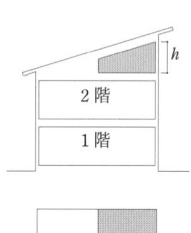

図4・33　収納棚の機能寸法

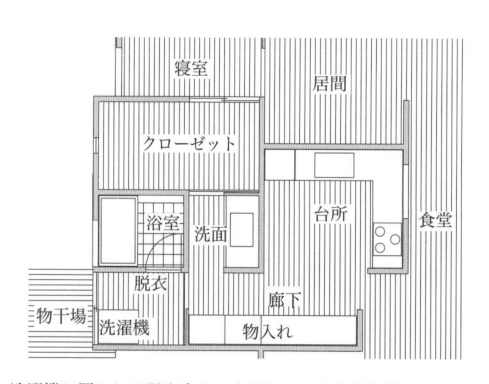

$h≦1.4$mで$S≦2$階の床面積の1/2の空間は、床面積や階数に含まれない。このような空間はロフト収納として、使用頻度の低いものなどを置いておくと、個室も有効に利用できる。

(c) ロフト収納の例

図4・31　さまざまな収納空間

洗濯機が置かれる脱衣室や、台所といった家事空間とクローゼットがつながっており、より効率よく家事が行える。

図4・34　家事空間との関係

5）交通空間

　住宅内の交通空間には、玄関や階段、廊下などがあり、住宅内の動線を考慮して、それにふさわしい広さを確保する。交通空間は無駄な空間とされがちだが、玄関は住宅の顔で住宅全体の印象を決め、階段は設置の仕方で空間を演出できる（図4・35）。廊下や階段に沿って収納棚や本棚を造りつけると、収納空間と交通空間を兼ねることができ、限られた面積でも収納量を多くとるためには効果的である。また、手すりの設置や車椅子の使用など将来の変化に応じて対応ができるよう、図4・36のような適度な広さをあらかじめ確保しておくとよい。

6）衛生空間

　浴室や便所は適切に計画されなければ、不便で危険を伴う場合もある。最近では、入浴を生活の楽しみのひとつとする場合も多い。そのため、浴室への思い入れが強く、デザイン、用いる設備機器、屋外とのつながり（図4・37）への関心が高い。

　洗面所は脱衣室を兼ねて、浴室の前室となることが多い。また、図4・38のように洗濯機を置くことも多く、家事空間としての機能も求められる。

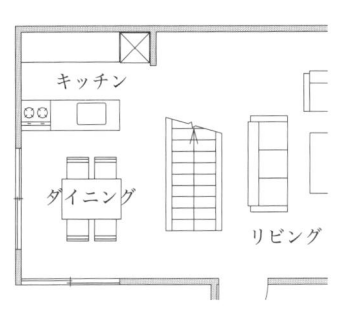

(a) ダイニングとリビングの仕切りとして階段を設ける。

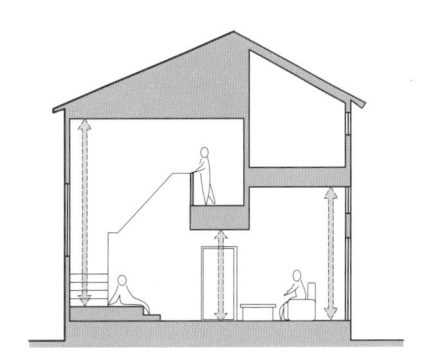

(b) 階段上部を吹抜けにし、つながるリビングも開放的な空間になる。

図4・35　リビング階段の例

■奥行
主に使用される車椅子の長さが1100mm程度なので、ゆとりをもたせて有効寸法1200mm程度確保する

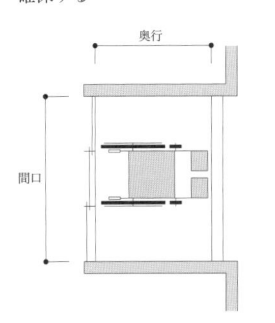

図4・36　手すり設置、車椅子使用の際に必要な玄関まわり寸法

図4・37　開放的な浴室（写真提供：笠松義紀氏）

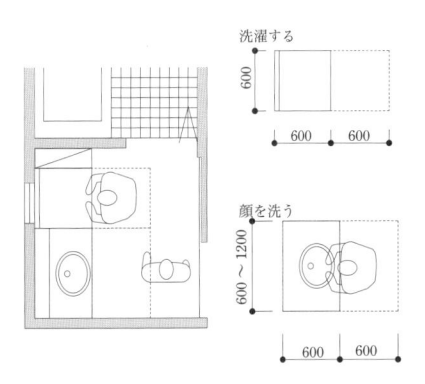

図4・38　洗面所と脱衣室を兼ねた例

4・2 誰でも、どこでも

❶ ノーマライゼーション

1）概要

「福祉」と言えば「収容保護」が当然だと考えられていた時代があった。その考えのもと、福祉施策は施設の建設から始まり、対象者を収容保護するというものであった。このような収容施設は一般社会から遠く離れた場所に建設され、次第にその数が増え規模も大きくなっていった。主に、知的障がいのある者が収容されていたが、利用者の要求に応じられていない、人間としての尊厳を保たれていないという状況が多く、また福祉という名目で、対象者が隔離されることも多かった。

第二次大戦後、知的障がい者が大規模施設に収容され非人間的な扱いをされているのを見たバンク・ミッケルセン（デンマーク）は、「障がいのある人たちに、障がいのない人たちと同じ条件をつくり出すこと。障がいがある人を健常者と同じノーマルにすることではなく、人々が普通に生活している条件が障がい者に対しノーマルであるようにすること。自分が障がい者になった時にしてほしいことをすること。」という「ノーマライゼーション」の考えを提唱し、1959年にはデンマークの法律として成立させた。その後、施設に収容されていた人たちを生まれ育った地域へと帰す運動が起こり、収容施設の廃止、障がい者同士あるいは介護者との共同生活の実現のための運動へと発展していった。この「ノーマライゼーション」の考え方は各国に広がり、1960年代にはベンクト・ニィリエによってスウェーデンに広められ、1967年に制定された知的障がい者を援護する法律の中に盛り込まれた。また、1971年に国連において「知的障害者の権利宣言」として結実した（表4・1）。現在では、ノーマライゼーションの考えは障がい者だけに限定するものではなく、すべての人の基本的人権を尊重し、すべての人々が、社会での自己選択と自己決定に基づいて生活できること、と幅広く解釈されるようになってきている。ノーマライゼーションを実現するための手法として、バリアフリーとユニバーサルデザインがある。

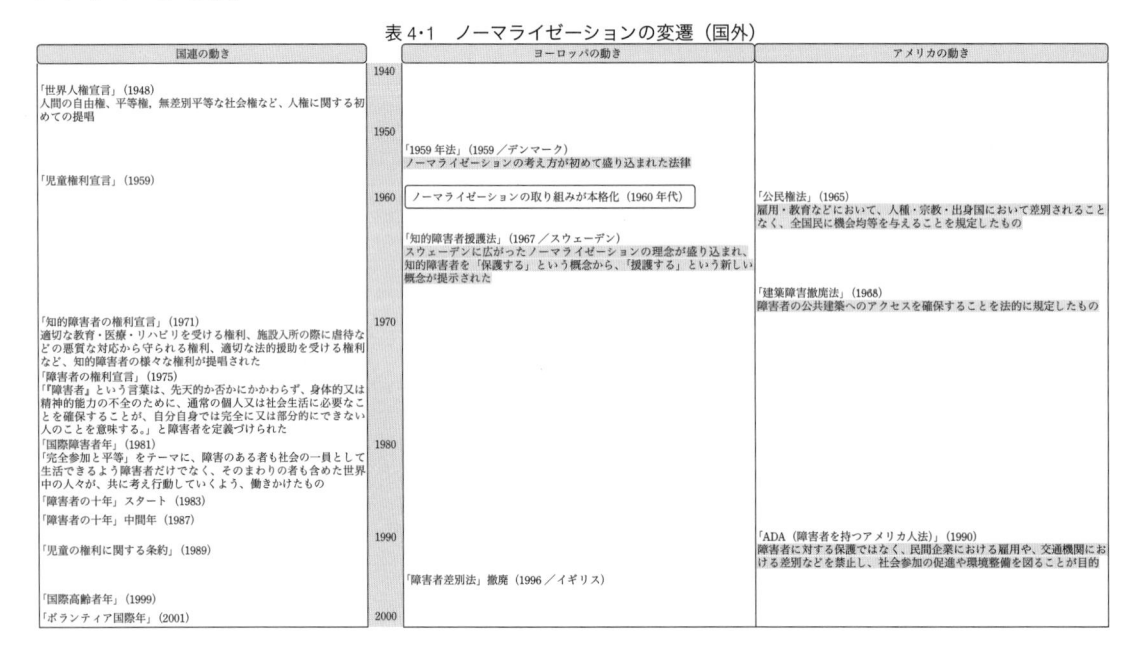

表4・1　ノーマライゼーションの変遷（国外）

国連の動き		ヨーロッパの動き	アメリカの動き
「世界人権宣言」（1948） 人間の自由権、平等権、無差別平等な社会権など、人権に関する初めての提唱	1940 1950		
「児童権利宣言」（1959)	1960	「1959年法」（1959／デンマーク） ノーマライゼーションの考え方が初めて盛り込まれた法律 ノーマライゼーションの取り組みが本格化（1960年代）	「公民権法」（1965） 雇用・教育などにおいて、人権・宗教・出身国において差別されることなく、全国民に機会均等を与えることを規定したもの
		「知的障害者援護法」（1967／スウェーデン） スウェーデンに広がったノーマライゼーションの理念が盛り込まれ、知的障害者を「保護する」という概念から、「援護する」という新しい概念が提示された	「建築障害物撤廃法」（1968） 障害者の公共建築へのアクセスを確保することを法的に規定したもの
「知的障害者の権利宣言」（1971） 適切な教育・医療・リハビリを受ける権利、施設入所の際に虐待などの悪質な対応から守られる権利、適切な法的援助を受ける権利など、知的障害者の様々な権利が提唱された	1970		
「障害者の権利宣言」（1975） 「『障害者』という言葉は、先天的か否かにかかわらず、身体的又は精神的能力の不全のために、通常の個人又は社会生活に必要なことを確保することが、自分自身では完全又は部分的にできない人のことを意味する。」と障害者を定義づけられた			
「国際障害者年」（1981） 「完全参加と平等」をテーマに、障害のある者も社会の一員として生活できるよう障害者だけでなく、そのまわりの者も含めた世界中の人々が、共に考え行動していくよう、働きかけたもの 「障害者の十年」スタート（1983） 「障害者の十年」中間年（1987）	1980		
「児童の権利に関する条約」（1989）	1990		「ADA（障害者を持つアメリカ人法）」（1990） 障害者に対する保護ではなく、民間企業における雇用や、交通機関における差別などを禁止し、社会参加の促進や環境整備を図ることが目的
「国際高齢者年」（1999） 「ボランティア国際年」（2001）	2000	「障害者差別法」撤廃（1996／イギリス）	

2）バリアフリー

　バリアフリーとは、高齢者や障がい者などが自分らしく、できるだけ普通に快適な生活が送れるよう、問題となるバリア（障壁）を取り除き、環境を整備していくことである。1974年に国連障害者生活環境専門会議がまとめた報告書の中にある「Barrier Free Design」をきっかけに世界中にバリアフリーという言葉が広がっていった。この報告書には、障がいのある人が社会参加するのを妨げているのは建築物や交通機関などの物理的なバリアだけでなく、同じ社会に生きる人たちの、障がいがある人たちに対する心のバリアである、と述べられている。障がいのある人が当然のように公共施設や交通機関を利用することや、教育を受け、スポーツなどで余暇を楽しむことは権利であり、そのためにさまざまな環境を整備していく必要性を併せて説いた。

　バリアフリーという言葉はよく知れ渡るようになったが、図4・39のような、生活するうえで存在するバリアをすべてを取り除くことは難しい。何らかのバリアによって、社会的な生活を送ることをさまたげられている人がいる状況を改善しなければならない。バリアフリーとは、そういった問題を解決するための手段である。

3）ユニバーサルデザイン

　ユニバーサルデザインは、アメリカ・ノースカロライナ州立大学のユニバーサルデザインセンター所長のロン・メイスによって発表された。彼は1970年代にバリアフリー住宅についての疑問を抱いた。特定の人のために作られた住宅は特別なものであって、同居家族は使いにくく、価格が高いなどの問題があった。このように利用者を限定すると、ノーマライゼーションの実現からは遠ざかることとなる。ロン・メイスは対象者を特定するのではなく、様々な人のニーズに応えられる住宅を作るべきだと考え、ユニバーサルデザインとして1985年に発表した。この中で彼は、「ユニバーサルデザインとは年齢・能力・体格・障害の有無に関わらず、誰もが使いやすい製品、建築物、空間をデザインすること」と定義している（図4・40）。

原則1　誰にでも公平に利用できること
原則2　使う上で自由度が高いこと
原則3　使い方が簡単ですぐわかること
原則4　必要な情報がすぐに理解できること
原則5　うっかりミスや危険につながらないデザインであること
原則6　無理な姿勢をとることなく、少ない力でも楽に使用できること
原則7　アクセスしやすいスペースと大きさを確保すること

(a) 意識のバリア

(b) 文化・情報のバリア

図4・39　生活するうえで存在するバリアの例

【原則1・5・6】出入り口が2方向なので、車椅子の場合、中で方向を変える必要がない。

【原則2・5】段差がわかりやすいよう、段の先端に色がつけられている。

図4・40　ユニバーサルデザインの7原則とその実例

4) わが国における取り組み

わが国におけるバリアフリーへの取り組みは1970年代初頭から始まった。1973年に老人、障がいのある者、乳母車などの通行が安全で便利になるようにと、建設省（現・国土交通省）が「歩道および立体横断施設の構造について」という通達を出した。この後、大きな動きがなかったが、1981年の、「完全参加と平等」をスローガンに実施された『国連国際障害者年』や、1983年の『国連・障害者の十年』を契機に、さまざまな取り組みがなされるようになった。

高齢化が深刻な問題となっているわが国では、高齢者や障がい者が自立した生活を送り、積極的な社会参加を促進するため、1994年に『高齢者、身体障害者などが円滑に利用できる特定建築物の建築の促進に関する法律（ハートビル法）』が施行された（表4・2）。ハートビル法は、わが国で初めて、高齢者や障がい者などの建築物の利用について考慮された法律である。2000年には『高齢者、身体障害者などの公共交通機関を利用した移動の円滑の促進に関する法律（交通バリアフリー法）』が公共交通機関の駅や車両、あるいは駅前広場のバリアフリー化を促進するための法律として制定された。

しかし、ここまでのバリアフリー施策は、高齢者、身体障がい者が対象であり、知的障がい者、外国人、子どもなど多様な利用者が想定されていなかった。また、施設ごとにバリアフリー化が行われていたため、各施設の連続性が確保されていなかった。2005年、国土交通省により発表された『ユニバーサルデザイン政策大綱』では、「どこでも、誰でも、自由に、使いやすく」というユニバーサルデザインの理念をもとに、生活環境から移動環境が連続して整備・改善されるよう、ハード面だけのバリアフリー化だけでなく心のバリアフリー化も課題として挙げられた。そして2006年、誰もが安全で安心して暮らせるよう、福祉のまちづくりに関する『高齢者、障害者などの移動などの円滑化の促進に関する法律（バリアフリー法）』（p.128参照）が施行された。

表4・2　わが国における取り組みの変遷

年	名称	内容
1979	「障害者福祉年制度」	障害のある人々のための住みよいまちづくりと、障害のある児童の早期療育のためのシステムを構成
1987	「シルバーハウジング・プロジェクト」	高齢者の生活に配慮された、バリアフリー化された公営住宅などの供給と、ライフサポートアドバイザー（LSA：生活援助員）による日常生活支援サービスの提供を行う、高齢者世帯向けの公的賃貸住宅の供給事業
1989	「ゴールドプラン」（高齢者保健福祉推進十か年戦略）	高齢者の在宅での生活を支援するため、ホームヘルパーの養成や特別養護老人ホームの整備など具体的な目標を示し、寝たきり高齢者の減少を目指した
1993	「障害者基本法」	障害の有無に関わらず、国民が互いを尊重し支えあう「共生社会」の実現を目指した
1994	「ハートビル法」「新ゴールドプラン」	ゴールドプラン策定後の高齢化率の上昇にともない、ゴールドプランが全面的に見直された
1995	「障害者プラン」〜ノーマライゼーション7か年計画〜	障害のある人々が地域で共に生活し、自由な社会参加を実現し、その機会均等を保護するため、バリアフリー化を促進
1999	「ゴールドプラン21」	高齢化率が世界的に高くなるなかで、高齢者保健福祉施策をさらに充実させるため新たなプラン
2000	「交通バリアフリー法」	
2001	「高齢者居住法」	高齢者の居住の安定確保に関する法律で、賃貸住宅の登録制度や有料賃貸住宅の供給により高齢者の円滑な入居を促進
2002	「新・障害者プラン」	障害者プランの終了にともない、2002年から10年間に取り組む障害者施策の基本的方針をまとめた
2005	「ユニバーサルデザイン政策大綱」	基本的考え方 ①利用者の目線に立った参加型社会の構築 ②バリアフリー施策の総合化 ③だれもが安全で円滑に利用できる公共交通 ④だれもが安全で暮らしやすいまちづくり ⑤技術や手法等をふまえた多様な活動への対応
2006	「バリアフリー法」	高齢者や障がい者などの自立した日常生活や社会生活を確保する

❷ 少子・高齢化問題

1) 少子化

　1989年の合計特殊出生率（1人の女性が一生で産む子どもの数）は、1966年の「丙午[*1]」の1.58を下回り、戦後最低の1.57となった。それを受けて翌年わが国では少子化が初めて問題視され、対策がなされるようになった。しかし、その後も合計特殊出生率は下がり続け、2005年には1.26と最低の数値を記録した（図4・41）。

　このように少子化の問題が深刻になっている原因として、わが国では、働く女性が増加したことがあげられる。また、図4・42のように30年前に比べ晩婚、晩産化の傾向が高くなっている。働きながら安心して子育てできる環境が十分に整っていないため、出産をためらう女性が多いことも大きな要因である。1人目を出産した場合も、子育てや教育にお金がかかりすぎるという不安から、第2子、3子の出産を控える場合も多く、合計特殊出生率の低下につながっている。ライフスタイルが多様化しているのも理由の1つで、結婚や子育てによって自由時間が制約されるのを望まないため、「結婚しなくてもよい」「子どもを生まなくてもよい」というような考えをもつ人も増えている。

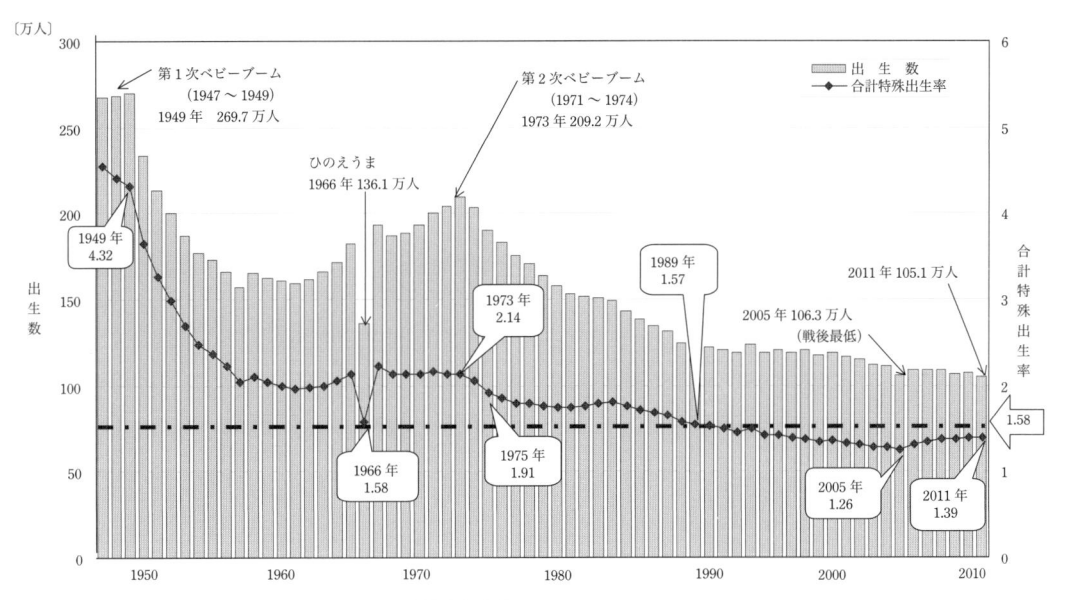

図4・41　出生数と合計特殊出生率 (平成23年人口動態統計（厚生労働省）より作成)

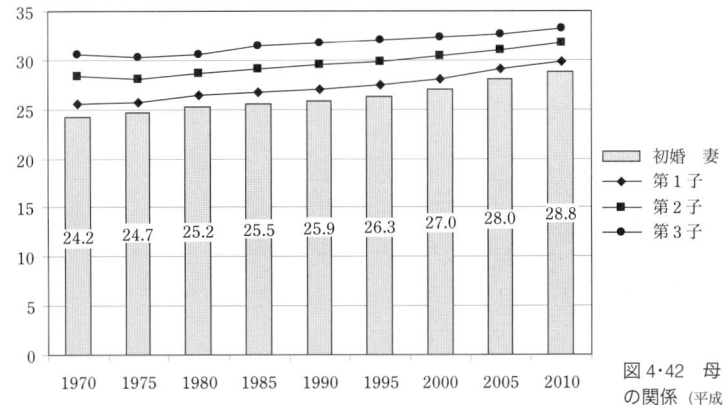

出生したときの母親の平均年齢をみると、2010年は、第1子が29.9歳、第2子が31.8歳、第3子が33.2歳であり、30年前の1980年と比較すると、それぞれ3.5歳、3.1歳、2.6歳上昇している。妻の初婚年齢も3.3歳上昇している。

図4・42　母の初婚年齢と出生順位別にみた母の平均年齢の関係 (平成22年人口動態統計（厚生労働省）より作成)

＊1　「丙午産まれの女性は気性が激しく夫の寿命を縮める」といった迷信があり、結婚しにくい傾向があった。このため、丙年に子どもが産まれないように、意図的に妊娠・出産が抑制された。

2）高齢化

　WHO（世界保健機関）によって65歳以上は高齢者と定義されている。一般的に、総人口に対する65歳以上の高齢者人口が増加することを高齢化という。高齢化率が7％を超えると「高齢化社会」、14％を超えると「高齢社会」という。わが国は1970年に高齢化社会に、1994年に高齢社会に突入した。2006年の総人口は1億2778万人で、前年に比べて約1万人増加している。このうち高齢者人口は2576万人で全体の20％を初めて超え、2011年においては全体の約23％と、総人口に対する高齢者人口が占める割合は年々高くなっている。このように、20％を超えた現在は「超高齢社会」といわれることもある。

　高齢者のなかでも、一般的に心身機能の低下が目立つ75歳を境界とし、65〜74歳を前期高齢者（young old）、75歳以上を後期高齢者（old old）という。今後、高齢者人口は団塊の世代が後期高齢者になる2025年にかけてますます増加すると予測され、2050年には、高齢化率が38.8％にもなると見込まれている。（図4・43、4・44）

　このような高齢社会において、高齢者が夫婦あるいは単身で生活する世帯数が年々増加しており、高齢化の進行とともに今後も増加することが予想される。そのため、安心して老後を過ごせるよう、また自立した生活が送れるよう、住環境を整備・改善することはとても大切である。

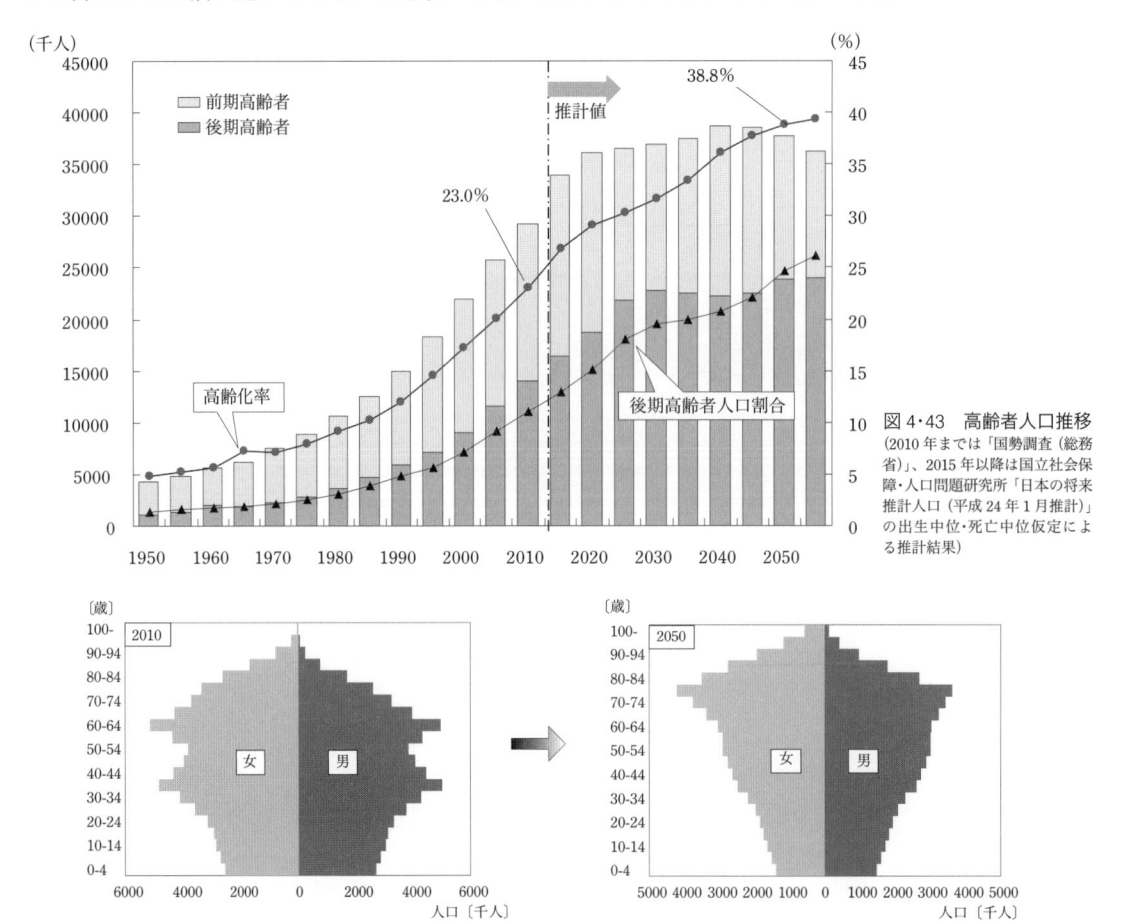

図4・43　高齢者人口推移（2010年までは「国勢調査（総務省）」、2015年以降は国立社会保障・人口問題研究所「日本の将来推計人口（平成24年1月推計）」の出生中位・死亡中位仮定による推計結果）

一般的に、出生数が多く、だんだん年齢を重ねていくうちに人口が少なくなり、ピラミッド型のグラフになる。しかし、今後は医療の発達や少子化の影響により壺型になることが予測される。

図4・44　年代別人口ピラミッド（2010年は「国勢調査（総務省）」、2050年は国立社会保障・人口問題研究所「日本の将来推計人口（平成24年1月推計）」の出生中位・死亡中位仮定による推計結果）

3) 少子・高齢化と住まい

　人口の世代別のバランスが崩れると、さまざまな弊害が生じる。特に、これまでの社会制度は著しく機能低下することが予測される。この状況を改善する施策も当然必要であるが、今の状況が続くという予想も受け止め、住環境を整備していかなければならない。

　以前は兄弟が集団遊びの原点であり、上の子が下の子に遊びを通じて様々なことを教えていた。また、一人っ子であっても近所の子どもと一緒に遊んでいた。しかし少子化が深刻化する現在では、遊びたくても兄弟がいない、近所に子どもがいないといった状況である。このような少子化社会においては、子どもが健全に成長できる、あるいは親が安心して子育てができる住環境の整備について取り組まなければならない。また、高齢者を支える世代が減少することで、高齢者自身がある程度自立した生活を行えるようにするためにも、住環境の整備は大切なことである。

　しかし、少子化、高齢化に対してそれぞれ独立して対策を講じるだけでなく、年齢や世代という枠にとらわれずに、人と人との新たな関係をつくり、社会を形成していくことも重要である。これまでの血縁、地縁に基づく地域のつながりが薄れつつあるなかで、それに代わる新しい人と人とのつながりを築いていかなければならない。その1つとして、年齢や世代にとらわれることなく、それぞれが社会の一員となって地域を支え、充実した暮らしができる「エイジレス社会」がある（図4・45）。エイジレス社会では、各年代の人々が、それまでの経験や個々の能力を生かして地域社会を形成していく。これによって、子育て世帯は地域に支えられながら安心して子育てができ、高齢者にとっても生きがいを見つけて生活することができるようになる（表4・3）。

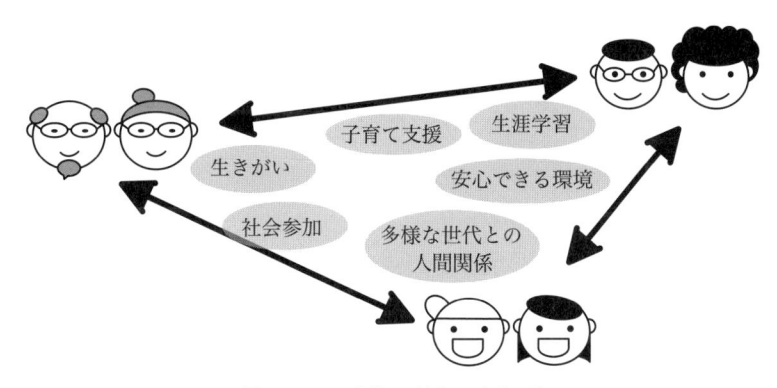

図4・45　エイジレス社会のイメージ

表4・3　地域子育て支援事業の概要

	ひろば型	センター型	児童館型
機能	常設の「つどい広場」を設け、地域の子育て支援機能の充実を図る取組を実施	地域の子育て支援情報の収集・提供を行い、子育て全般に関する専門的な支援を行う拠点として機能し、地域支援活動を実施	民間の児童館内で一定時間、つどいの場を設け、子育て支援活動従事者による地域の子育て支援のための取組を実施
基本事業	①子育て親子の交流の場の提供と交流の促進　③地域の子育て関連情報の提供	②子育て等に関する相談・援助の実施　④子育ておよび子育て支援に関する講習等の実施	
形態	①〜④の事業を子育て親子が気軽に集い、語り合い、互いに交流を図れる常設の場を設ける	①〜④の事業の実施と、地域の関係機関や子育て支援活動を行う団体等と連携して、地域に出向いた地域支援活動を実施	①〜④の事業を児童館の学齢児が来館する前の時間に、子育て中の当事者や経験者をスタッフに交えて実施
従事者	子育てに関する知識・経験を有する者（2名以上）	保育士等（2名以上）	子育てに関する知識・経験を有する者（1名以上）と児童館職員が協力する
	公共施設の空きスペース、商店街空き店舗、民家、共同住宅の一室等	保育所、医療施設等	児童館

❸ 子どもと住まい

1）からだの発達

　高度経済期を境に私たちの生活にはゆとりが生まれ、子どもを取り巻く環境も大きく変化した。4歳以上の子どものからだの発達はとても良くなっている。しかし、様々な原因によって子どものからだに生じる問題が増えている。例えば、広場や公園が安全で安心して遊べる場所でなくなっていることや、家庭用ゲーム機やインターネット、携帯電話の普及により、遊びの内容が大きく変化したことである。友達と外で走り回って遊ぶことは減り、室内でテレビゲームをして遊ぶことが増え、子どもの遊ぶ環境が外から内へシフトしている。習いごとや塾通いで、放課後の生活にゆとりがなくなっている子どもが以前に比べて増えている。この結果、運動不足やストレス、不規則な生活時間などの問題が生じ、肥満傾向が高くなる（図4・46）、捻挫・骨折をしやすくなる、視力が低下する（図4・47）、疲労を感じやすいなどの事例が増えている。

2）こころの発達

　子どもは成長するに伴ってプライバシー意識が高まる。子ども室に対する子どもの要求は「静かな場所」「一人になれる場所」「やりたいことができる場所」へと、年齢とともに変化していく。このように、子どもの自立や健全な成長を促すためにも、子ども室は重要視されてきた。しかし、自分だけの閉ざされた個室は非行の温床にもなりやすく、また、前述のように子どもを取り巻く環境が大きく変化していることも加わって、引きこもりや社会的事件に発展する場合もある。

　子どもの健全な成長を助けるためにも、子どもの成長や要求に応じて個室を設けることも大切ではあるが、家族との関係が希薄にならないように、適切な計画をしなければならない（図4・48）。

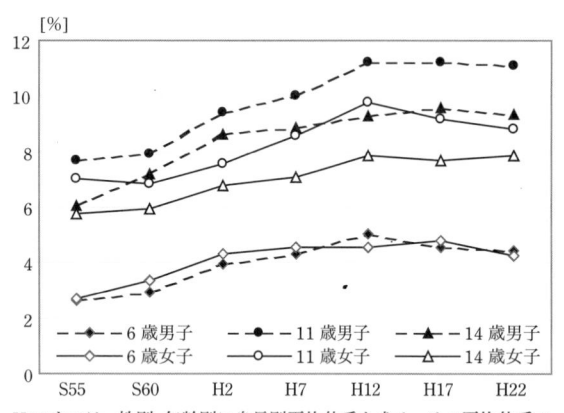

図4・46　年齢別肥満傾向児出現率の変化（平成22年学校保健統計調査（文部科学省）より作成）

H17までは、性別・年齢別に身長別平均体重を求め、その平均体重の120％以上の者。H18年からは、「肥満度＝（実測体重－身長別標準体重）／身長別標準体重×100（％）」により性別・年齢別・身長別標準体重から肥満度を求め、肥満度が20％以上の者。

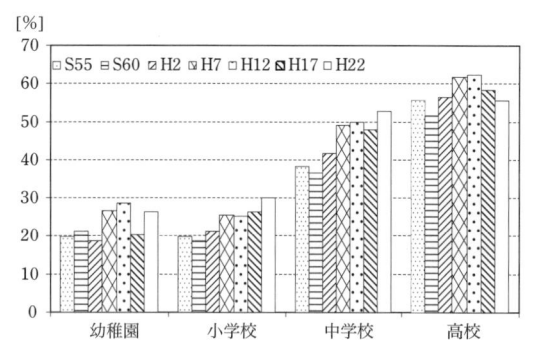

図4・47　視力1.0未満の児童・生徒の出現率の変化（平成22年学校保健統計調査（文部科学省）より作成）

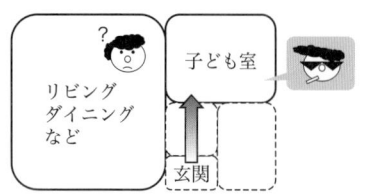

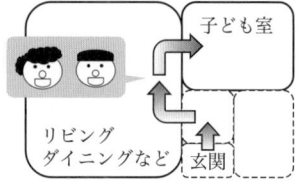

(a) 家族のいる部屋を通らずに子ども室へ入れる計画
(b) 家族のいる部屋を通って子ども室へ入る計画

玄関から家族のいる部屋を通って子ども室へ入るように計画すると、帰宅、外出時には必ず家族と顔を合わし、子どもの様子を確認することができる

図4・48　共同の空間と個室との関係

3）子どもに優しい住まい

　子どものための空間は、子どもの成長に応じて計画されなければならない。健やかに成長していくために、通風や採光を確保することや、安全な建材を用いることはとても大切である（表4・4）。

　乳幼児においては、室内遊びが活発であるためプレイルームを設けるが、いろいろな物に興味をもって触ったり、年齢によってはどんな物でも口に入れてしまったりと、家庭内事故も起こりやすい（図4・49）。そのため、プレイルームは親の目が行き届く場所に設けることがとても大切である。これは子どもにとっても、親の存在を感じられる安心感につながる。また、寝転がったり座り込んだりと、からだ全体が床などに触れることも多いので、用いる床材や家具にも配慮する。

　少年期には最小限のプライバシーを確保できるようにする。この頃の子どもは、静けさといった物理的な環境を要求する。しかし、日常生活のほとんどの行為を、完全に閉じた個室で行えるようにしてしまうのは、この年代の子どもの健全な成長のためには良くない。日常の生活行為は家族との共有空間で行うようにして、家族との会話やコミュニケーションを促すようにする（図4・50）。

表4・4　ホルムアルデヒド発散建築材料種別と表示の関係

建築基準法における種別	ホルムアルデヒド発散速度	JIS表示 JAS表示	内装仕上げの制限
第一種ホルムアルデヒド発散建築材料	0.120mg／m²h 超	ー　ー　ー	使用禁止
第二種ホルムアルデヒド発散建築材料	0.120mg／m²h 以下 0.020mg／m²h 超	F☆☆	使用面積が制限される
第三種ホルムアルデヒド発散建築材料	0.20mg／m²h 以下 0.005mg／m²h 超"	F☆☆☆	
建築基準法規制対象外	0.005mg／m²h 以下	F☆☆☆☆	制限なしで使用できる

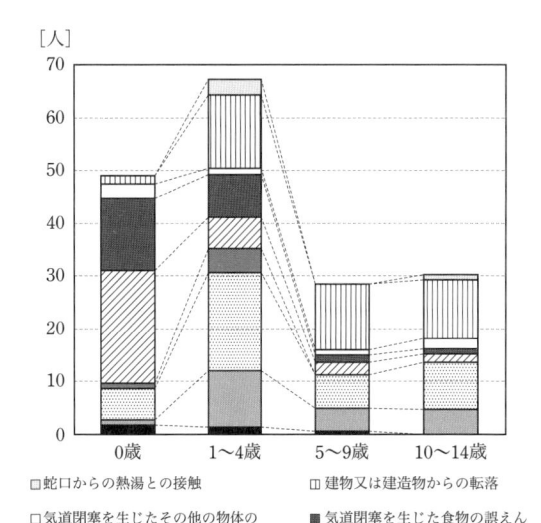

図4・49　家庭内における事故の種類別年齢別死亡数の平均（3年分）（平成20～22年人口動態統計より作成）

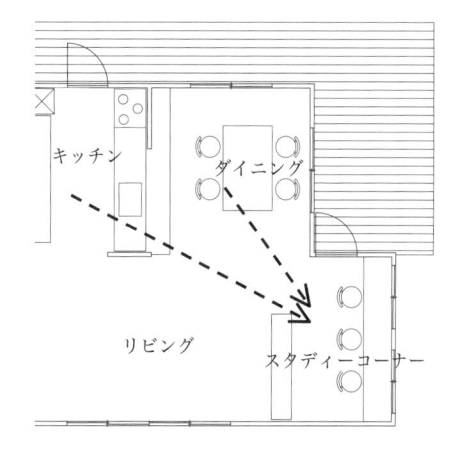

リビングやダイニングのスタディーコーナーとして子どものための空間を設けると、机に向かっていても家族の存在を身近に感じることができ、子どもにとっては安心感がある。

図4・50　スタディーコーナーの例

❹高齢者と住まい

1）加齢とからだ

　年をとるとからだの様々な機能が低下するのはごく自然のことである。高齢者のからだの変化が特別なことではなく、身近なこととして考え、理解することが大切である（図4·51）。

◆**a　心身機能の変化**　　骨の中に含まれるカルシウムは40歳代をピークに減少していく。このように骨量が減少していく症状を骨粗鬆症といい、打撲や転倒で骨折しやすくなる。また、記憶力の低下も高齢者の身体の大きな変化である。特に短期の記憶力が低下し、新しいことを覚えにくくなる。さっきしたことや言ったことを忘れても、過去のことをよく覚えているため、介護者が混乱しやすい。

◆**b　運動機能の変化**　　運動を行う際には、感覚器官から脳、脳から運動器官への連絡が絶えず行われている。しかし、これらの器官を働かせるための心臓や肺などの内臓は、加齢とともにその機能が低下していき、運動機能低下につながる。運動機能低下によって出てくる障害には、単なる加齢によるものと、何らかの疾病の兆候の場合とがある。加齢による運動機能障害は、主に筋力、関節の可動性に影響がある。

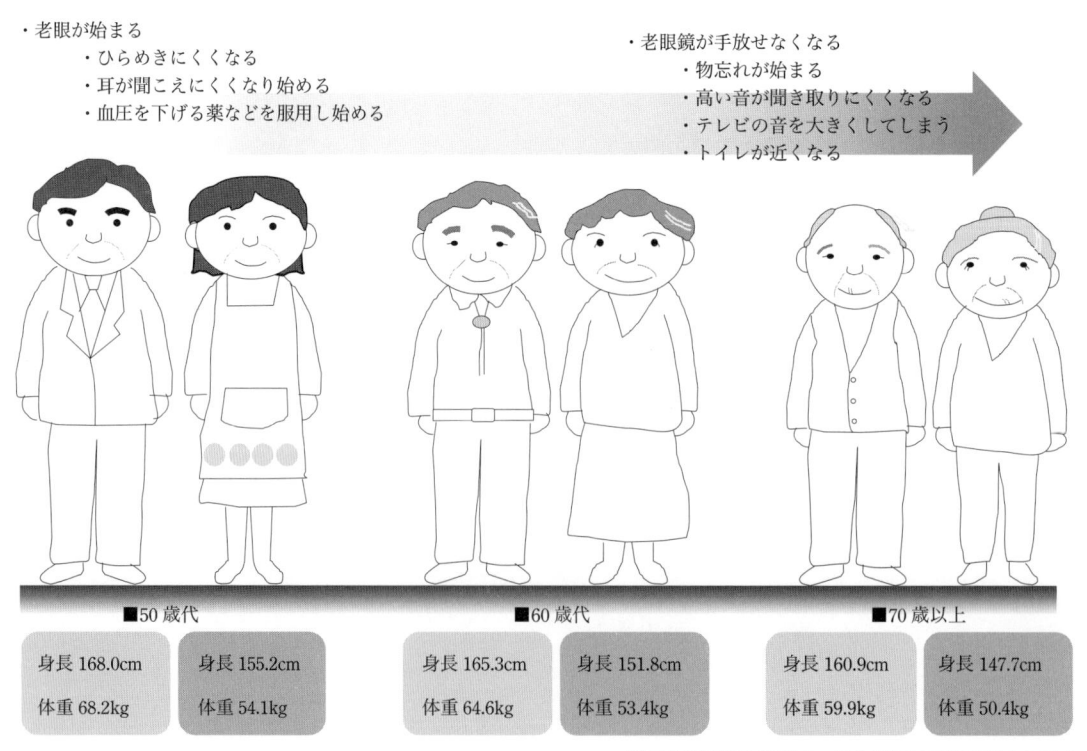

・老眼が始まる
　・ひらめきにくくなる
　・耳が聞こえにくくなり始める
　・血圧を下げる薬などを服用し始める

・老眼鏡が手放せなくなる
　・物忘れが始まる
　・高い音が聞き取りにくくなる
　・テレビの音を大きくしてしまう
　・トイレが近くなる

■50歳代
身長 168.0cm　体重 68.2kg
身長 155.2cm　体重 54.1kg

■60歳代
身長 165.3cm　体重 64.6kg
身長 151.8cm　体重 53.4kg

■70歳以上
身長 160.9cm　体重 59.9kg
身長 147.7cm　体重 50.4kg

※体の変化には個人差があり、ここに記したのは代表的なものである。

図4·51　年齢と体の変化（身長・体重は平成22年国民健康・栄養調査（厚生労働省）より）

◆ c 視覚機能の変化　視力も加齢とともに低下していく。図4・52のように、加齢とともに水晶体の弾力が失われ、近くにあるものにピントが合わなくなる。これを老眼といい、約30〜40cmより近くが見えにくくなる。また、加齢とともに水晶体が白濁・黄変し、これが進行した状態を白内障という。60歳代で約8割、70歳代で9割、80歳代でほとんどの人にみられ、曇りガラスを通して見ているような見え方になる（図4・53）。水晶体が白濁すると、光が水晶体を透過する際に眼内で散乱するため、直接光源が視界の中に入るとまぶしかったり、不快に感じたりする。この現象をグレア過敏といい、加齢とともに強くなり、20歳の人と比べ70歳では2倍、80歳では3倍まぶしいと感じるようになる。一般的に明るい場所では視力が高くなるが、高齢者の場合には、明るすぎるとグレア過敏によって逆に見えにくくなることもある。明るいところから暗いところへ移ると、最初は周囲の状況がわからないが次第に目が慣れてきて、見えるようになってくる。この現象を暗順応といい、一般的に高齢者は暗順応に要する時間が長くなり、順応する力も低下する。従って、暗い場所では物が見えにくくなる。また、高齢者は色の識別能力も低下し、淡い色や暗い色の区別がつきにくくなる。

◆ d 聴覚機能の変化　加齢とともに、耳に入ってくる音が小さくなり、高い音が聞こえにくくなる。そのため、電話の呼び出し音や、水道が流れている音などが聞こえにくくなる（図4・54）。

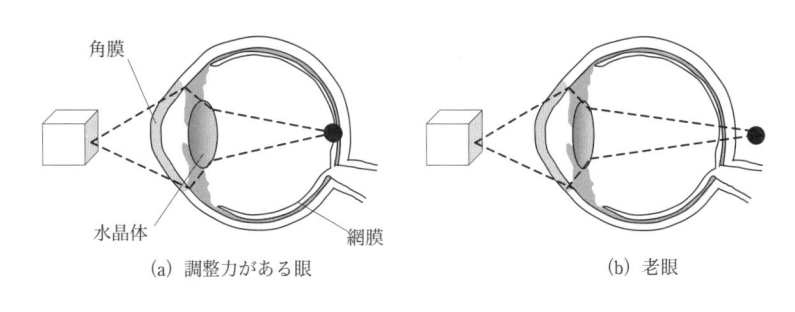

(a) 調整力がある眼　　(b) 老眼

調整力がある場合の水晶体は、ピントを合わせるために、近くを見る時には厚く、遠くを見る時には薄くなる。それが、加齢とともに水晶体の弾力が失われ、厚さの調整力が低下すると、近くを見る時にも水晶体が薄い状態になるため、近くの物にピントを合わせられなくなる。

図4・52　眼の構造

(a) 通常の見え方

(b) 白内障の場合の見え方

図4・53　白内障の見え方

高齢者にとっては聞こえやすい大きさでも、一緒に生活する家族にとっては大きすぎる騒音となる場合がある。

図4・54　音の聞こえ方の違い

2) 高齢者の住まい

　高齢者の一人暮らしや夫婦だけの世帯が増えるなかで、高齢者の住まいは多様化している。「終の棲家」として、都会の便利さを求める人、田舎の自然と静けさを求める人、住み慣れた地域・住まいに住み続けることを望む人、施設で過ごすことを望む人など、それぞれの価値観やライフスタイルも多様化している。このような要求を受け、高齢者の住まいは図4・55、表4・5のようにたくさんの種類があり、その選択肢は広がっている。

　住みなれた家、地域で生活できることが理想的ではあるが、疾病や障害によって居住の継続が困難になり、転居しなければならない場合もある。住み慣れた住まいを離れ、新しい場所で生活を始めるというのは、年齢を問わず誰もが不安に思うものであり、とりわけ高齢者にとってその不安は、はかりしれない。また、加齢と共に社会への適応能力は低下すると言われており、新しい場所での生活に対応できず、家の中に閉じこもりがちになり元気を失くすこともある。また、その状態が長くなると認知症を引き起こす原因にもなる。できるだけ現在の環境で生活し続けるためにも、早い時期から住環境の整備を進めておくことが必要である。

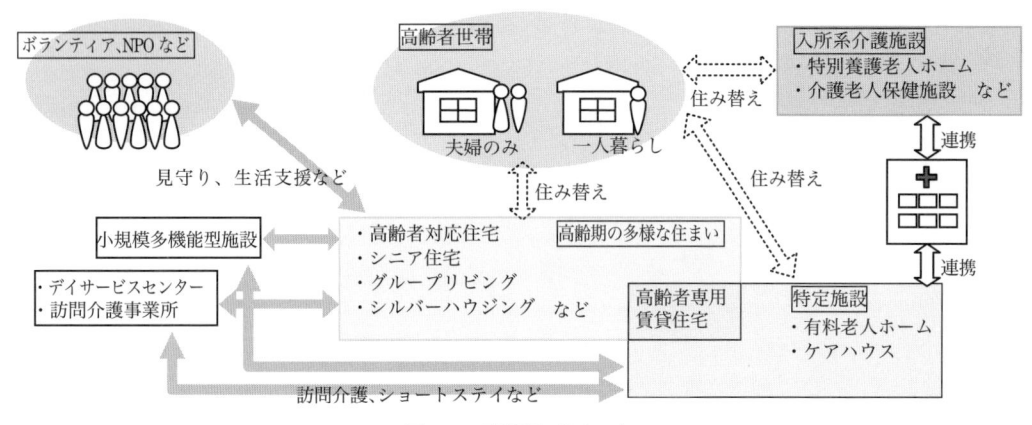

図4・55　高齢期の住まい方

表4・5　おもな高齢者向け居住施設と概要

区分		種類	概要
高齢者住宅	自立した生活を送れる	サービス付き高齢者向け住宅	高齢者の居住の安定を確保することを目的とし、バリアフリーなどの設計や構造に関すること、安否確認や生活相談などの入居者へのサービスに関すること、契約内容に関することの3つの基準を満たし、都道府県に登録された住宅。
		シルバーハウジング	ライフサポートアドバイザー（LSA）による日常支援サービスの提供が行われる。地域の中で安心、快適に生活できるよう配慮された公共賃貸住宅。
		シニア住宅	住宅・都市整備公団や地方住宅供給公社などによって供給される住宅。生活相談や緊急時対応などの必要最低限なサービスは提供され、食事や介護サービスはオプションとして受けられる。食堂などの共同施設が充実しているのが特長。
		コレクティブハウス	個人の住居スペースとは別に共同のリビングやダイニング、キッチンなどがあり、そこに住まう居住者同士が助け合い、交流しながら生活するための集合住宅。
		グループリビング	高齢者が身体機能の低下を補うために、5〜9人の居住者が互いに協力し助け合いながら住まう居住形態。一人での生活に不安がある人や、気の合う友人同士で一緒に生活するのが特長。
	日常生活で介護を要する	認知症高齢者グループホーム	要介護状態の認知症高齢者が5〜9人という家庭的な環境で生活しながら痴呆の進行を緩和する。掃除、食事の準備、洗濯などをスタッフや他の利用者と協力して行い、また、入浴、排泄などの日常生活における介護、世話を受けながら生活する施設。
施設	自立した生活を送れる	ケアハウス	様々な事情によって、家族で世話するのが困難な場合に、食事や日常生活の世話を提供する、居住機能と福祉機能を併せ持つ施設。個室に入居できるのでプライバシーと自立した生活が確保される。
		有料老人ホーム	常時110人以上の高齢者が入所しており、食事や日常生活上必要なサービスをが提供される。
	常時介護を要する	特別養護老人ホーム（介護老人福祉施設）	常時介護が必要で、在宅で必要な介護を受ける事が困難な場合に入所する施設。入浴や排泄などの日常生活のサポートを受けられる。入所希望者が多く、長くて数年待たされることもある。
	自立と家庭復帰を目的とする	介護老人保健施設（老人保健施設）	病院と施設の間に位置付けられ、リハビリや介護・看護を通じて、入所者の心身の自立と家庭復帰を目的とする施設。入所できる期間は3ヶ月と限られている。

これまでのわが国の住宅は、道路から玄関までのアプローチ、玄関の上がり框、部屋の出入り口の敷居など段差が多く、身体の状況に応じて整備を行う必要がある（図4・56、4・57、4・58）。手すりを設ける場合、手すりへの荷重のかかりかたに注意して、設置する位置や方向を決める（表4・6）。手すりの太さは32〜36mm程度、取り付ける高さは一般的に750〜800mm程度である（図4・59）。

　室の明るさについても、若年者より暗く感じやすいため、照度の低い状況では若年者よりも高い照度が必要となる。明るさの変化に関して適応する能力が低下しているため、室全体を明るくするのではなく、補助的に局部照明を用いて必要な照度を確保する。グレア過敏に対しては、直接光源が視界に入らないように、照明器具の位置を決めるが、偏光サングラスの着用が効果的である。身体機能が低下しているので器具の操作性についても配慮し、移動せずに操作ができるリモコン機能や、人が近づくと電源が入る人感スイッチ、コンセントに付随した足元灯で足元を照らすことなどが必要である。また、段差や階段、非常口などについても、コントラストの大きい色を用いて視認性を高めたり、眼を引き付けやすい誘目性の高い色を用いるなど、安全性を高めることが大切である。

　現在の住まいを改修する場合、費用についての問題が出てくるが、高齢者住宅の改修支援事業には介護保険の住宅改修制度と自治体の助成制度が利用できる。また、福祉用具の使用によって生活しやすい環境を整備することができる。

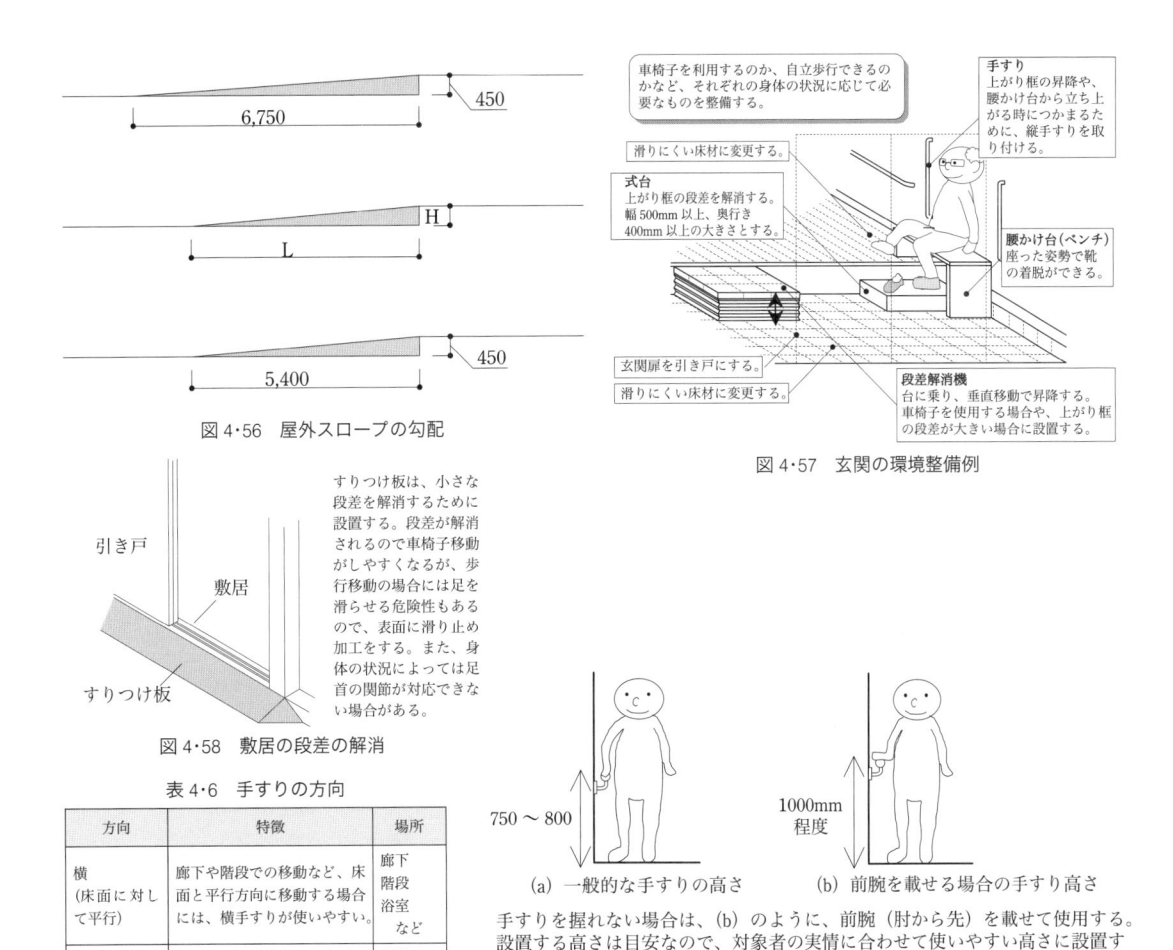

図4・56　屋外スロープの勾配

図4・57　玄関の環境整備例

図4・58　敷居の段差の解消

表4・6　手すりの方向

方向	特徴	場所
横（床面に対して平行）	廊下や階段での移動など、床面と平行方向に移動する場合には、横手すりが使いやすい。	廊下階段浴室など
縦（床面に対して垂直）	立ち上がり動作など、床面に対して垂直方向に動く場合には縦手すりが使いやすい。	玄関トイレなど

(a) 一般的な手すりの高さ　750〜800

(b) 前腕を載せる場合の手すり高さ　1000mm程度

手すりを握れない場合は、(b) のように、前腕（肘から先）を載せて使用する。設置する高さは目安なので、対象者の実情に合わせて使いやすい高さに設置することが大切である。

図4・59　手すりの高さ

❺ 障がい者と住まい

　障害者基本法において障がい者とは「身体障害、知的障害、精神障害（発達障害を含む。）その他の心身の機能の障害がある者であつて、障害及び社会的障壁により継続的に日常生活又は社会生活に相当な制限を受ける状態にあるものをいう」と定義されている。

　厚生労働省の身体障害児・者実態調査では、身体障がいの種類を、肢体不自由、内部障害、視覚障害、聴覚・言語障害、重複障害に分類している。身体障がいが出る原因として、図4・60のように18歳未満の身体障がい児では出生時における何らかの損傷が原因になる場合が多いが、18歳以上では疾患や交通事故、労働災害などの事故が原因になる場合が多い。

　わが国の障がい者の数は年々増加しており、これは70歳以上の高齢者の障がい者数の増加によるものである（図4・61）。また、知的障がいのある者は、基本的な運動能力が発達していない場合があり、日常生活に支障が生じることも多い。いずれの場合も個々の実情に応じた援助や環境の整備が必要である。

1）肢体不自由者と住まい

　上肢切断、上肢機能障がい、下肢切断、下肢機能障がい、体幹における機能障がい及び運動の機能障がいを肢体不自由という。事故、スポーツによって脊椎を損傷し、今まで元気だった人が突然、障がいをもつことや、様々な疾病によって障がいが進行していく場合など、その原因は多様である（表4・7）。また、脳性麻痺による場合は、肢体不自由だけでなく、いくつかの障がいをあわせもつ重複障がいの傾向が高い。

　肢体不自由者の多くは、移動に問題を抱えるので、車いすを使用する場合には、動きがスムーズに行えるように十分な広さを確保する（図4・62）。

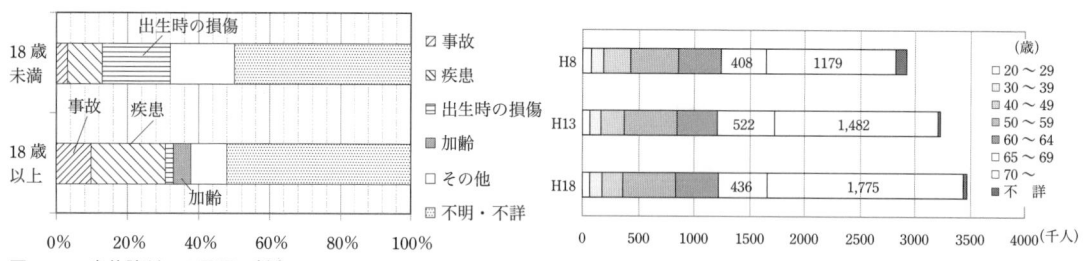

図4・60　身体障がいの原因の割合（平成18年身体障害児・者実態調査（厚生労働省）より作成）

図4・61　年齢階級別にみた身体障がい者数の変化（身体障害児・者実態調査（厚生労働省）より作成）

表4・7　肢体不自由になりうる主な疾病

疾　病	特　徴
脳血管疾患	脳出血、クモ膜下出血、脳梗塞等の総称。片麻痺になることが多く、感覚障害、失語症、平衡機能障害等を生じる。
パーキンソン病	動作が緩慢になったりするため、姿勢を保持することが難しく転倒しやすくなる。また、はじめ一歩が出にくくなるすくみ足等の歩行障害も起こる。
慢性関節リウマチ	手の指から肘・肩、膝・股関節まで、あらゆる関節に腫れや痛みが徐々に進行し、変形する。階段の昇降や手すりを握ることが困難になるので、室内段差の解消、手すりの位置や太さへの配慮が必要になる。
骨粗鬆症	骨量の減少によって骨折しやすくなる。尻もちをついて脊椎を圧迫骨折すると、脊柱の変形を引き起こす。
変形性関節症	左右の膝や股関節の変形によって、疼痛、歩行障害が起こり、関節を動かせる範囲が減少する。そのため、立ち上がり動作、階段昇降、長距離歩行が困難になる。

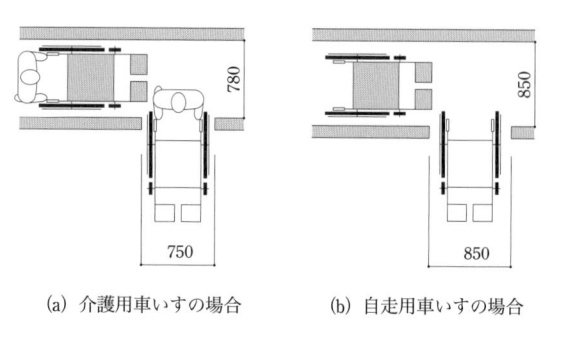

(a) 介護用車いすの場合　　(b) 自走用車いすの場合

図4・62　車いすが通行可能な幅員

排泄行為は日常生活を送るなかで必要不可欠な行為であり、人間としての尊厳に大きく関わる。もっとも自立したい行為であるが、現在の住宅では、十分なスペースが確保されておらず、出入り口の幅も他の居室よりも狭いなどの問題が多い。肢体不自由者ができるだけ自力でトイレに行ける環境づくりが大切である。

　歩行可能で排泄行為を自立して行う場合は、内法 750mm×1,200mm 程度の通常のトイレのサイズで良いが、奥行きを 1,650mm 程度確保しておくとよりゆったりと立ち座りの動作ができる。また、介助が必要な場合は、図 4・63 のように介助スペースを確保する。改装が必要になってからではなく、将来のことを考えて十分な広さを確保したトイレを設計しておくのも良い。その場合には、洗面カウンターや手洗いカウンターを設けておき、介助が必要になった時に撤去したり、図 4・64 のようにトイレと洗面・脱衣室を隣接させておき、必要になった時にトイレと洗面・脱衣室の間の壁を取り除くということが考えられる。

　四肢機能の状態によっては、洋式の便器でも立ち座りがスムーズに行えない場合も多い。そのため、周囲にある窓枠や、便器の縁などにつかまって立ち座りを行うこともあるが、危険が伴うことが予想される。一連の排泄行為をスムーズに行えるように適切な手すりを設置する（図 4・65）。トイレの手すりには、立ち座り用の縦手すり、座位保持用の横手すり、これら両方の機能を持つＬ字型手すりなどがあり、その太さはしっかり握れるように 28～32mm 程度の少し細いものが望ましい。

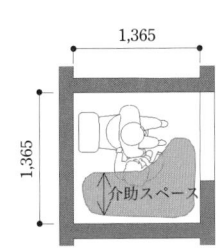

介助が必要な場合は、便器の側方および前方に 500mm 以上の介助スペースを確保する。奥行きが壁芯－芯で 1,820mm ある場合は、側方介助より前方介助が行いやすい。

図 4・63　介助スペースの確保

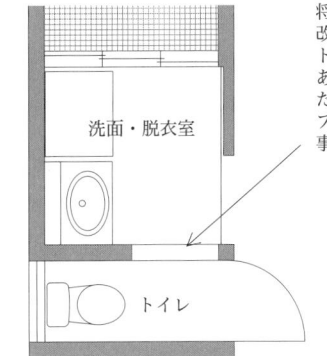

将来壁を取り外せるように非耐力壁としておき、改築が必要になった時に壁を取り外し、トイレと洗面・脱衣室が一室になるように、あらかじめ計画しておく。
ただし、同居家族と共用する場合はプライバシーの問題などが生じるため、事前によく相談する必要がある。

図 4・64　壁を撤去して介助スペースを確保する例

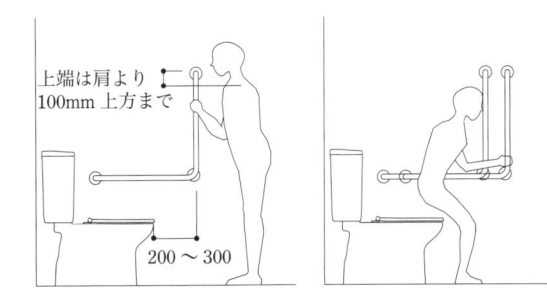

上端は肩より 100mm 上方まで
200～300

縦手すりは、便器の先端より 200～300mm の位置が一般的に使いやすい。ただし、身体機能が低下するにつれて縦手すりの位置は、便器から遠い位置・低い位置が使いやすくなるので、対象者の身体状況に応じて設置する。

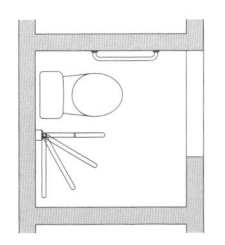

(a) Ｌ字型手すり

便器の両側に手すりを固定してしまうと、移動や介助の邪魔になってしまう場合もあるので、片方は回転式手すりやはね上げ式手すりなど、可動式の横手すりとする（上図は回転式手すり）。

(b) 可動式手すり

図 4・65　手すりの例

2）視覚障がい者と住まい

　視覚障がいとは視力及び視野に障がいを有しているものをいい、身体障がい者手帳交付対象者は、障がい等級1級から6級まである（表4・8）。また、WHOは「両眼に眼鏡を装用して視力測定を行い、0.05～0.3未満をロービジョン（low vision）」と定義している。厚生労働省の身体障害児・者実態調査（2006年）では、65歳以上の視覚障がい者は18万6000人と、10年前に比べ1万人以上増加し、今後も加齢によるものが増加すると予想される。

　私たちが日々生活するなかで、大脳で処理する情報の80%は視覚情報だといわれ（p.76、図3・33参照）、視覚障がい者の場合は残りの20%で情報を処理し、生活しなければならない。そのため、視覚障がい者は聴覚や触覚などが優れている場合が多く、そこに着目して住環境を整備していく。例えば、空間によって天井の高さに変化をつけると、反響音が変わり空間を認識しやすくなる（図4・66）。また、足ざわりに変化をつけることも有効である。木材の床では、微妙な振動やたわみを感じることで空間の違いや人の接近を認識できる。

　街中では、危険の可能性、歩行方向の変更などを示すために誘導点字ブロックが古くから設置されている。これまでこの誘導点字ブロックは、設置される場所によってサイズや色なども様々であったが、視覚障がい者の安全性の確保などを図るため、突起の形状や大きさ、配列が、2001年にJISで規格化された（図4・67）。誘導点字ブロックの色は、弱視者や視野狭窄の人が認識しやすいように目立つ黄色が標準色となっているが、街のデザインとして違和感がある場合には、併用する床の色とコントラストの大きい色を選択するようにする。ただし、視覚障がい者の中には、特定の色の見え方や感じ方が異なる人があるので、色だけでなく、文字やサインなどが明確に識別できるように情報を提示することも大切である（図4・68）。

表4・8　視覚障がいの級別視力

級	
1級	両眼の視力（万国式試視力表によって測ったものをいい、屈折異常のある者については、矯正視力について測ったものをいう。以下同じ。）の和が0.01以下のもの
2級	・両眼の視力の和が0.02以上0.04以下のもの ・両眼の視野がそれぞれ10度以内でかつ両眼による視野について視能率による損失率が95%以上のもの
3級	・両眼の視力の和が0.05以上0.08以下のもの ・両眼の視野がそれぞれ10度以内でかつ両眼による損失率が90%以上のもの
4級	・両眼の視力の和が0.09以上0.12以下のもの ・両眼の視野がそれぞれ10度以内のもの
5級	・両眼の視力の和が0.13以上0.2以下のもの ・両眼による視野の2分の1以上が欠けているもの
6級	一眼の視力が0.02以下、他眼の視力が0.6以下のもので、両眼の視力の和が0.2を越えるもの

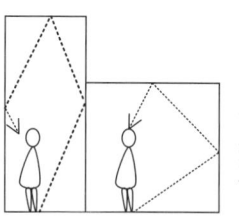

天状高と床材を変えることで、反響音が変化し、自分の居場所がわかる。

図4・66　天井高さと反響音のイメージ

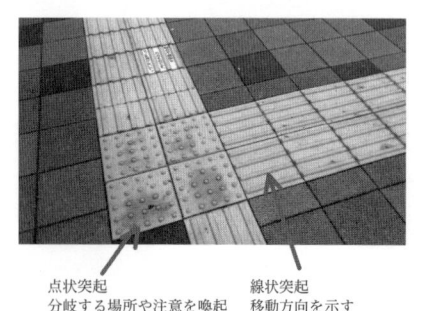

点状突起
分岐する場所や注意を喚起する場所に設けられる。

線状突起
移動方向を示す
（長手方向が移動方向）

図4・67　誘導点字ブロック

【わかりにくい時刻表】

10	0	5	10	15
11		5	15	20
12	3	6	10	12
13	3	6	10	12

黒字：普通　青字：準急　赤字：急行

【わかりやすい時刻表】

10	0	5	10	15
11		5	15	20
12	3	6	10	12
13	3	6	10	12

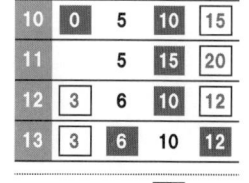

00 普通　00 準急
00 急行

図4・68　表記方法を工夫した時刻表の例

3）聴覚・言語障がい者と住まい

　聴覚・言語障がいとは、聴力損失による障がい、身体のバランスがとりにくい平衡機能の障がい、および音声・言語・そしゃくの機能障がいをいう。聴覚障がいには、発症した時期によって次の2つに大別できる。生まれつき聴力に障害のあるものを「先天性」、突発性疾患や頭部外傷、騒音、加齢などによって聴覚組織に損傷を受けたものを「後天性」という。また、聴覚障がい者には、音声言語を獲得した後に聞こえなくなった「中途失聴者」、聞こえにくいが聴力が残っている「難聴者」、音声言語を獲得する前に失聴し、手話を第一言語としている「ろうあ者」とがいるが、一見してその障がいがわからないため、周囲の人に気付いてもらえないことが多い。また、街頭では、放送や呼びかけに気付かないこともあり、適切な行動が取れず、不自由さを感じるだけでなく、危険な目に遭うこともある。

　聴覚障がい者にとっては視覚からの情報が大切である。駅や病院では、アナウンスと同時に案内を電子表示するなど、公共施設内での音声と文字情報の併用が普及してきている（図4・69）。また、図4・70のような一目でわかりやすいピクトグラムやサイン計画を行い、自立生活が可能な社会をつくっていかなければならい。そうすることで、聴覚障がい者にとってだけでなく、子どもや外国人などにとっても簡単に情報を得られるユニバーサルデザインにもつながる。

図4・69　音声と文字情報の併用例

用いられる文字は、遠くからでもわかりやすいように、ゴシック体が用いられることが多い。また、わが国では、日本語に英語と中国語、韓国語が併記されていることが多い。

図4・70　様々なピクトグラムとサイン計画

4）内部障がい者と住まい

　内部障がいとは、WHO（世界保健機関）によって提唱された機能障がいで、心臓・腎臓・呼吸器・膀胱・直腸・小腸などの機能障がいの総称である。わが国では身体障害者福祉法で、心臓機能障がい、腎臓機能障がい、呼吸機能障がい、膀胱・直腸機能障がい、小腸機能障がい、ヒト免疫不全ウイルス（HIV）による免疫機能障がい、肝機能障がいの7つを内部障がいとしている（表4・9）。平成18年版の「身体障害児・者実態調査」によると、身体障がい者の約31％が内部障がい者であり、他の障がいに比べ、年々増加する傾向にある。心臓機能障がいや呼吸機能障がいによって疲れやすく、また運動機能も低下しているため、立ち続けること、重い荷物をもつこと、走ることなどで通常よりも体力を消耗しやすいが、外見では障がいの有無がわからず、社会で生活するうえで理解されにくく誤解を受けやすい。

　呼吸機能障がいに対しては、1985年に在宅酸素療法（HOT）が医療保険適用となり、酸素療法や人口呼吸器を装着しながら自宅で生活できるようになった。しかしその際には、自宅の住環境を再整備しなければならない。たとえば、この療法は常時酸素を使用しているので、火気のある器具は利用できず、台所では電磁調理器を設置する。

　内部障がい者のうち、直腸がんや膀胱がんなどが原因で腹部にストーマと呼ばれる人工肛門や人工膀胱をつけている人（オストメイト）が、わが国には約20～30万人いると言われる。オストメイトの人たちは便意や尿意を感じたり、調整したりするための括約筋がないため、便や尿をためておくための袋（パウチ）を腹部に装着している。パウチに溜まった排泄物は一定時間ごとに捨て、その時にパウチや腹部を洗浄する必要がある。そのために、図4・71のような汚物流し台やシャワーを備えたオストメイト対応トイレが設置されるようになっている。

表4・9　7つの機能障がいの症状

心臓機能障がい	心筋梗塞、狭心症や高度な不整脈などの疾患のために、心臓の機能が低下してしまうもの。薬物療法や手術、ペースメーカーの埋め込みなどで症状が安定するが、一般的に動悸、息切れなど体力が消耗しやすいので風邪をはじめ他の病気を併発しやすい。
腎臓機能障がい	慢性腎不全、糖尿病性腎症などの疾患のために腎臓の機能が低下してしまうもの。疲れやすいといった症状がある。薬物療法、食事、適度な運動などによって症状が改善されるが、それが難しい場合は人工透析が行われる。
呼吸機能障がい	肺結核後遺症、肺気腫、慢性気管支炎などの疾患によって、肺呼吸が不十分で肺胞内のガス交換が妨げられるもの。慢性的な呼吸不全や息切れ、咳などの症状がある。日常生活においても階段の上り下りなどが負担になる場合もあり、外出する事が困難な人もいる。
膀胱・直腸機能障がい	脊髄損傷、先天性奇形、悪性腫瘍などの疾患のために、膀胱・直腸の機能が低下または喪失し、排泄機能が妨げられるもの。排尿・排泄のコントロールやストーマのケアなどができれば日常生活が送れる。
小腸機能障がい	小腸軸捻転、先天性小腸閉塞症などの疾患による小腸機能の低下または喪失のために、栄養の維持が困難になるもの。消化・吸収をつかさどる機能が低下するため、食事制限が必要となる。症状によっては食物を一切摂取できず、静脈への注射で栄養を補給しなければならない人もいる。
ヒト免疫不全ウイルスによる免疫機能障がい	HIV感染によって免疫機能が低下するもの。ウイルスや細菌などの弱い菌からでも病気になりやすい。また、脳や神経に症状が出る場合もある。症状が比較的安定していれば、薬物療法や生活リズムを整える事によって日常生活も送れるようになる。
肝臓機能障がい	肝臓が何らかの異常によって、正常に機能しなくなるもの。肝臓は「沈黙の臓器」と呼ばれるほど症状現れにくく、進行すると全身倦怠感・食欲不振・黄疸などの症状が現れる。そのまま放置し続けると、肝硬変、肝炎などに進行する恐れがある。

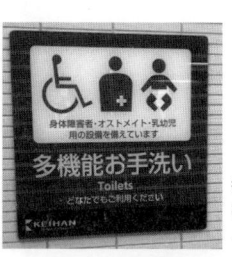

多機能トイレの入り口に設置されるオストメイトサイン（中央の図）

(a) オストメイトサイン

腹部の清拭・洗浄や、衣服・使用済みストーマ装具の洗濯などが行われる。また、ストーマ装具の装着・交換のために、流し台の上部にカウンターを設け、作業台にできるのが望ましい。

(b) 汚物流し台

図4・71　オストメイト対応トイレ

5）知的障がい者と住まい

わが国には知的障がいについての明確な定義づけがない。学術的に広く用いられているアメリカ精神遅滞学会（AAMR）の定義では、「知的機能の障がいが発達期（おおよそ18歳まで）に現れ、適応行動の困難がともなうこと」とされている。知的障がいの程度は表4・10のようにIQなどによって分類されているが、好きなことや得意なこと、できることに個人差があることに留意しなければならない。

知的障がい者の住まいでは、あらかじめ危険を取り除いておくことが重要である。知的障がい者の中には、運動機能や身体機能が低下していること、危険を察知しにくいこともあり、住まいのなかでも転倒したり、怪我をしたりしやすい。そのため、滑りにくい床材を用いたり、水洗器具に自動温度調節装置を導入する。また、文字が理解できない場合には、トイレや水洗器具、調理器具などの使い方が一目でわかるよう絵で示しておくと理解しやすい。

知的障がい者に社会を認知させるためには、視覚、聴覚、触覚、嗅覚、味覚といった五感に直接働きかけることが最も大切である。1970年代の中頃にオランダにある知的障がいをもつ人への施設で生まれたのが「スヌーズレン（snoezelen）」である。図4・72のような、ミラーボールやバブルチューブ、アロマオイルなどのスヌーズレン機器が設置された部屋で一定時間過ごし、光や音、振動、香りなどを感じることで、五感が総合的に刺激され、心地良く、リラックスすることができる。

わが国では1990年代から重症心身障がい児・者施設や知的障がい児・者施設を中心に広がっていった。現在では特別支援教育の現場に導入されることもあり、認知行動の発育支援にもつながっている。

表4・10　知的障がいの程度

	IQ	IQの発達段階	行動
軽度	51～70	8歳～11歳	・身の回りの始末はできる ・日常会話はできるが、込み入った話は困難 ・社会生活の決まりにある程度従って行動できる ・文字は不十分ながら読めるが内容の理解は難しい ・簡単な作業であれば可能
中度	36～50	5歳半～8歳	・身の回りの始末はできる ・日常会話はある程度可能 ・簡単な社会生活の決まりはある程度理解できる ・簡単な漢字のある文章が読める ・監督のもとで簡単な作業ができる
重度	21～35	3歳～5歳半	・身の回りの始末はなんとかできる ・簡単な日常会話がなんとかできる ・監督のもとでならある程度の集団行動ができる ・ひらがなの簡単な読み書きができる ・単純作業はなんとかできる
最重度	～20	3歳以下	・他人の助けを借りなければ身の回りの始末ができない ・単純な意思表示しかできない ・散歩程度の集団行動なら可能 ・読み書きはできない ・単純作業が困難

(a) ミラーボール

(b) バブルチューブ

図4・72　スヌーズレンの実例（姫路獨協大学プレイルーム）（写真提供：姫路獨協大学医療保健学部　太田篤志氏）

❻自立支援の工夫

　高齢者や障がい者が自立した生活を送るためには、用具の上手な活用が有効である。また、用具の利用によって介護負担を減らすこともできる。高齢者や障がい者の身体機能を補い、自立を促すために高齢者や障がい者に合わせて作られた用具を「福祉用具」という。

　これに対し、特定の人にだけでなく、誰もが使いやすいようにデザインされた用具は「共用品」と言われ、英語では「アクセシブルデザイン」という（図4・73）。

　共用品には、次の5原則が定められている。

①多様な人々の身体・知覚特性に対応しやすい。
②視覚・聴覚・触覚などの複数の方法により、わかりやすくコミュニケーションができる。
③直感的でわかりやすく、心理負担が少なく、操作・利用できる。
④弱い力で扱える、移動・接近が楽など、身体的負担が少なく、利用しやすい。
⑤素材・構造・機能・手順・環境などが配慮され、安全に利用できる。

　このような用具を活用することは、日常の不便さやバリアを解決し、人々が自立した生活を送ることや社会参加への一つの手助けになる。

(a) シャンプー、リンスの容器の凹凸
同じような容器であるが、シャンプー容器の側面にだけ、凹凸がつけられており、触っただけでシャンプーとリンスの区別ができる。

(b) 牛乳パックの切欠き
同じような形の紙パックは多いが、切欠きがあることで牛乳と判断できる。また、切欠きの反対側が開け口になっている。

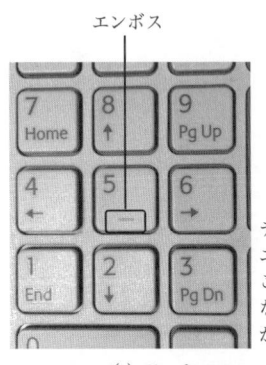

(c) テンキーのエンボス
テンキーの「5」にエンボスをつけることで、手元を見なくても位置がわかる。

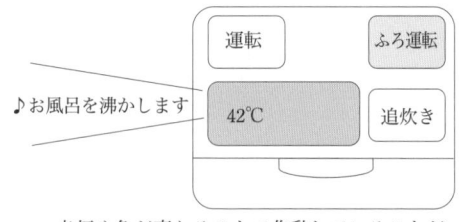

(d) ガス給湯器の操作パネル
点灯や色が変わることで作動していることがわかる。また、メロディーや音声で知らせてくれる。

(e) 自動点灯の足元灯
特別な操作をしなくても、周囲の暗さに反応して、点灯する。

(f) ノンステップバス
車体が傾きスロープが出てくるので、車椅子のままで乗車できる。

図4・73　共用品の実例

第5章　住まいをとりまく環境

5・1　まちの環境

　居住空間は、建物の居室や廊下などの内部空間、庇の下や中庭などの半屋外空間、道路・広場・公園などの外部空間から構成され、これらを連続的にとらえることが大切である。内部空間（図5・1）はそれぞれの空間が互いに連続または独立して機能し、さらに半屋外空間や外部空間などにつながっていく。

　ヨーロッパの街では、外部空間の一画がカフェや市場などのコミュニティ空間となり（図5・2）、中庭などの半屋外空間（図5・3）は子供の遊び場や大人の集いの場になるなど、内外の空間は一体となってそれぞれの役割を果たし生活の中に溶け込んでいる。良好なまちづくりをするには、その地域の実態を把握し、課題を明確にしたうえで目標を定め、公共空間をデザインしていくことが必要である。

❶ まちづくりのきまり

　良好なまちづくりを行うためのきまりには、建築基準法など国が定める法律、都道府県が定める都市計画、市町村が定める地区計画や地方レベルの条例、住民・まちづくり支援団体（NPO）からの提案制度、地権者が定める建築協定などがある。

1）建築基準法の集団規定

　建物が密集して建てられた場合、火災や地震が発生すると被害が広範囲に拡がるおそれがある。また、高い建物は周辺地域に圧迫感を与えたり、日影を生じ日照を奪うことがある。このようなことを防ぐために、建物を集団としてとらえ、建物の用途、形態、規模、敷地と道路の関係などに制限を加えることにより、都市の環境や機能を守る必要がある。そのため、いろいろなルールを定め、安全で安心して暮らせるまちの環境を確保できるようにしている。これらは建築基準法の集団規定（図5・4）と呼ばれるもので、都市計画区域内[*1]および準都市計画区域内[*2]に限り適用される。

図5・1　内部空間

図5・2　外部空間

図5・3　半屋外空間

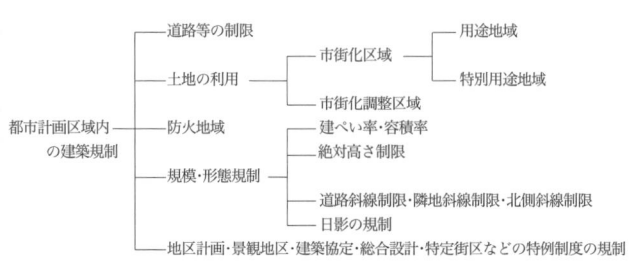

図5・4　集団規定の概要

[*1] 都市計画区域：一体の都市として総合的に整備、開発、保全する必要がある区域。都道府県が指定する。
[*2] 準都市計画区域：都市計画区域に指定されていないが、すでに市街化が進行していたり、今後進行する可能性が大きいとみられる区域において、無秩序な開発を防止し、良好な環境を維持するために土地利用を制限する区域。都道府県が指定する。

2）地区計画

　まちづくりは、都市全体や自分にとって身近なまちを将来どのようにしていくかを具体的に考えることが大切で、都市計画法には、国が良好な都市環境をつくるための基準として、土地活用のルール、道路・敷地、用途、規模、形態などを規定している。

　地区計画は、都市計画法に定められ、図5・5のように人が徒歩で生活できる程度の範囲の地区を対象に、安全で快適な街並みをつくることや、それぞれの地区にふさわしい良好な環境を整備することを目的にしている。住民の要請に応じて市町村が定め、きめ細かな土地利用に関する計画と、小規模な公共施設に関する計画を一体的に行う。地域の実状に応じたきめ細かなまちづくりを進めるため、住民の意見を十分に聞くことが大切となる。

3）都市計画提案制度

　この制度は、住民などによるまちづくりの推進や地域の活性化を図ることを目的とし、住民が規制されることなく、自主的に参画できる。土地の所有者やまちづくり支援団体（NPO）あるいは民間事業者などが、土地の大きさや土地所有者などの2/3以上の同意など、一定の条件を満たせば、まちづくりに必要な都市計画の決定や変更などについて地方公共団体に提案ができるもので、住民などの力が十分に発揮され、地域の特色に応じたまちづくりをすすめることができる。都市計画のマスタープランや都市再開発方針等を除く内容であれば提案でき、用途地域の規制を緩和することも可能である。

4）建築協定

　建築協定は、建築基準法などで全国一律に定められている規制だけでは、良い環境をつくるには不十分であると考えたときに、地域住民の合意により、自主的に建物に関する基準を定めることができる制度である。住宅地として整った環境（図5・6）や、商店街としての利便性を維持増進する場合や、土地の環境を改善する場合に適用すると効果が期待できる。ただし、建築協定は市町村が条例で締結できると定めている区域のみに適用され、土地の所有者等の全員の合意に基づき建築協定書が作成される。

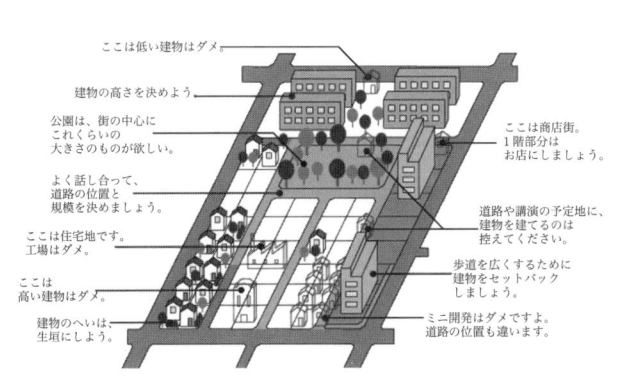

図5・5　地区計画で定められるもの（出典：国土交通省HPより）

図5・6　建築協定のある町並み（兵庫県加古川市）
このまちなみでは、
①建築物の高さは地盤面から10m以下。
②建ぺい率50％以下、容積率100％以下。
③隣地敷地境界と建物との間隔を東・西側ともに1.5m以上あける。
④道路側に植栽をする。
ことなどが取り決められている。

5）景観保全に関する法律

　美しい景観を保全し、豊かな緑の形成を促進するとともに、美しい景観による地方都市再生、ヒートアイランド現象の緩和や自然との共生をめざすための法律として、「景観法」「屋外広告物法」「都市緑化法」などがある。

◆ **a　景観法**　　良好な景観の形成を促進するための基本理念を定めている。また、建築物・工作物のデザイン、工作物についての協定、景観上重要な建築物・工作物・樹木を指定して、現在の街並みや自然景観などを保全することができる（図5・7）。

◆ **b　屋外広告物法**　　良好な都市景観を実現するために、都道府県の条例により、立看板や貼り紙、広告旗などの屋外広告物の撤去や、悪質な屋外広告業者の規制ができる（図5・8）。

◆ **c　都市緑地法**　　都市における緑地を保全し、緑化や都市公園の整備を推進するための法律である。

6）高齢者、障害者等の移動等の円滑化の促進に関する法律（バリアフリー法）

　高齢者・障がい者など日常生活や社会生活に身体機能上制限を受ける人が、外出時に不便なく、安全で自立した生活を送れるようにするための環境整備をすることを目的としている。施設利用や移動の利便性・安全性の向上をめざし、建築物、公共交通機関についての基準が示されている（図5・9）。

　また、国民の一人ひとりが他人事と考えず自分の問題としてとらえ、「人を思いやり、助け合い、譲り合う」気持ちを持つ「心のバリアフリー」の意識を広げることが大切である。「心のバリアフリー」の理解や協力を呼びかけ、福祉のまちづくりを推進することが国や地方公共団体の責務とされている（図5・10）。

図5・7　樹木の緑が美しい景観（兵庫県芦屋市）

図5・8　屋外広告物が規制された景観（兵庫県神戸市）

図5・9　鉄道駅のバリアフリー（東京、JR北千住駅）

歩いている人の邪魔にならないよう、自転車は決められた場所に停めましょう。

困っている人を見かけたら、声をかけて、お手伝いしましょう。

図5・10　心のバリアフリー（資料提供:大阪府吹田市HP）

❷ まちづくりの手法

1）住宅市街地総合整備事業

　住宅市街地総合整備事業は、大都市や地方中心都市などの既成市街地を対象に、国や都道府県などが資金を補助し、質の高い住宅の建設、道路や公園、下水道、河川など公共施設等を総合的に計画し、快適な住まいの環境をつくり、街の景観形成、都心での居住や職住近接型の住宅の供給を行うことを目的としている。土地の現状の違いにより拠点開発型や密集住宅市街地整備型などがある。

　拠点開発型は、図5・11のように都市にある工場跡地などの大規模な土地の区域を対象に快適な職住近接型の住宅をつくるとともに、都市公園・道路などの地区施設を設け、美しい市街地景観を形成するために行うもので、工場跡地のまちづくりとも呼ばれる。

　密集住宅市街地整備型は、図5・12のように生活道路・公園・広場などの都市基盤が未整備のままで建物が老朽化し密集する市街地において、都市基盤を整備し、建物を不燃化・集合化しながら、建て替えるものである。

　これらの住宅市街地総合整備事業を推進するものの一つとして「街なみ環境整備事業」がある。この事業は、住環境水準の向上をめざし、ゆとりやうるおいのある生活空間をつくることを目的とするもので、地区住民の発意を尊重した住民参加のまちづくりとなっている。市街地において生活道路や公園などが未整備であったり、住宅や門・塀などの美観が良くない地域など、住環境の整備が必要な区域において、地域の創意工夫を生かしながら景観整備などを行う（図5・13）。

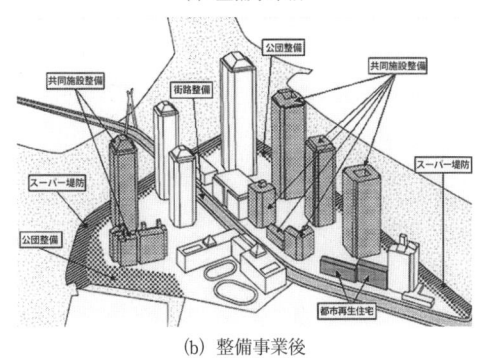

図5・11　拠点開発型（出典：国土交通省HPより）

図5・12　密集住宅市街地整備型（出典：国土交通省HPより）

街なみ環境整備事業には、次のような手法がある。

◆ **a　街づくり協定**　　住宅の外観の修景や色彩修景、門・塀・樹木などの移設や修景、広告物などの修景など、方針に沿った街づくりの内容を住民が検討し協定として定める。表5・1は街づくり協定の一例である。

◆ **b　地区施設などの整備**　　街づくり協定の締結された区域では、地区施設整備、地区防災施設整備、生活環境施設整備など、表5・2に示す整備を行い、電線地中埋設化やストリートファニチャー、案内板などを設ける。

2）地域のまちづくり支援制度

　まちづくり支援制度は、住民が自分たちの力で新しいまちのありかたを考える勉強会や、将来のまちづくり案を作ろうとする場合などに、市町村が都市計画についての専門家などの派遣や相談などの費用を助成することを目的としている。土地区画整理事業、地区計画、建築協定などを話し合う場合が対象となり、住民の自主的なまちづくりに役立っている。

(a) 整備前　　　　　　　　　　　　　　(b) 整備後

図5・13　長野県松本市中町地区の街なみ環境整備事業の例 （写真提供：長野県）

表5・1　街づくり協定の例（福井県武生市）

規模	3階建てまでに努める。
屋根	勾配屋根とし、和瓦または銅版ぶきとする。
外壁	しっくい壁、リシン吹付等の和風の雰囲気のものとする。
建具	窓枠、出入口枠等の雰囲気のものとする。
塀	生垣等、周辺環境と調和するものとする。
看板	大きさ、デザイン、色調、材質を工夫し歴史と文化の香りのするものとする。
敷地	屋外駐車場の周囲、準公共空間としての寺社境内地は緑化に努める。

表5・2　地区施設などの整備

地区施設整備	道路・通路・小公園・広場・緑地等・遊具等・下排水施設等の整備および測量・調査・設計
地区防災施設整備	屋外消火栓、防火水槽の整備
生活環境施設整備	集会所等の整備

❸ 歴史と景観

1）伝統的建造物群保存地区の制度

　1960年代の高度経済成長期、日本中が〝近代的〟な街の開発に熱をあげた結果、それ以前各地で見られた日本の個性豊かな集落や町なみ・風景は次々と失われていった。この流れに対して、1970年代に入り全国各地で保存運動が起こり、1975年文化財保護法の改正によりこの制度が発足した。伝統的建造物群保存地区（伝建地区）は、伝統的な集落や町なみの景観を保存するとともに、実生活の場として整備・活用し、次の世代に伝えていこうとする制度である。

　市町村と地域の住民が伝建地区としての保存を決定し、市町村が地区指定を行う。この制度を活用することにより、図5・14のように歴史的な環境が保存・整備され、歴史的個性を活かしたまちづくりを活性化させることができる。伝建地区内において、市町村は建築物の現状変更の規制と保存のために必要と認める場合には、条例で建築基準法の規制を緩和することができる。表5・3はその一例である。

2）特例容積率適用区域制度

　特例容積率適用区域制度とは、都市計画区域内のある一定の区域を定めて、その区域内にある敷地の容積率の一部を、他の敷地に移転することができる制度である（図5・15）。一般に「空中権」と呼ばれるものを売買するものである。その実例として、東京駅の復元改良工事がある。JR東日本は、2007年5月から東京駅の復元改良工事を行い2012年10月完成した。これは、丸の内駅前広場の改良を行うとともに、国指定重要文化財に指定され、赤レンガで有名な東京駅丸の内駅舎を1914年の創業当時の姿に復元するものである。実施にあたり巨額の工事費が問題となったが、東京駅の場合、駅舎の高さは3階までで、上空にある容積率には余裕があり、余っている容積率を、定められた一定の区域内に建築される他の敷地に移すことで、巨額の資金を得ることができた。結果として大きな負担もなく、復元が可能となり、この制度のおかげで、後世まで名建築を残すことができるようになった。

　この制度は、寺社建築などにも適用が期待でき、歴史ある古い建物や、緑の多い公共施設を都心に取り壊さずに残し、文化的財産を未来に継承できる。また、建替えられた建築物により都市空間の有効利用ができ、集客力のある魅力的なまちづくりが可能となる。

図5・14　妻籠宿（写真提供：妻籠観光協会）
昭和59年に最初に指定された伝建地区

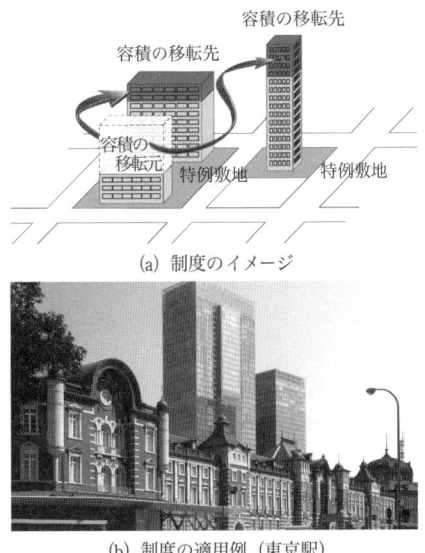

(a) 制度のイメージ

(b) 制度の適用例（東京駅）

図5・15　特定容積率適用区域制度

表5・3　建築基準法の規制緩和の一例

条項	内容	岡山県倉敷市	山口県萩市	奈良県橿原市	北海道函館市	京都府京都市
第28条	居室の採光及び換気にかかる基準			○		
第44条	道路内の建築制限	○	○	○	○	○
第52条	延べ面積の敷地面積に対する割合の基準					○
第53条	建築面積の敷地面積に対する割合の基準			○	○	○
第56条	建築物の各部分の高さ制限		○	○		○

3）かいわい（界隈）

　人間の一人ひとりが行動し多くの人々が集まることで「かいわい」は自然発生的に生まれる。目的を持って歩くときもあるが、目的がなくぶらぶらとする場合も多い。中心となる場所から徒歩で行き来できる範囲の地域がひとつの「かいわい」をつくる。
　東京の昔ながらのかいわいと、大阪に新たに出来つつあるかいわいを紹介する。

◆ **a　神楽坂**　　東京都中央区にある神楽坂のまちは、大通り、横丁、路地で構成されている。大通りから横丁へ、そして路地に入るにつれて喧騒は静けさに変わる。脇道に入るにつれて、表通りと裏通りでは全く異なる空間がこの街の魅力である。路地の幅員は、半間から1間程度と狭く、初めて会った人も何年も住んでいる人と同じように、すれ違い様にあいさつができるやさしい雰囲気が漂う。住民が掃除や打ち水をした路地では、表通りでは味わえないひとのやさしさが感じられ、このまちの営みや歴史が感じられる（図5・16）。

◆ **b　天満天神繁昌亭**　　大阪市北区に、2006年9月天満天神繁昌亭が新築され、300年の歴史を持つ上方落語の定席が復活した。当初、寄席周辺には商店などはなく閑散としていたが、寄席の復活とともに周辺の通りには商店が増え、にぎやかで活気に満ちた空間になりつつある。明治から昭和初期まで天満宮の門前には歌舞伎小屋などが立ち並び、にぎわいをみせていた「天満八軒」と呼ばれた場所に寄席小屋が誕生したことで、賑わいの中心が新たに生まれ、老若男女を問わず絶え間なくひとが集まっている。新しいかいわいが生まれ育ち、歴史が刻まれていく（図5・17）。

(a) 階段を生かした熱海湯横丁 　　(b) 人とひとが触れ合う路地

図5・16　神楽坂のかいわい

(a) 周辺の通り 　　(b) 天満天神繁昌亭

図5・17　天満天神繁昌亭のかいわい

❹ 移動空間のデザイン

1）歩行者優先のまちづくり

　まちづくりにおいては、高齢者や障がい者などを含むすべての歩行者が安心して、安全にまちを移動できるように配慮することが大切である。歩道や車道、自転車道を整備し、歩車相互が安心して移動できる空間を創ることも大切である。

◆ **a　歩車分離**　歩行者と車の通行空間を分けることで、歩行者の安全とスムーズな交通を確保する考え方。ペデストリアンデッキ（図5・18）は立体的に通行空間を分離したもので、公共広場としての機能を併せ持つ場合もある。設置に際しては、スロープやエスカレーター、エレベーターなど、弱者への配慮が必要である。また、住宅団地などにおいては、車の通行空間を外周部のみとし、敷地内部への進入を制限することで、子どもの遊び場など安心できる住環境の確保を図る（図5・19）。

　歩車が同一平面上で交差する場合には、ガードレールだけでなく車止めポールの設置や舗装材、舗装色を変えるなど境界を明確にする。

◆ **b　自転車道**　日常の手軽な交通手段として利用され、二酸化炭素を発生しないことから、環境にもやさしい。しかし、近年人と自転車の事故が増加傾向にあり、死亡事故も起きている。自転車とひと・車との事故をなくし、安全で快適な空間を確保するために、図5・20のような自転車専用通行帯（専用レーン）の整備が望まれる。

◆ **c　ボンエルフ（歩車共存道路）**　通学や買い物などに利用する生活道路において、蛇行（クランクやスラローム）や起伏（ハンプ）を設け、自動車のスピードを抑えるように工夫したもので、人と車の共存を図ることを目的としている（図5・21）。

図5・18　ペデストリアンデッキの例

図5・19　歩車分離型の団地計画

図5・20　自転車専用レーン（フランス、パリ）

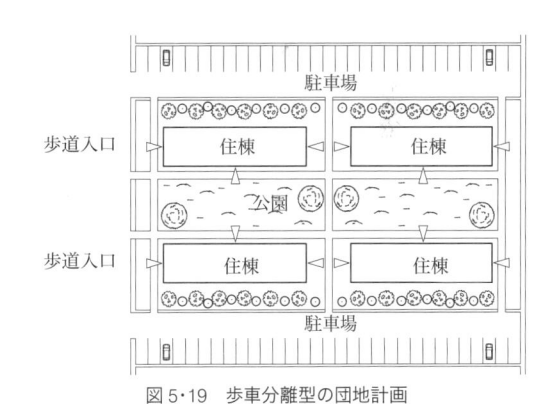

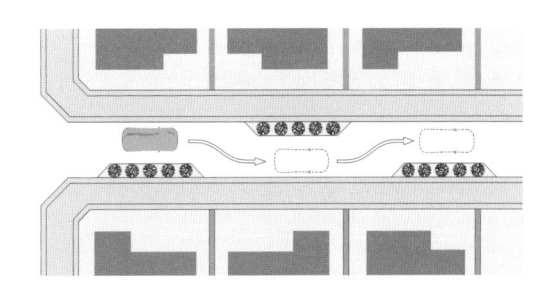

図5・21　ボンエルフの例（スラローム型）

2）都市への流入車両の制限

都市の中心部では車が多く流入するため、幹線道路などでは交通渋滞が日常化し、バスやタクシーなどの公共交通機関の利便性が低下する。さらに排気ガスや騒音などによる環境の悪化や、温室効果ガスによる地球温暖化に及ぼす影響も大きい。これらを解決するものとして、次のような方法がある。

◆ **a　パークアンドライド**　　自家用車で自宅近くの駅や停留所までアクセスし、その周辺に設置された駐車場に駐車し、鉄道やバスなどの公共交通機関に乗り換えて、都心部の目的地に行く方法をいう（図5・22）。

◆ **b　電気自動車（Electric Vehicle）レンタルサービス**　　電気自動車を市内各地に設けたステーションにおいて、貸し出し・乗り捨て可能とするもので、フランスではパリ市内と40あまりの自治体において2011年12月より始められた（図5・23）。

◆ **c　トランジットモール**　　商業空間や公共空間において、一般車輌の乗り入れを制限し、道路を歩行者や自転車、バスやタクシーなどの公共交通機関だけに開放するもので、渋滞の緩和、中心市街地の活性化、道路交通環境の改善などをはかることができる（図5・24）。

◆ **d　貸し自転車サービス**　　自転車を時間貸しするもので、レンタル自転車を、市内各地に設けられたステーションで自由に返却できる。市街地への車の流入緩和に有効で、パリ市内では自動車の市内流入台数を約20％減少させた実績がある。イタリア・イギリス・フィンランド・カナダなど世界中に広まっている。わが国においても2010年3月富山市が本格的に導入し、その後各地に広まっている（図5・25）。

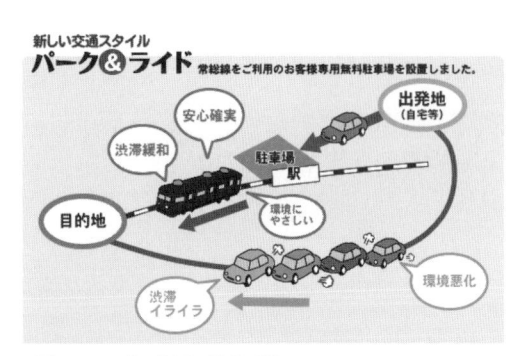

図5・22　パークアンドライド（関東鉄道㈱webページより）

図5・23　電気自動車レンタルサービス（パリ）

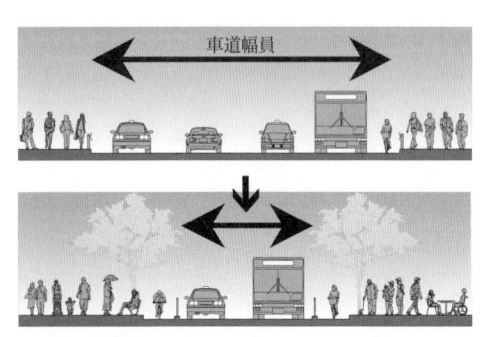

図5・24　トランジットモールの例
車道の幅員を削減し、歩道にすることで、安心で魅力的な歩行空間を作り出す。2011年より街づくりに貢献すると認められた場合には、道路上でのオープンカフェなどの常設が可能となった。

図5・25　貸し自転車サービス（東京都）

3）都市内の公共交通機関

都市内への車の流入を減らすには、都市内における公共交通機関の利便性を高める必要があり、その方法としては次のようなものがある。

◆**a　LRT（Light Rail Transit）**　かつては路面電車と呼ばれていたが、従来の車両に比べ、省エネルギーでバリアフリーに対応し、輸送効率が高い新型車両LRV（Light Rail Vehicle）が導入され（表5・4、図5・26）、世界中の都市で採用されている。バッテリーで走行する次世代型のLRVの試運転も始まっている（図5・27）。架線が不要であるため、都市景観を損なわず、街や環境にやさしいだけでなく、架線の設置やメンテナンスが不要なので、経済的にも優れた公共交通システムとして期待されている。

◆**b　乗合バス**　ハイブリッドや天然ガスエンジン車、アイドリングストップ、低床車両などの導入がすすみ、高齢者や障がい者にやさしく、また環境にやさしい乗り物となっている。低床車両はノンステップバスともいい、地面から床面までが30cm前後で、乗降に際しては車高調整装置で乗降口を下げることができ、歩道との段差を小さくできる。車いす用スロープ板が装備され、車内には車いす用スペースも設けられている（p.124　図4・73）。

◆**c　コミュニティバス**　小型バスなどを用いて、限られた地域内を循環運行する地域密着型のバスをいう（図5・28）。一般の乗合バスが通れない狭い道路での走行が可能なため、きめ細やかな路線設定が可能である。

表5・4　路面電車とLRTの特徴

	路面電車	LRT
速度	15km/h 程度	20km/h 以上
定時性	軌道内に、自動車が入り込み、渋滞の影響を受ける	専用軌道のため、走行がスムーズである
信号システム	自動車と同様に、信号待ちがある	信号の制御により、優先運転が可能である
乗り心地	走行にともない、振動や騒音が大きい	振動や騒音が少なく、乗り心地がよい
バリアフリー	大きなステップの乗降が必要	段差が小さく、車いすでも気軽に乗降できる

図5・26　街中を走るLRT（フランス、ストラスブール）
プラットホームも低く、車両との段差も小さいため、車いすや高齢者でも、安心して乗降できる。

図5・27　次世代型のLRV（写真提供：川崎重工業㈱）

図5・28　コミュニティバスの例
東京渋谷区の通称「ハチ公バス」。忠犬ハチ公にちなんでいる。地域性を意識したデザインや塗装など親近感が持てるよう配慮されている場合が多い。

❺ 公共空間のデザイン

　歩行者専用道路、公園、緑地、駐車場、駐輪場など不特定多数の人々に開放され自由に利用できる公共空間は、案内表示板のデザインを統一し、利用者にとって見やすく分かりやすい案内表示とする。また、地域のもつ個性を生かしたものにすることが大切で、利用者にとって優しく、安全な空間でなければならない。

1）歩行者専用道路

　通行などの役目だけでなく、非常災害時の避難や日常生活での憩いの場としての機能が道路にはある。路面を舗装して、視覚障がい者誘導用ブロックや樹木、街路灯、花鉢や休憩のためのスペース・多目的トイレなどを設け、安全で安心して歩行できる快適な空間とする（図5・29）。

2）公園・緑地

　自然とのふれあいや憩いの場、コミュニティの形成、災害時の避難の場や救援活動の拠点など、良好な都市の環境を維持するうえで不可欠な都市空間として都市公園がある（図5・30）。立体都市公園は、都市公園地下の有効利用や建築物の上部などに都市公園を設置するものである。緑地は、公園、広場などと同じ都市計画法で定められた都市施設であるが、公園とは異なり都市の自然環境の保全や都市景観の向上などを目的としている。地域の生活に密接な都市公園・緑地等は、表5・5に示すものがある。

図5・29　歩行者専用道路

図5・30　都市公園（兵庫県神戸総合運動公園）

表5・5　都市公園の種類と目的・配置・規模

種類	種別	内容
住区基幹公園	街区公園	主として半径250m程度の街区内に居住する人々が利用するもので、広さは0.25haが標準。
	近隣公園	主として半径500m程度の近隣に居住する人々が利用するもので、広さは2haが標準。
	地区公園	主として半径1km程度の徒歩圏内に居住する人々が利用するもので、広さは4haが標準。
都市基幹公園	総合公園	市町村全域の人々が、休息・観賞・散歩・遊戯等、多目的な用途に総合的に利用にすることを目的とする。
	運動公園	市町村全域の人々が、運動に利用することを主な目的とする。
立体都市公園		公園用地の確保が難しい都市部などの地域において、敷地の一部や屋上などを周辺地域と一体的に公園として使用する。
緑地等	緩衝緑地	大気汚染や騒音などの公害防止・緩和、コンビナート地帯などの災害防止を目的にする。公害などの発生地域と住居地域・商業地域などを分離遮断する。
	都市緑地	都市の自然環境の保全・改善や都市景観の向上を目的とする。
	緑道	災害時の避難路の確保、火災時の延焼防止など都市生活の安全・快適性の確保を目的とする。幅員10～20mで公園・駅前広場などを結ぶ。

3）駐車場

　自動車は、迅速な物資の運搬や人の移動など生活に必要不可欠なもので、道路網の整備とともに駐車場の整備・確保も大切である。駅周辺や市街地で駐車場が不足すると、路上駐車の増加をまねき、交通渋滞だけでなく、緊急車両の通行の妨げや交通事故の原因ともなり、住環境を悪化させる。

　特に大規模の商業施設や事務所ビル、病院、マンションなどは、周辺地域に大きな影響を及ぼす。このような建物の建築に際しては、その用途や規模、建つ地域の用途や都市の規模などから、あらかじめ最低限必要な駐車台数の設置を義務づけており、これを附置義務駐車施設と言う。建設される都市の環境など、立地条件が異なるため、各自治体によって、規制の対象となる建物や計算方法は異なる。

　また、障がい者や高齢者にとって自動車は重要な移動手段であるため、バリアフリー法では駐車場の設置に際しては、障がい者や高齢者の使用に対応した駐車場の設置を求めている（図5・31）。

　駐車場の種類には、表5・6のようなものがある。

4）自動二輪車駐車場

　自動二輪車は、自転車と同様に通勤・通学、買い物、仕事など手軽な交通手段であるが、受入れる駐車場がないことや、積極的に取締まりが行われなかった事もあり、迷惑駐車が問題となっていた。

　2006年の駐車場法改正によって、自動二輪車も同法の規制対象となり、自動二輪車についても駐車違反の取締まりが厳しくなった。各自治体には、自動二輪車駐車場（図5・32）の整備が義務付けられたが、なかなか整備は進まず、駐車スペースの確保が早急の課題でとなっている。このため既存の自動車用駐車場に自動二輪車の受入れを働きかけたり、四輪車が駐車しにくいデッドスペースの活用など、各自治体は駐車スペースの確保に努めている。また、自動二輪駐車場マーク（図5・33）の普及など、利用者の利便性の向上も図っている。

図5・31　障がい者専用駐車場
各自治体の条例などに基づき、建物の用途や規模などから最低限必要な設置数が算出される。

表5・6　駐車場の種類

平面駐車場	路上	駐車場整備地区内にある道路内において、一定の区画を限って設置されるもの。公共の用途に限られ、パーキングメーターやパーキングチケットなどとセットで設置されることが多い。
	路外	道路以外の平地に、駐車区画を区切ることで駐車スペースとするもので、出入庫は手軽に行える。また、建設費や維持管理費は安くつくが、土地の利用効率は悪い。
立体駐車場	自走式	各階に設けられた駐車スペースまで、自分で運転し駐車するもの。一般に車高に制限がある。建物の規模によっては利用者の移動のためにエレベーターの設置などが必要となる。設置に際しては、駐車場法や消防法、建築基準法、条例などが適用される。
	機械式	車を載せるパレット台まで人が運転し、駐車後は機械が収容場所までパレットごと移動する。収容効率を高くすることが可能であるが、車の寸法や、重量などに制限がある。多段式、垂直循環式、エレベーター式ほか各種方式がある。メンテナンスをはじめランニングコストが必要となる。自走式と同様に各法律や条例の制限を受ける。

図5・32　自動二輪車駐車場

図5・33　自動二輪車駐車標準マーク
自動二輪車を受け入れ可能な駐車場に明示している。
（財）駐車場整備推進機構が推奨したもの。

5) 駐輪場

　駐輪場は、駅周辺や商業施設、公共施設には不可欠である。十分な駐輪スペースが確保されていない場合は、迷惑駐輪の原因となり(図5・34(a))、歩行者だけでなく緊急自動車の通行を妨げるなど、生活環境や景観の悪化をまねき、社会問題化している。

　集合住宅においても駐輪スペースが不十分な場合、同様の事態を引き起こすため、マンションの建設に際して、その規模に応じた駐輪場の整備を条例で課している自治体もある。

　駐輪方式には表5・7のようなものがある。駐輪スペースを線で示しただけでは乱雑に駐輪され、結果的に駐輪効率が低くなるので、駐輪ラック（図5・35）などの設置が望ましい。
　また、自転車盗難の半数近くは駐輪場で発生している[*1]。管理人の常駐が望まれるが、コスト的な問題も大きい。自転車を駐輪ラックなどへワイヤーロックで固定するなど、持ち主の防犯意識も大切である。

(a) 実験が行われる前の迷惑駐輪
商店街に面した銀行の店舗前は、地下鉄駅に隣接していることもあり、迷惑駐輪であふれ通行の妨げとなっていた。

(b) 実験開始後の現状
迷惑駐輪を、単に強制撤去するのではなく、木製ベンチやプレゼンボードを設置するなど、憩いの空間として活用することで、迷惑駐輪の排除を試みている。当該の銀行や地元商店街、地元のデザイナー、大学が協力して取り組んでいる。毎日の清掃や、定期的にイベントを行い、環境維持に努めている。継続的なメンテナンスが不可欠である。

図5・34　駅前商店街における迷惑駐輪排除のための社会実験（写真提供：関西大学社会的信頼システム創生センター）

図5・35　駐輪ラックの例（写真提供：システムコンサルタントカンパニー）

表5・7　駐輪場の種類

平面式駐輪場		収容効率は良くないが、利用者は空きスペースを見つけやすい。駐輪ラックなどを設置して収容効率を上げることもできる。屋外に駐輪場所を指定する場合は、建築基準法や消防法の適用を受けないので、比較的簡単に設置することができる。自動車や自動二輪車と同様に、道路上に設置することも可能になった。
立体駐輪場	自走式	収容効率を上げるために、建物の地階や2階以上の階にも駐輪するもの。地上階以外の利用率は低くなるので、エレベーターやコンベヤの設置が望ましい。
	機械式	出入庫口と駐輪スペースの間を、自動的に出し入れするもので、面積に対する収容効率が高い。操作が簡単であり無人化も可能であるが、建設費用だけでなく、メンテナンス費用もかかる。また、規格外の自転車に対応できない場合がある。

[*1]　自転車盗難　「平成22年の犯罪情勢（警視庁）」によると、認知されている自転車盗は367,509件にのぼり、その発生場所は、駐輪場が47%、道路上が18.7%を占めている。

5・2　都市の環境

❶ 都市のもろさ

1）都市の構造

現代の都市生活を支えているのは、電気、ガス、上下水道、通信などの施設、鉄道や空港、港湾施設などの交通機関、学校、病院などの公益施設、および道路、公園などの公共施設である。これらの都市機能を総称して、インフラストラクチャー（インフラ）という（図5・36）。都市では土地の高度利用が進み、建物の高層化と地下利用が図られ、快適な居住空間を得るために様々な技術が活用され、システムが高度化、巨大化している。そのため、都会生活においては、インフラのどれがかけても生活が成り立たない。

2）都市と災害

都市において、資産、諸施設、交通機関が集中していることは、自然災害に際して、被害が甚大かつ都市特有のものとなる。例えば交通インフラが被災した場合、広範な交通ネットワークの機能低下や、膨大な数の帰宅困難者が発生する可能性がある。また生活の大半を依存している電気が停電した場合、生活が困難になるだけでなく、交通の混乱や病院の機能が停滞するなど、被害は多岐にわたる。1995年の阪神・淡路大震災および2011年の東日本大震災では、豊かで機能的な生活が一瞬のうちに崩壊し、都市のもろさを露呈した（図5・37）。

3）コミュニティの変化

コミュニティとは、「共同体」を意味し、地縁的なつながりによって生活意識を共有する人々の集まりをいう。コミュニティは、住民相互の情報共有、協力関係が存在し、伝統的な文化や風習の継承や子どもの育成、地域の安全・安心の確保に重要な役割を果たしてきた（図5・38）。ライフスタイルが多様化し、都市化が進むにつれ、人のつながりが希薄になり、コミュニティの意識が低下している。災害発生時に対する不安や、障がい者、高齢者、子どもに対する配慮の欠如など、人のつながりの希薄化による問題は大きい。時代に即した、新しいコミュニティ形成のための努力が必要である。

図5・36　インフラストラクチャー

(a) 給水車に列をつくる人々
（写真提供：宮城県仙台市）

(b) 崩れ落ちた高速道路
（写真提供：阪神高速道路株式会社）

図5・37　地震によるインフラの被災

図5・38　コミュニティ

❷ 都市の気候

都市周辺の地域の気候と異なる、都市部特有の気候を都市気候という。これは、都市部における人口の集中、建物の増加、地表面の舗装、緑地の減少などにより、気候に局所的な変化が生じるために起こる（図5・39）。主な特徴として、気温の上昇、集中豪雨、都市に固有な風系の発生、日射量の減少、相対湿度の減少などがある。

1）ヒートアイランド現象

都市部の高温化は、都市気候の特徴の中でも最も顕著な現象であり、住環境にもっとも影響を与える。市街地の気温が郊外に比べて高いことは19世紀から知られており、現代の大都市中心部では、郊外に比べて4〜5℃以上高温になる。特に東京は20世紀の100年間に平均気温が3.3℃上昇し、中小都市に比べて高い上昇率を示している（図5・40）。表5・8に定められたような猛暑日や熱帯夜の増加、真冬日の減少、急激な上昇気流の発生などが見られるほか、熱帯・亜熱帯系の動植物の繁殖など、ヒートアイランド現象は都市における生態系の変化をもたらす恐れがあり、その影響は深刻である。

2）都市型災害

◆a　大気汚染　人間の経済的、社会的活動によって大気が有害物質で汚染されることをいう。硫黄酸化物（SO_x）を中心とする産業公害型の大気汚染対策は着実な進展を遂げたが、現在では家電製品や自動車利用の増加などによる窒素酸化物（NO_x）や二酸化炭素（CO_2）などの増加が問題となっている。ヒートアイランド現象によって生じる都市循環風は、有害物質が滞留するダストドーム（図5・41）を形成し、都市における大気環境を悪化させている。また、温暖化ガスの増加は、人間の健康や動植物に悪影響を及ぼすだけでなく、生存の基盤を失いかねない深刻な状況である。

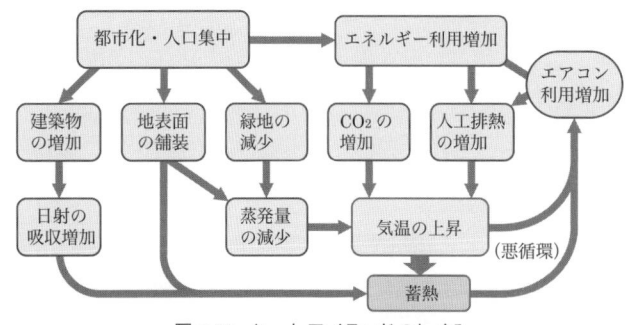

図5・39　ヒートアイランドのしくみ

表5・8　気温による一日の分類（気象庁用語解説より）

冬　日	最低気温が0℃未満の日（霜日）。
真冬日	最高気温が0℃未満の日。
夏　日	最高気温が25℃以上の日。
真夏日	最高気温が30℃以上の日。
猛暑日	最高気温が35℃以上の日。
熱帯夜	最低気温が25℃以上になった夜。

(a) 東京の年平均気温の推移

(b) 中小都市の年平均気温の推移

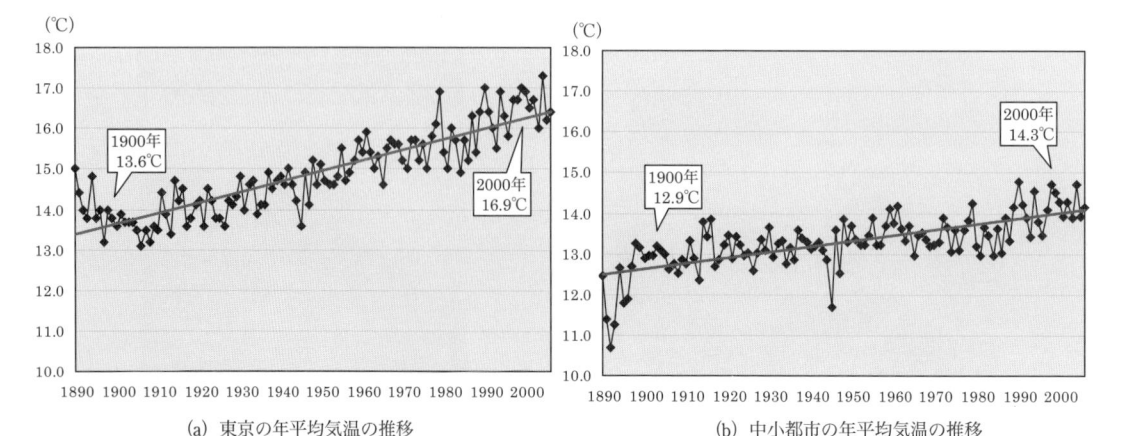

図5・40　都市と中小都市の平均気温の上昇（気象庁のデータより作成、中小都市とは日本の年平均気温を算出するのに用いられる17地点）

◆b 都市型水害　梅雨や台風ではなく、狭い地域で集中的に降る雨が都市地域において増加傾向にある。この都市型の集中豪雨は、ヒートアイランド現象による上昇気流が積乱雲を発達させることによって生じるといわれている。地表面を舗装している都市では、雨が地中に浸透しにくく、短時間に大量の雨が降ると、処理能力を超える多量の水が川や排水施設に流入するため、雨水が地表に溢れる内水被害が多発する（図5・42）。特に地下街や地下室では、短時間に浸水し水没する危険性がある。

◆c 風害　高層建造物の周辺に局部的に発生する強風や突風が問題になることがある。建築物の形状や配置などにより複雑な風の流れが生じるもので、一般に建築物の規模が大きくなるほど範囲が広く、高くなるほど上空の風の影響を受けやすくなる（図5・43）。歩行困難や転倒など歩行者への影響、ガラスの破損など建築物への影響、および風による騒音などの問題が発生する。

3）都市と病

◆a 熱中症　ヒートアイランド現象は、熱中症の発生にも影響を与えている。近年熱中症による救急搬送人数は急増している（図5・44）。

◆b アレルギー　ダストドームにより都市の有害物質の濃度は周辺地域より高くなる。このため気管支炎、ぜんそくなどのアレルギー疾患を引き起こしやすい。

◆c 花粉症　地表面の舗装により、花粉が地面に固着せず舞い上がることで、花粉症の症状を悪化させていることが指摘されている。

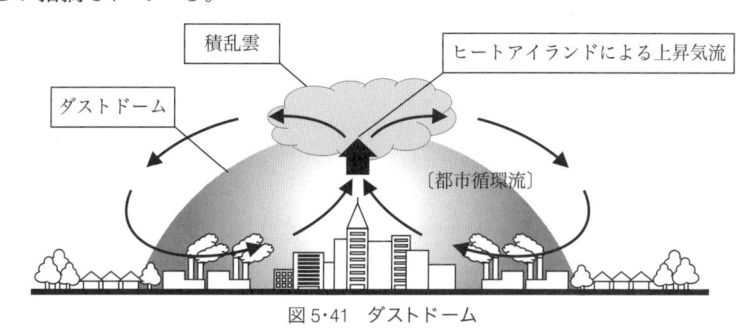

図5・41　ダストドーム

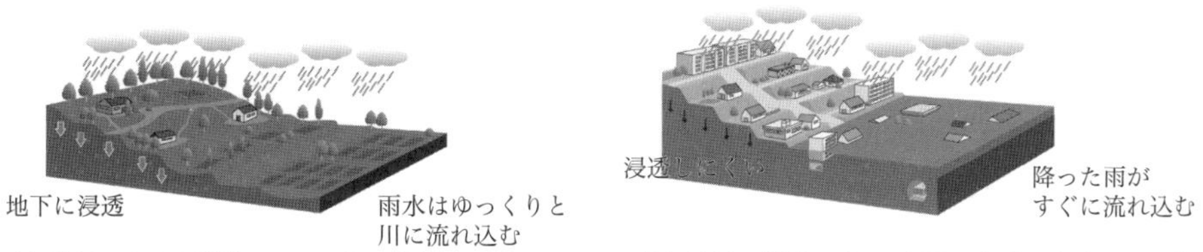

(a) 流域があまり開発されていない状態
(b) 流域の開発が進み、低地に都市が発達した状態

図5・42　都市型水害（国土技術政策総合研究所Webページ「河川用語集」より）

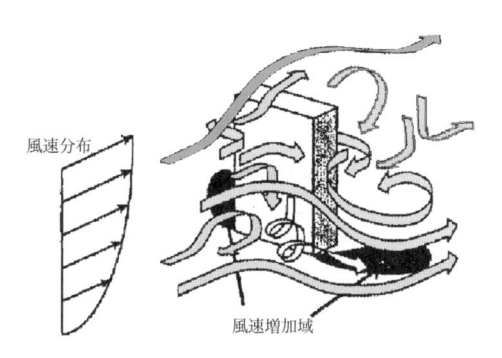

図5・43　風害の発生状況（消防防災博物館Webページより）

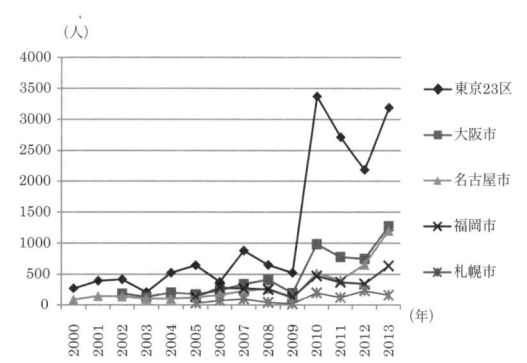

図5・44　都市別の熱中症患者数の推移（「平成25年度国立環境研究所報告書」より作成）

❸都市に住むために

1）ハザードマップ（防災マップ）

　ハザードマップとは、危険な場所など災害の発生に関する情報と、避難先の位置・名称、緊急連絡先など、災害時に必要な諸情報を分かりやすくまとめた地図のことである。災害時の被害を最小限にするためには、防災設備の整備に加え、災害に対する正しい知識や、災害時の対応など、災害発生時に安全に避難できるよう、防災意識を高めることが必要である。ハザードマップは、各自治体が住民向けに作成して各家庭に配布されている場合もあるが、国交省のハザードマップポータルサイトで見ることもできる（図5・45）。

2）災害への備えとアメニティ

　災害に強い都市構造とするために、インフラの整備・強化や建築物の耐震性、耐火性を高めることに加えて、地域防災力の向上が必要である。災害時の安全性を確保するためには空間的なゆとりや自然の要素が重要な役割を果たす。オープンスペースや公園、植栽などは延焼の防止に有効であり、また避難場所として活用できる（図5・46）。河川や池など水空間を都市計画に取り込むことで、消防用水や生活用水が確保できる。何よりも、これらの要素は日常生活に憩いと安らぎをもたらす。

3）セーフティネット

　安全で安心な暮らしの環境を整えるために、地域におけるセーフティネットが注目されている。地域コミュニティを充実させることが、地域社会を活性化させるもととなる。科学技術が進んでも、それを動かすのは人間であり、人のネットワークがいざという時に大きく力を発揮する。防犯、防災、環境保全、高齢者・障がい者・子育て支援など、住民同士が信頼し助け合う活動が活発な地域は、愛着のわく住みやすい環境となることが期待できる。

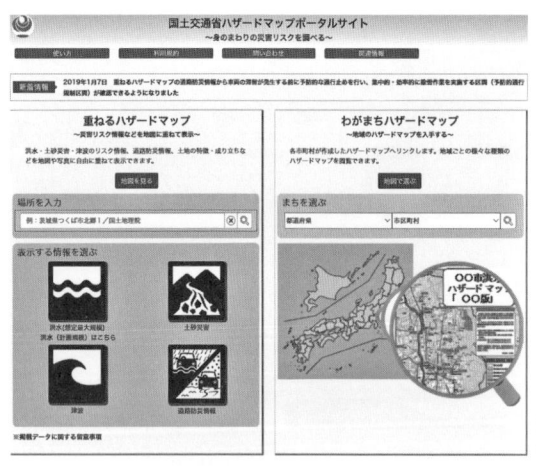

図5・45　国交省ハザードマップポータルサイト（http://disapotal.gsi.go.jp/）

密集市街地
・災害時の避難路が未整備で火災時の延焼危険性が大
・緑地等のオープンスペースが絶対的不足
など

防災環境軸
・災害時の避難路・延焼遮断帯として機能
・緑豊かな空間
など

図5・46　防災環境軸のイメージ（国土交通省Webページより）

4）環境調整

ヒートアイランド現象の対策には、緑地の保全、人工排熱の低減、建物や地表面の高温化防止が必要である。人間にとって利便性・快適性が高く、環境に優しい都市を維持するためには、市民、企業、行政などがそれぞれの立場で取り組むことが重要である。

◆**a 散水** 日本では古くから「打ち水」という習慣がある。これは厳しい夏の暑さを緩和するために道に散水するもので、気化熱を利用して気温を下げる。最近では風呂の残り湯などを使った「打ち水大作戦」が全国的に取り組まれており、省エネルギーや環境保全活動の啓発的な役割を果たしている（図5・47）。都市においては、路面だけでなくベランダや壁面への散水も効果がある。また「ドライミストシステム」は水を霧状に噴霧する外気冷却システムで、周辺の気温を2〜3度程度下げる効果があり、エネルギー消費も少ないため、設置を奨励する自治体もある（図5・48）。

◆**b 風の道** 郊外から都市へ吹き込む風の通り道を確保することで、都市の空気を冷やすことができる。広幅員道路や河川を「風の道」として都市計画に取り入れている都市があり、ドイツのシュトゥットガルトでの都市計画が有名である（図5・49）。わが国では、品川駅・田町駅周辺まちづくりガイドラインにおいて、風の道に配慮した建築物の誘導を図るなど、各地で導入が計画・実施されている。

◆**c 舗装** 空隙の多い舗装を行うことで、雨水を地中に浸透させ、都市型洪水を緩和し、路面温度の上昇を防ぐ。雨水を地中に浸透させる透水性舗装、保水層を持ち雨水を蒸散させる保水性舗装、排水性舗装材等の下に不透水層を設けて、雨水を路側の排水施設に排水させる排水性舗装がある。

◆**d ひとりひとりにできること** 「Think globally, Act locally」この言葉は後述する地球環境問題の世界的な取り組みの中で、1992年の地球サミットの頃からよく使われるようになった。環境問題を地球規模で考え、解決にあたって自らの身のまわりから行動しよう、という意味である。冷暖房温度の適正化、節電・節水、リサイクル、防寒・採暖、防暑・採涼のための建築上の工夫、着衣量の調整のほか、季節の室礼などによる心理効果への工夫を心がける。

図5・47 打ち水（「打ち水大作戦」Webページより）

図5・48 ドライミストシステム

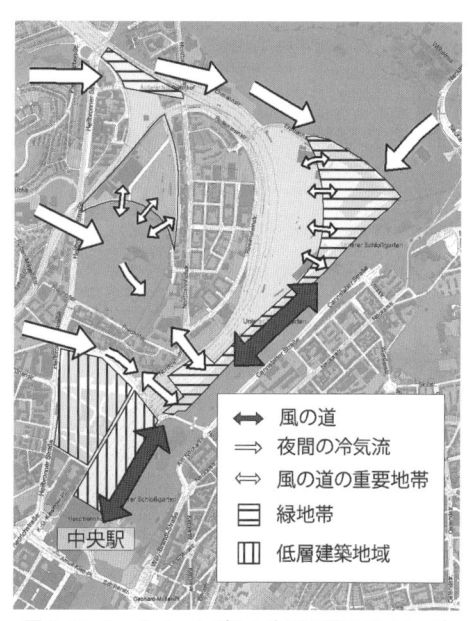

図5・49 シュトゥットガルト市のアドバイスマップ
新たな開発や都市計画を行う場合、計画の立案に際しては、これを参照するように強く推奨されている。

5) 緑化の効用

　緑豊かな住環境は、季節感、美しさ、香り、葉音など、人間の五感に働きかけて、安らぎと潤い、楽しみを与え、癒し、健康にとって欠かせないものである。また、人間の生活に役立つ様々な機能も併せ持ち、特に環境調整に有効である。

◆a　**建物への効用**　建物周辺に植栽することにより、日射の遮蔽、風の調整、防音、防火・防災、外部からの視線の遮断などの効果がある。また、建物の印象を穏やかで柔らかな雰囲気にする。

◆b　**環境への効用**　植物の光合成によってCO_2を固定するほか、葉温調整のための蒸散作用や地面からの蒸発などがヒートアイランド現象の緩和につながり、また都市景観の向上や居住環境の快適性、生物多様性の確保などに効果があるため、表5・9に示すように緑化を義務化し、助成や顕彰制度を設ける自治体も多い。

6) 都市緑化の手法

　植栽スペースの限られた都市において緑地面積を増やすために、建物の表面やその敷地を有効に利用する手法が用いられている。

◆a　**壁面緑化**　主につる性の植物を建物の外壁に生育させる。ツタの絡まる建物は昔から各国で見られ、日本でもへちまやひょうたんで緑の影を作って涼をとるなどの工夫がなされてきた。

◆b　**屋上緑化**　陸屋根を利用して緑化を行い、環境調整だけでなく、人々の憩いのスペースとしても利用できる。耐荷重や灌水、防水、防根に注意が必要である（図5・50）。

◆c　**駐車場緑化**　駐車場周囲を樹木で囲うだけでなく、穴あきブロックや樹脂製の支持材を利用して駐車スペースに芝を植栽し、緑化する。広い面積を緑化し、雨水を浸透させることができる（図5・51）。

◆d　**街路の緑化**　連続した街路樹の木陰が、夏の暑さを物理的にも心理的にも緩和する。また、排ガスや騒音を緩和する効果もある。緑がつながり、都市景観の向上に大きな役割を果たす（図5・52）。

表5・9　緑化義務のある自治体例

自治体	条例等	内容　（緑化率については自治体により異なる）
東京都	東京における自然の保護と回復に関する条例	1,000㎡以上の敷地における建築物の緑化・届出
埼玉県	ふるさと埼玉の緑を守り育てる条例	3,000㎡以上の敷地における建築物の緑化・届出
大阪府	大阪府自然環境保全条例	1,000㎡以上の敷地における建築物の緑化・届出
兵庫県	環境の保全と創造に関する条例	1,000㎡以上の敷地における建築物の緑化・届出
京都府	京都府地球温暖化対策条例	1,000㎡以上の敷地における建築物の緑化・届出

図5・50　屋上緑化の例

図5・51　駐車場緑化の例（写真提供：ダイトウテクノグリーン株式会社）

図5・52　街路樹の例

5・3　地球の環境

❶地球温暖化

1）環境問題の歴史

　18世紀の産業革命以降、工業技術は急速に進歩し、経済が発展して人間の生活は豊かになっていった。同時に大気汚染や水質汚濁といった環境破壊が始まり、自然の回復力を徐々に上回るようになったことで、地球環境問題へと拡大したのである。経済発展と人間の利便性、快適性を追求するあまり、20世紀後半までは環境問題にはそれほど目を向けられていなかった。しかし、レイチェル・カーソンの「沈黙の春」（1962年）が出版されたことを契機に環境問題が取り上げられるようになり、地球規模の気候の変化が顕著となるにつれ、徐々に関心が高まり、持続可能な社会への取り組みが始まった。以後については、表5・10に示す。

2）温暖化のしくみ

　太陽から放射されるエネルギーは、地表に吸収され、暖められた地表から赤外線として宇宙に放射されるが、一部が大気中のガスに吸収され、再び地表に放射されることで、大気が暖められる。これを温室効果といい、地球の平均気温は約15℃に保たれている。この大気中のガスとはCO_2やメタンなどで、温室効果ガスと呼ばれる。この温室効果ガスが増えすぎると、熱収支のバランスが崩れ、熱の吸収量が増加し、地球の温度が上昇する。これが「地球温暖化」である（図5・53）。

3）温暖化の影響

　気候変動に関する総合評価はIPCC（気候変動に関する政府間パネル）が行っている。気温の上昇に伴い（図5・54）、局地的な豪雨や熱波などの異常気象による自然災害や農作物への影響、氷河の融解、海水の熱膨張による海面上昇、生態系の変化や絶滅種の増加、健康への影響が報告されている。

表5・10　環境問題の歴史

1962	レイチェル・カーソン「沈黙の春」	農薬の危険性を告発
1972	ローマクラブ「成長の限界」	地球の有限性と人類の将来への警告
	国連人間環境会議	世界初の政府間会合「かけがえのない地球」
1973	国連環境計画（UNEP）設立	前年の国連総会決議に基づく実施機関
1979	世界気候会議	地球温暖化問題を最初に討議
1987	モントリオール議定書	オゾン層破壊物質の段階的削減
	国連・ブルトラント委員会報告	「Our Common Future」持続可能な開発
1992	地球サミット「リオ宣言」	「アジェンダ21」地球再生のための行動計画
	気候変動枠組条約	温室効果ガスの削減のための枠組
1997	京都議定書	先進国の削減目標値
2004	京都議定書の発効	ロシアの批准により発効条件を満たす
2005	サスティナブル建築世界会議	「Action for Sustainability」

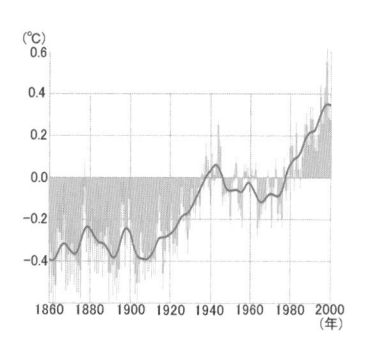

図5・54　地球の平均気温の変化（全国地球温暖化防止活動推進センターWebページより転載）
基準値（0.0℃）は、1961～1990年の地球の地上気温の平均値

温室効果
−18℃
↓
15℃

産業革命以降、現在まで（IPCC・TAR2001より）
● 二酸化炭素濃度　280ppm→368ppm
● 気温　0.6±0.2℃上昇（過去100年間）
● 海面　10～20cm上昇

21世紀末までに（1990年との比較）（IPCC・TAR2001より）
● 二酸化炭素濃度　540～970ppm
● 気温　約1.4～5.8℃上昇
● 海面　9～88cm上昇

図5・53　地球温暖化のしくみと影響（IPCC第4次報告より）

4）エネルギー残存量

現在の豊かな生活は、大量のエネルギー消費で賄われているが、地球の資源は無限にあるものではない。今のペースで消費を続けると（図5・55）、使用量の最も多い石油は約40年後には現在の確認埋蔵量を使い果してしまう（図5・56）。エネルギー消費によるCO_2濃度の増加で、さらに人類の生存の危機を招くことにもなりかねない。

5）京都議定書

大気中の温室効果ガスの濃度を安定化させるという気候変動枠組条約の目的を達成するためにこの条約の第3回締約国会議（COP3）で「京都議定書」が採択され、2005年2月に発効した。京都議定書は表5・11に示すように、先進国に対し、温室効果ガスの排出量を2008年から2012年の間に平均5％削減するという目標を設定した。同時に、柔軟措置として「京都メカニズム」を導入して、国際的に協力し合い目標を達成できるようにしている。日本では温室効果ガスを6％削減する目標が設定されているが、実際には1990年比で約14％増加しており、温暖化対策をより一層強化する必要がある。

京都議定書の価値は、利害の異なる多くの国々が、地球温暖化問題を最重要課題として、国際的に取り組む枠組をつくったことである。

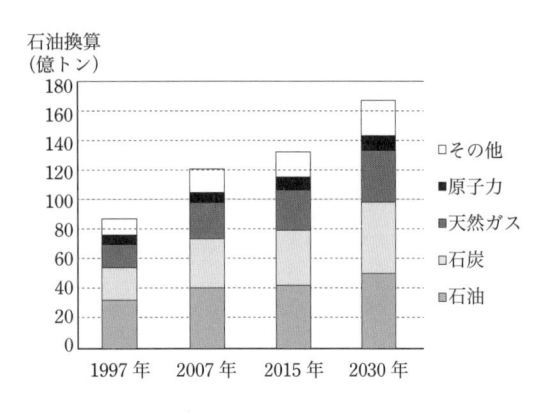

図5・55 世界のエネルギー需要の見通し（日本のエネルギー2010より）

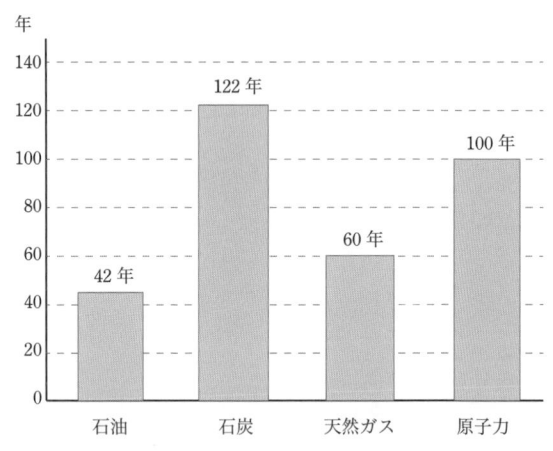

図5・56 世界のエネルギー資源可採年数（日本のエネルギー2010より）

表5・11 京都議定書の概要

対象ガス	二酸化炭素（CO_2）　メタン（CH_4）　一酸化二窒素（N_2O） 代替フロン等3ガス（HFCs・PFCs・SF6）
吸収源	森林等の吸収源による二酸化炭素吸収量を算入 ▶3条3項：1990年以降の新規の植林、再植林 ▶3条4項：追加的な人為的活動
基準年	1990年（代替フロン等3ガスは1995年としてもよい）
約束期間	2008年〜2012年（5年間）
約束数値	先進国全体で5％削減 　日本△6％　EU△8％　米国△7％等
京都メカニズム	国際的に協調して費用効果的に目標達成する仕組み 　　▶共同実施　▶クリーン開発メカニズム　▶排出量取引

❷消費生活と環境

1）森林伐採

　世界の森林は、地球の陸地面積の約30％を占め、2010年現在で約40.3億haである。しかし、約1万年前（約62億ha）と比べると3分の2以下の面積で、しかも1990年から2000年の間に9400万ha、2000年から2010年の間に5200万haも減少している（図5・57）。植林などの成果により減少速度は落ちてきているが、熱帯林を中心に減少傾向にあることは変わらない。単に面積の減少だけでなく、質の劣化や砂漠化なども生じている（図5・58）。また、長い年月をかけて成長した原生林は、皆伐されると再生が困難で、生態系に大きく影響する深刻な問題である。

　森林破壊の原因は地域によっても異なるが、商業伐採が最大の原因であり、続いて鉱業開発、農地転換、過度な木材採取、森林火災などが挙げられ、近年では違法伐採も問題となっている。商業用に伐採された木材は、開発途上国では薪炭用にされ、先進国では産業用材として消費される。我が国は木造家屋が多く世界でも木材消費量の多い国であるが、木材の自給率を見ると1955年には国産材が約95％を占めていたものが、2012年には約28％と著しく減少している（図5・59）。日本は国土の約2/3を森林が占める世界でも有数の森林大国でありながら、輸入に大きく頼っているのが現状である。

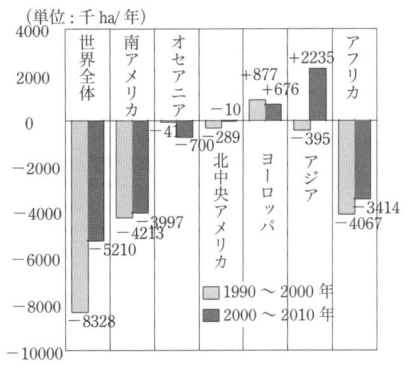

図5・57　世界の森林面積の変化（国連食糧農業機関「森林資源評価2010」による）

図5・59　木材（用材）の自給率（林野庁「平成24年木材需給表」により作成）

図5・58　変わりゆく環境地図　ブラジルロンドニア州の例（ⓒ 2011 Google earth）
左:1975年6月撮影、右:2001年9月撮影。森林であったところが、耕作地に変化していることがわかる。
Google earthのオーバーレイ機能を使用することで世界各地の環境の変化を見ることができる。

2）ごみ問題

　現代生活においては、家の中は物で溢れている。高度成長期以降における大量生産、大量消費は豊かさの象徴でもあった。それは同時に大量廃棄へとつながり、様々な廃棄物問題が生じている（図5・60）。

　廃棄物には、家庭、オフィス、商店街などから排出される一般廃棄物と、産業活動によって生じる産業廃棄物とがある。2010年度における一般廃棄物の総排出量は4,536万tで、1日一人当たり980g、このうち生活系ごみの排出量は1日一人当たり700gである。この大量の廃棄物に対する処理能力の不足、処理費用による自治体の財政圧迫などに加え、焼却処分に伴う温室効果ガスの増加は環境問題へと発展する。また、大都市では処理施設の場所が確保できず、都道府県を越えて運搬され処分される（図5・63）。物を買うことは捨てることへの責任を伴うことを認識しなければならない。

　産業廃棄物の2009年度における総排出量は3.9億tであり、このうち53％が再利用され、43％が減量化（脱水・焼却など）、残りが最終処分となっている。業種別では建設業に関わる廃棄物が約19％と第3位に位置する（図5・62）。日本では住宅の耐用年数が諸外国に比べ非常に短い（図5・63）。これは、地震などの自然災害や、建築物の物理的な耐久性を原因にするものではなく、住み手のライフスタイルの変化、または流行などといった機能や経済価値に拠るところが多い。住宅の建設には、多くの材料とエネルギーを消費し、廃棄の際にはエネルギーの消費に加え有害物質を排出することもある。住まいのライフサイクルを環境負荷の少ないものにする取り組みが必要である。

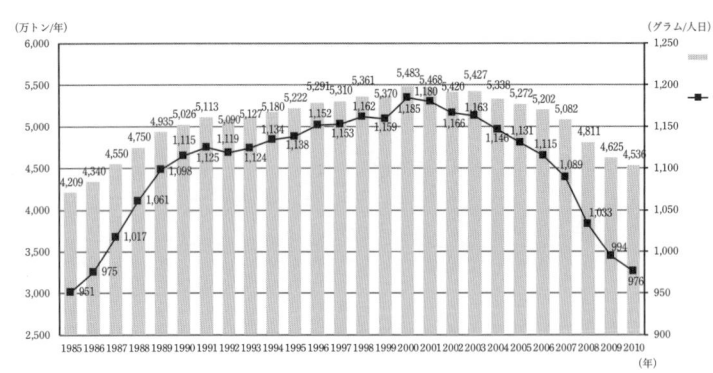

図5・60　ごみの排出状況（環境省「日本の廃棄物処理平成21年度版」より）

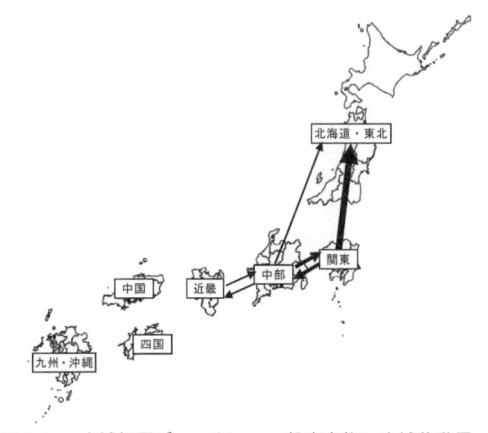

図5・61　広域処理ブロックでの一般廃棄物の広域移動量
（環境省「平成22年度廃棄物の広域移動対策検討調査及び廃棄物等循環利用量実態調査報告書」より）

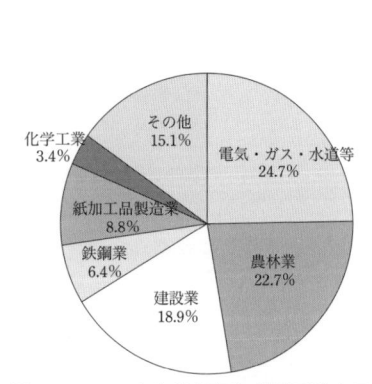

図5・62　2009年産業廃棄物・業種別排出量
（経済産業省「統計資料」より）

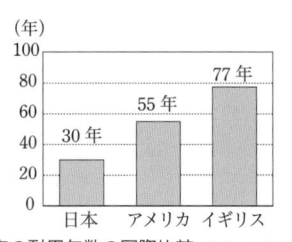

図5・63　住宅の耐用年数の国際比較（住宅・土地統計調査（1998年、2003年）、American Housing Survey（2001年、2005年）、Housing and Construction Statistics（1996年、2001年）より）

❸ 地球に住みつづけるために

　IPCC は地球温暖化を「疑いの余地のない」ものと断定し、それが人間活動の影響であることは「90％」の確実性があるとした。世界の平均気温の上昇が 2℃ を超えれば、気候の大変動が起こり社会や生態系が壊滅的な影響を被ると予測されている。そして 2006 年に公表されたスターンレビュー[*1]では、何の対策もとらなければ、次の 50 年の間に気温は 2〜3℃ 上昇するとし、また「今行動すれば最悪の事態は免れる」と報告している。

1）循環型社会

　大量に作り、使い、そして捨てるという従来の一方通行型の社会（フロー型社会）から、天然資源の消費を抑制し、環境負荷をできるだけ低減して持続可能な社会を実現するために、蓄積された資本や資源の利用を行う循環型社会（ストック型社会）への転換が求められている。

◆**a　3R**　Reduce（廃棄物等の発生抑制）、Reuse（使用済製品、部品の適正な再使用）、Recycle（回収された廃棄物の再生利用）をいい、循環型社会を構築する上で最も基本的な考え方である。

◆**b　循環型社会形成推進基本法**　廃棄物・リサイクル対策の基盤を確立し、循環型社会の形成を推進する基本的な枠組みとなる法律として、2001 年に施行された。廃棄物のうち有用なものを「循環資源」と定義し、その循環的な利用を促進すること、および廃棄物処理の優先順位を ① Reduce ② Reuse ③ Recycle ④ 熱回収 ⑤ 適正処分、と定めた（図 5・64）。「廃棄物処理法」や「資源有効利用促進法」、各種個別物品の特性に応じた法律とともに、一体的に整備・運用され、わが国の循環型社会の実現に向けた取り組みが進められている（図 5・65、5・66）。

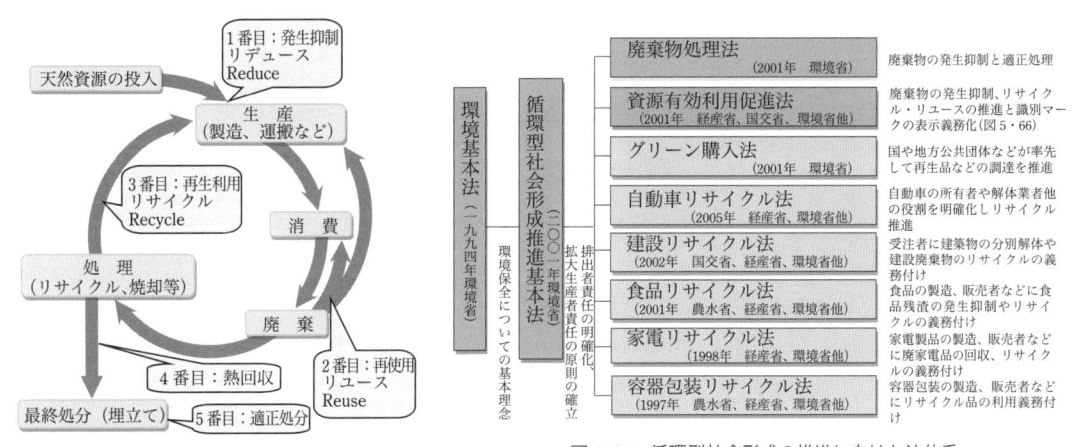

図 5・64　循環資源処理の優先順位

図 5・65　循環型社会形成の推進に向けた法体系

図 5・66　リサイクル識別マークの例（「資源有効利用促進法」による）

＊1　スターンレビュー：英国のブレア首相ならびにブラウン財務省の委託を受け、ニコラス・スターン卿がまとめた気候変動問題の経済的側面に関する報告

2) 森林再生

　森林は、多種多様な生物が生息する生物多様性保全の機能をもつほか、雨水を蓄え適度に河川に流す水源涵養、土砂崩れや侵食を防ぐ土壌保全、空気を清浄にし快適な生活環境を作り出す気候緩和の機能をもつ。また森林は、我々に食物や木材を提供するだけでなく、伝統文化や憩いの場としても重要な役割を担っている（図5・67）。さらに、CO_2の吸収・固定によって温暖化を防止する役割を果たす。熱帯林や天然林は、伐採を抑制して保護を図り、資源生産のための人工林は、適性伐採利用と植林を行う整備・管理を行っていかなければならない。

3) 代替エネルギー

　我々が享受している便利で豊かな生活を将来にわたり維持するためには、省エネルギーに努めると同時に、繰り返し利用できるエネルギーが必要である。一度利用しても比較的短期間に再生が可能であり、資源が枯渇しないエネルギーを総称して、再生可能エネルギーという。

◆**a　風力発電**　発電コストが低く、事業化は比較的容易である。出力電力の不安定・不確実性や騒音、鳥の衝突事故（バードストライク）といった周辺環境への悪影響もみられる（図5・68）。

◆**b　水力発電**　単位出力当りのコストがかなり低く、発電機出力の安定性がある。水量の変化により発電が不安定になることがある。

◆**c　太陽光発電**　出力ピークが昼間の需要ピークに対応し、エネルギーの自給率を向上する。導入コストが高く、天候に左右され、夜間は発電ができない（図5・69）。

◆**d　バイオマス燃料**　木材、生ゴミ、糞尿など生物資源から作られるため、図5・70に示すようにカーボンニュートラルな燃料である。固体燃料としては従来からある薪、木炭など、気体燃料としてはメタン発酵（メタンガス）、液体燃料としてはアルコール発酵（バイオエタノール）などである。

◆**e　廃棄物発電**　ごみ処理の際の熱を利用するため、環境負荷の低減が図れる。発電効率は低い。

図5・67　森林の機能

図5・68　風力発電

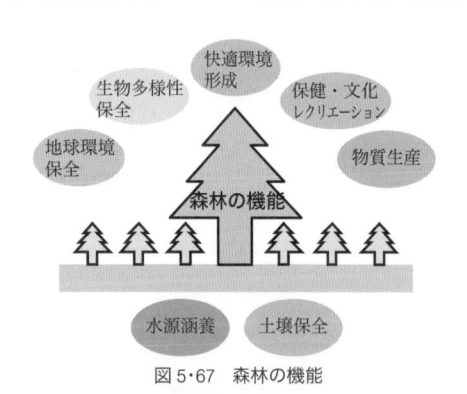

図5・69　太陽光発電

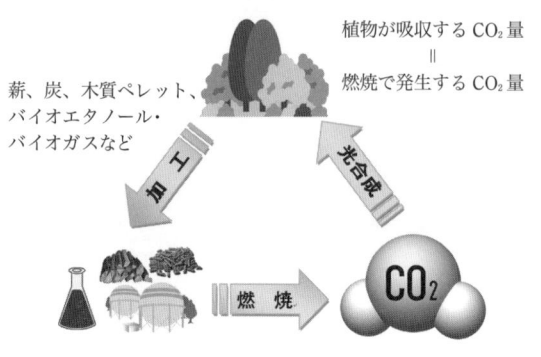

図5・70　カーボンニュートラル

4) 持続可能な開発

　環境問題は 1960 年代から世界各地で明らかになってきていたが、1987 年の国連人間環境会議・ブルトラント委員会による報告書「Our Common Future（われら共有の未来）」において「Sustainable Development（持続可能な開発）」という概念が提唱され、サステイナブル＝持続可能性という言葉が地球環境保全のキーワードとして広く使われるようになった。サステイナブルは、将来の環境や次世代の利益を損なわない範囲内で社会発展を進めようとする理念である。

　世の中は建物の大量供給時代が終わり、これまでのストックを長く適正に維持するとともに、環境に配慮した建物を計画することが求められている。

◆a　ISO14000　　ISO14000 シリーズは環境関係の国際標準規格であり、1992 年の地球サミットをきっかけに規格策定が始まり、1996 年より発効された。ISO14001 は、企業の活動・製品・サービスによって生じる環境への負荷を低減させるために、実施する環境マネジメントシステム (EMS:Environmental Management System) の構築のための規格である（図 5・71）。また ISO14040（LCA：ライフサイクルアセスメント）は、製品の環境負荷を、製造から廃棄までのライフサイクルを通じて評価する手法である。

◆b　CASBEE　　日本における建築環境総合性能評価システムである。1990 年にイギリスでBREEAM が開発されたのを契機に、建物個別の環境性能評価から、サステイナブル建築推進のための総合的な環境性能評価への関心が高まり、世界各国で具体的な手法が開発されている（図 5・72）。環境負荷を削減し、優良な建築資産を蓄積することを目的としており、一定規模以上の建築物について建築物環境計画書などの届出を求め、計画書の概要を Web ページで公表する自治体もある。また、2007 年には住宅を評価対象とした「CASBEE すまい」も始まり、一般消費者が、環境に対してどれだけ配慮された住まいかを客観的に判断できるようになった。

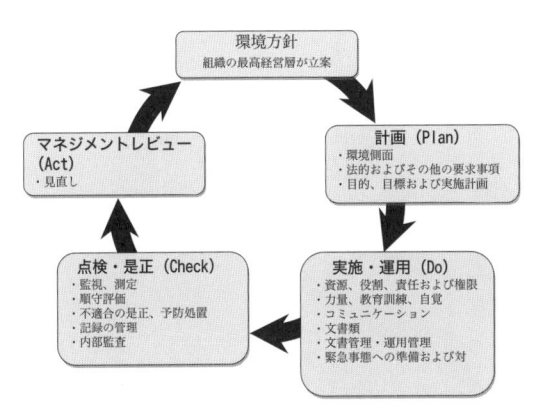

図 5・71　環境マネジメントシステムの実施モデル（PDCA サイクル）

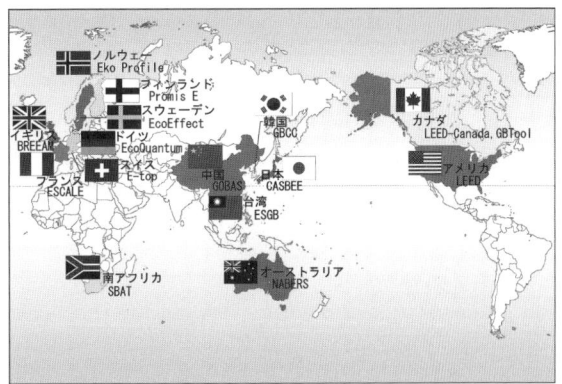

図 5・72　代表的な建築物総合環境性能評価ツール

5)「100年住宅」

建築物の長寿命化を図る手法として、スケルトン・インフィル（SI）がある。SIは建物の柱・梁・床などの構造躯体（スケルトン）と住戸内の内装・設備など（インフィル）とを分離した工法である。スケルトンは長期間の耐久性を重視し、インフィル部分は住まい手の多様なニーズに応えて自由に変えられる可変性・更新性を重視して造られる。SIは特に水周りの位置を変更できることが大きな特徴であり、外壁や手すりなどの外装部分（クラディング）に可変性を持たせることもある（図5・73）。

SIの考え方は、1960年代にオランダで提唱された「オープンビルディング」に始まる。「オープンビルディング」の思想は、画一的な巨大高層集合住（マスハウジング）に対して居住者本位の住まいづくりを目指すものであった。日本では、1958年築の晴海高層アパート（前川國男設計、図5・74）にすでに見られ、3層6住戸分を1単位として住戸規模の可変性を持たせていた。1973年の日本住宅公団によるKEPシステムや1980年の旧建設省によるセンチュリーハウジングシステムなどは、住宅部品の点検・取替えを容易にして住宅の総合的な耐久年数を高めることを目的としたさきがけである。SIは、機能的な面で建築物の寿命が短い日本においては、長寿命化の有効な手法と言え、また建物を長く使用することから廃棄物やCO_2を低減し、良好な街並みを維持するなど、環境に配慮したシステムである。

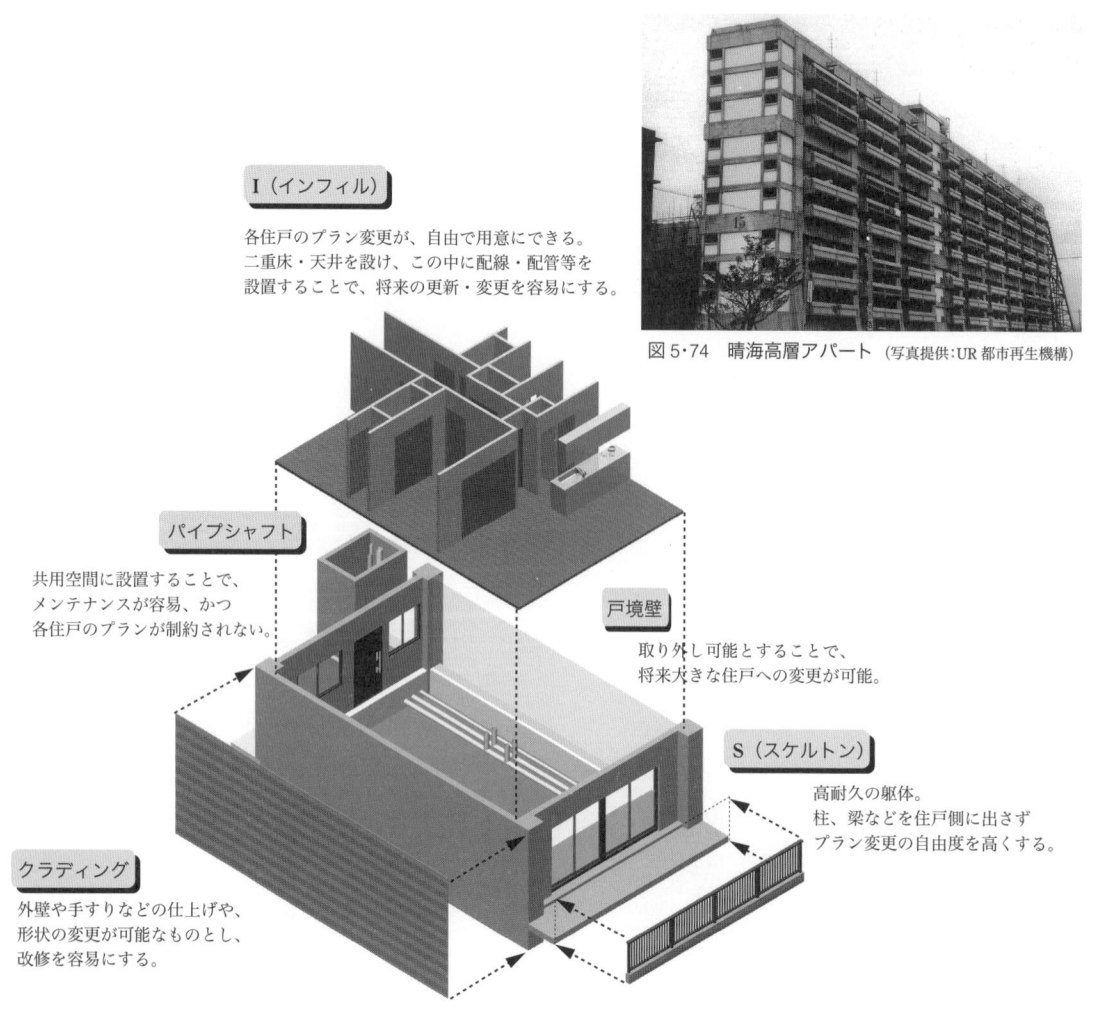

I（インフィル）
各住戸のプラン変更が、自由で用意にできる。
二重床・天井を設け、この中に配線・配管等を設置することで、将来の更新・変更を容易にする。

図5・74 晴海高層アパート（写真提供：UR都市再生機構）

パイプシャフト
共用空間に設置することで、メンテナンスが容易、かつ各住戸のプランが制約されない。

戸境壁
取り外し可能とすることで、将来大きな住戸への変更が可能。

S（スケルトン）
高耐久の躯体。
柱、梁などを住戸側に出さずプラン変更の自由度を高くする。

クラディング
外壁や手すりなどの仕上げや、形状の変更が可能なものとし、改修を容易にする。

図5・73 SIのイメージ

6）リノベーション

　ストック型社会への転換を実現する一手法としてリノベーションがある。リノベーションとは、老朽化した建築物の時代に合わなくなった機能や性能を、建て替えずに、時代の変化にあわせて新築時の機能・性能以上に向上させることである。従来のスクラップアンドビルドの手法と異なり、既存建物をいかに利用するかという点に主眼が置かれ、主に建物の使用者の多様なニーズへの対応、IT化によって変化する業務形態への対応などの目的で行われる（図5・75）。リフォームとリノベーションとの違いは、前者が補修などで初期の性能に戻す小規模または部分的な工事であることに対し、後者は初期性能以上の新たな付加価値を与えて再生することであり、工事の規模も大きくなる。

◆a　コンバージョン　　リノベーションのうち、用途を変更することで新たな利用価値を生み出し、建物の性能を向上させることをいう（図5・76）。海外では駅舎や工場を美術館に転用するなど、コンバージョンの事例は多い。建物再生手法としては適用範囲が広く、建物の使用価値を高め、都市再生が期待できるが、実施にあたっては、法規、技術面、事業化の問題などを考える必要がある。

◆b　レスタウロ　　イタリアにおける都市と建物の保存・再生の実践的手法。保存や修復という意味に加え、これから創造的に活用していくという意味もこめられ、街全体を再生した事例もある。イタリアではレスタウロのデザインに力を入れる建築家も多い。

図5・75　京都の町家のリノベーションの例　（写真提供：株式会社八清）

図5・76　コンバージョンの例　（左：建設当初の給水塔時代、右：現在、写真提供：名古屋市演劇練習館「アクテノン」）
愛知県名古屋市の給水塔として、1937年建設されたが、1944年浄水場からのポンプ圧送給水の開始に伴い使用が中止されていた。1965年に図書館として再活用され、1995年からは演劇練習館として、新たな文化発信拠点の役割を担っている。

7）環境共生住宅

「宇宙船地球号」は、思想家であり建築家でもあるバックミンスター・フラーが1963年に出版した書名『宇宙船地球号操縦マニュアル（Operating manual for Spaceship Earth）』に由来する。彼は著書の中で地球の歴史とともに蓄えられてきた有限な化石資源を消費し続けることの愚を説き、これらの資源は新たな資源を太陽などから獲得するためだけに使われるべきだとした。また、1920年代に彼が設計したダイマクションハウスは、インフラを利用せずに自律してエネルギーや資源の使用量をおさえ、地球の資源を効率よく使用することを目的に設計されたもので、デザインこそ奇抜であるが、現代に求められている環境共生住宅の考え方に一致するものであった。

環境共生住宅は、住宅そのものも、その中で営まれる生活自体も環境負荷が少ないものでなくてはならず、ローインパクト、ハイコンタクト、ヘルスアンドアメニティーの三要素を特徴としている。ローインパクトは、環境に対してできるだけ負荷を与えないことであり、ハイコンタクトは、周囲環境に親しむ住まい方のことであり、ヘルスアンドアメニティーは、健康性・快適性・安全性を備えていることである。図5・77は、この理念を具体化した初期の環境共生住宅の実例である。土塗り壁や漆喰壁を特徴とする日本の伝統的な家屋は、環境共生的視点からも優れた面をもち、美的・文化的な生活と自然とが融合していた。伝統的手法を今日の住まいにも継承し、建物周辺の計画と建築的な工夫で自然環境制御を行うことは、自然エネルギー活用システムなどの環境共生施設とともにこれからの環境共生住宅に欠かせない方向性である（図5・78）。

「宇宙船地球号」に棲み続けるために、豊かさや便利さにあぐらをかかず、生活の足元から環境との共生を考え、住まいと住まい方の両面でエコロジカルデザインを心がけていくことが大切である。

図5・77　環境共生住宅の例（東京世田谷深沢環境共生住宅）
上：緑豊かな前庭。敷地内通路は透水性舗装となっている。
下：住棟の屋根には太陽光パネルと風車が設置されている。

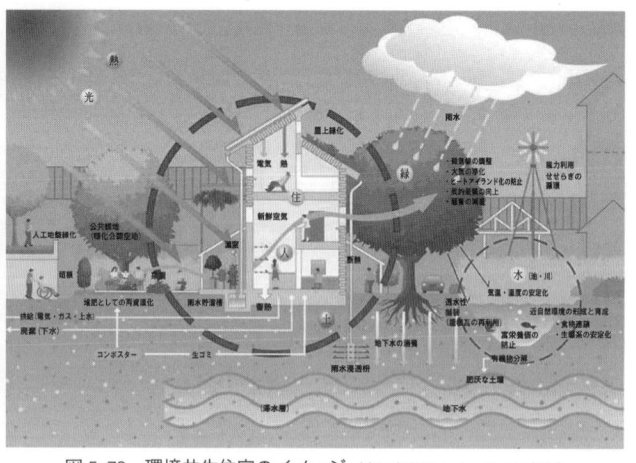

図5・78　環境共生住宅のイメージ（鹿児島県Webページより転載）

第6章 演習課題

6・1 演習課題1「集合住宅のインテリア設計」

下記の条件で集合住宅の1室のインテリア設計を依頼された。許容される範囲でクライアント（依頼者）の希望にそった設計を行い、A3版の大きさでプレゼンテーション図面を作成しなさい。

1 物件概要

大都市近郊のターミナル駅からバスで20分余りの位置に、独立行政法人都市再生機構（通称「UR都市機構」（当時は「日本住宅公団」））により開発された、緑豊かな住宅団地がある。対象物件は、ここに建つ7階建て壁式鉄筋コンクリート構造の集合住宅の1階にある専有面積53㎡余りの2DKの住戸（図6・1、6・2）である。建設から40年以上経つため、設備面での老朽化が顕著であり、随時更新作業が行われている。また、この住戸については入居者が希望する住まいとなるように改修できる、DIY住宅（表6・1）の対象となっている。

2 クライアントの要望

設計依頼に際して、クライアントから次のような要望が出されている。

1) 6ヶ月後に結婚を予定している。夫婦ともに仕事を続ける予定であり、お互いに帰宅してから、落ち着いた時間が過ごせるデザインを希望している
2) 子どもが小学校に入る前には、もっと広い家に転居したいと考えている
3) 対面型キッチン、IHクッキングヒーターを設置したい
4) 十分な収納スペースを確保してほしい
5) 壁クロスほか、シックハウスの原因となる建材は使いたくない
6) バリアフリー化は考慮しなくてよい。
7) 玄関から洗面器が見えるので配慮してほしい
8) トイレ、洗面所で配管が露出しており、目障りなので隠してほしい

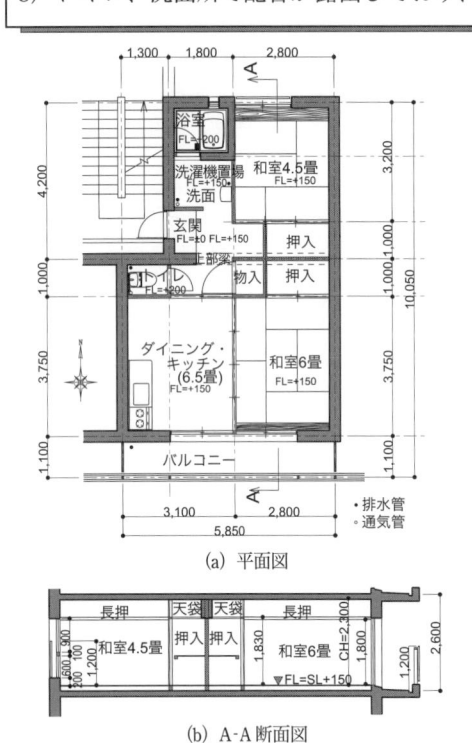

(a) 平面図

(b) A-A断面図

図6・1 現況図

表6・1 DIY住宅で可能な工事 （UR都市機構Webページ等より作成）

制度の概要	条件を満たす範囲の模様替えであれば、退去時に原状回復しなくても良い 入居者によるセルフビルドを想定しているが、専門業者による施工でも良い 工事内容によっては、専門業者の施工が必要なものがある 設計施工期間として、家賃3ヶ月相当額が無料（継続入居条件あり） 躯体や共用部分に関わる改修は行うことはできない その他注意事項については「DIY住宅の手引き」を参照のこと		
釘類の使用	木造部分	建具	玄関扉への造作
	コンクリート部分		浴室扉の折戸化
	多目的スリーブの穿孔		ふすまの張替え
天井	天井仕上げ		ふすまの材質変更
床	畳の取替	機械・設備	給水栓などの取替え
	畳のフローリング化		便器の取替え
	フローリング材の増張り		洗面器・洗面台・洗面化粧台等の取替え
	床材の変更		浄水器の設置
	玄関床シート		大型浴槽等の設置
	浴室洗い場のタイル張り		流し台の取替え
	浴室洗い場の段差解消		吊り戸棚の取替え
	トイレ床の段差解消	電気	インターホンの設置・取替え
	バルコニーの床防水		スイッチの取替え
壁	タイル張り	その他	カーテンレールの設置
	壁の塗装		手すりの設置
	台所壁のパネル化		クローゼット化

今回の改修する物件では、
300mm厚の構造壁および梁は、変更できない。
排水管・通気管の位置は変更できない。
給水・給湯管については、マルチヘッダ方式に更新されている。

3 検討事項

対面型キッチンとする場合、排水縦管および換気用スリーブ位置が決まっているため、排水管や換気ダクトの延長が必要となる。距離の延長や屈曲部が増えるため、排水、換気不良が生じる可能性や、経費が高くつくなどリスクが大きいため、対面型キッチンへの変更をあきらめ、カウンターと吊り戸棚を設けることで代替することとした。また、希望のあったIHクッキングヒーターは、契約電気容量の関係から断念した。

このように、設備に関わる変更は、建物の根本的な部分からの改修が必要となる場合が多く、集合住宅においては困難な場合が多いので注意を要する。

洗面所にある3本の排水管・通気管は、隠蔽のための工事は費用対効果が小さいので、彩色することでインテリアの構成要素とすることにした。

ユニット化したトイレを洗面所に配置し、現在のトイレの位置に洗濯機を置き家事スペースとすることで合理的な動線が見込まれるが、換気ダクトの確保や、雑排水管に汚水管を接続する事ができないため断念した。

ダイニングキッチンと和室6畳を1室化しLDK空間として、2つの押入と物入れの一部を1室化すること納戸としている。狭小住宅の場合には、室を小割りにせず、多目的に計画する方が自由度が高くなる場合が多い。

設計例を次頁に示す。

①トイレ　②物入れ　③洗面所

④バルコニー　⑤和室4.5畳　⑥和室6畳　押入

⑦和室からダイニングキッチン　⑧和室からダイニングキッチン　⑨和室6畳

図6・2　現況写真

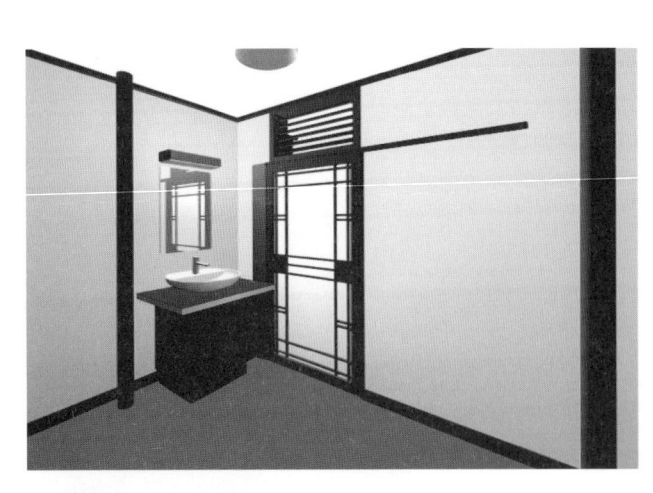

UR 賃貸住宅
DIY 住宅による
N 氏邸

①パウダールーム
ライトイエローの珪藻土と
配水管と木部はディープブルーのOP塗り
床もブルーの長尺シート張り
配管もインテリアの一部に

⑤クローゼット
大きな物入れを奥行き方向で
分割して使いやすく
日頃のお出かけ用品はここに収納

②玄関ホール
玄関ホールとパウダールームの間には
袖壁と引き戸を設置 プライバシー性能を向上
引き戸上部はガラリで換気もOK

③トイレ
配管はパネルで隠ぺい
パネル裏には間接照明設置

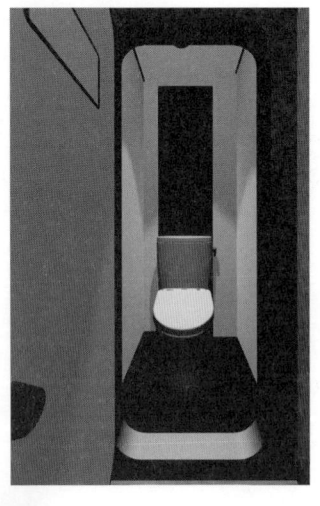

⑥キッチン
カウンターと吊り戸棚で
食器や食材は大量収納

改築案

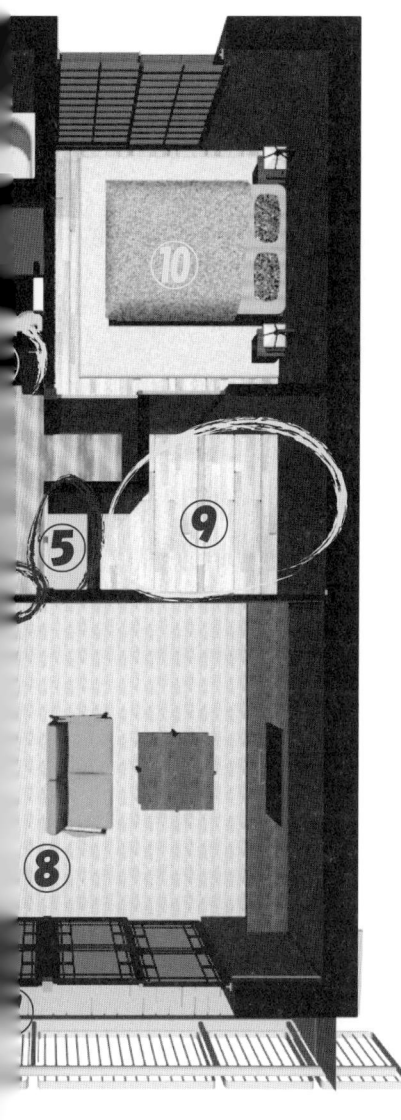

⑩ 寝室
天井からの柔らかな間接照明
窓には障子を設置して、プライバシーと断熱性の改善

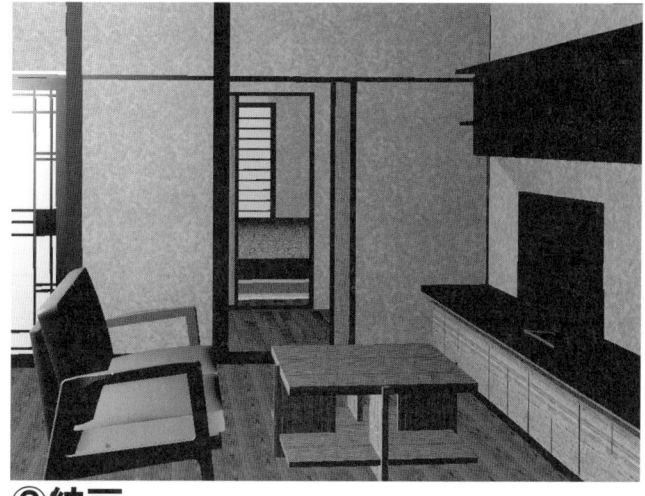

⑨ 納戸
押入れ2室を抜いて納戸に
寝室、リビングから簡単アクセス 何でもスッキリ収納

④ 引戸交換
少しの贅沢で、
豊かな気分に

⑧ ダイニング＆キッチン
ふすまと垂れ壁は撤去 キッチンと和室は1室にしてLDK
窓には障子を増設

仕上げで、
た空間に

指定なき場合は
　壁・天井は色漆喰仕上げ
　木部はOP塗り

6・2　演習課題2「町家の改修設計」

下記の条件で住宅の改修設計を依頼された。クライアントの希望にそって計画を行い、A3版の大きさでプレゼンテーション図面を作成しなさい。

1 物件概要

　古くから商都として栄えた地方都市の市街地に、昭和初期に建てられた住宅建築が対象物件である。周辺は同様の建物による歴史的町並みの景観をもつ地域である。長年の使用にあたり、随時、場当たり的な修繕を行ってきたため、建物のもつ伝統的な趣は大きく損なわれている(図6・4、6・5)。

　柱には桧、大梁には松、造作材には杉材と、良質材をふんだんに使用しており、虫害は見られないが、永年の使用による屋根瓦の痛みや雨漏りによる小屋組の損傷がみられる。

　「通り庭」と呼ばれる建物内を縦に貫く土間空間と、居住空間との間にある360mm余りの段差は、日常生活を不便なものとしている。また、「火袋」と呼ばれる「通り庭」上部の吹き抜け空間は、北側壁の上部に窓が設けられているが、開閉が不便であり、採光・換気ともに不十分であり、暗く、埃っぽい感じがする。

　さらに、トイレ・浴室は棟続きの半屋外にあり、冬季や悪天候時の使用は大変である(図6・4、6・7)。施主は、永年にわたり亡夫とともに伝統工芸品の「水引(図6・6)」を作り続けてきた老婦人で、先年夫に先立たれ、現在は自宅の作業場で、後身の育成に取り組んでいる。

　同じ職人の道を志す孫娘が、結婚を機に同居することとなり、今回、改築することとなった。

　なお、本物件は建築基準法が施行される前の古い建物であるため、現行の建築基準法に適合しない部分があり、構造設計を行い適合判定することが望ましいが、今回は「既存不適格」のまま改修するものとし、常識的に必要と考えられる構造材の増減を考慮するだけでよいものとする。

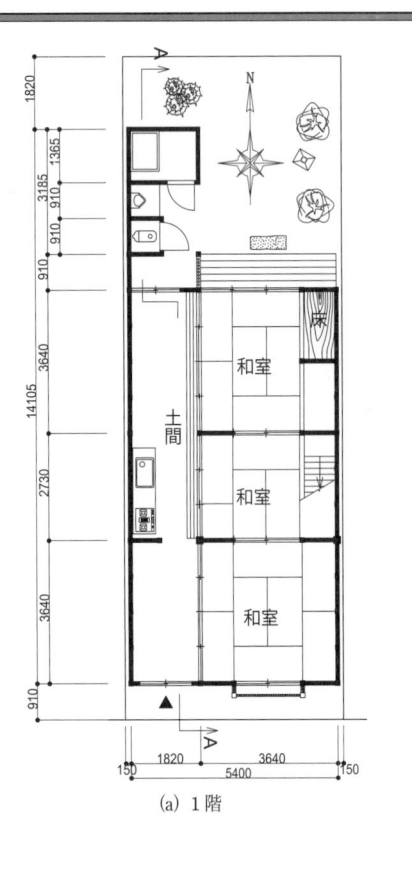

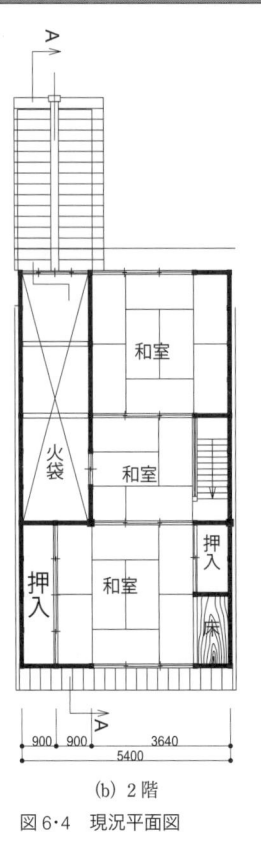

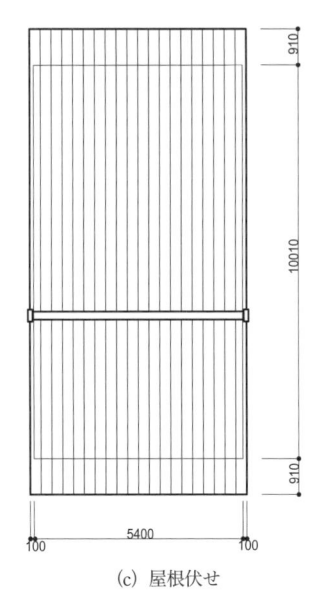

(a) 1階　　(b) 2階　　(c) 屋根伏せ

図6・4　現況平面図

2 クライアントの要望

設計依頼に際して、クライアントから次のような要望が出されている。

1) 1階は祖母の日常生活と作業場とし、2階は孫夫婦の生活の場として考えている。このため、祖母が生活しやすいように、1階部分の段差を極力解消して欲しい。
2) 祖母は長時間の座位が困難になっているので、作業場は椅子とテーブルの使用を考えている
3) 家財や建具など、既存のもので利用可能なものは極力残し、建築当初の趣を大切にして欲しい。また、外観なども歴史的町並みにふさわしいものとしたい。
4) 構造的にも美しいので、採光・換気などの環境を改善した上で、火袋は残して欲しい。
5) トイレ、洗面、浴室が使用しやすいように改善して欲しい。

3 検討事項

1階部分は段差をなくし、居室の床レベルを玄関土間＋20mmまで切り下げた。2階への直階段は回り階段に改修し、1階床を340mm切り下げた分を、ダイニング側に2段の階段を追加した。

屋根は葺き替えるとともに、トイレ、洗面、浴室部分も含めて一体的な屋根とした。

両妻壁の上部に換気扇を設置し、換気を促進した。

新たに、南側壁上部に窓を設け、玄関やキッチンへの採光を確保し、また、2階に新たに坪庭を設け、2階リビングと火袋空間への採光を確保した。

土間にあった収納棚や建具などは修復のうえ、再使用するものとした。

火袋空間を介して、1階と2階で、お互いの気配を感じられるようにし、祖母が安心して生活できるように配慮した。設計例を次頁に示す。

図6・5 現況外観（イメージ）

図6・6 祝儀袋を飾る水引

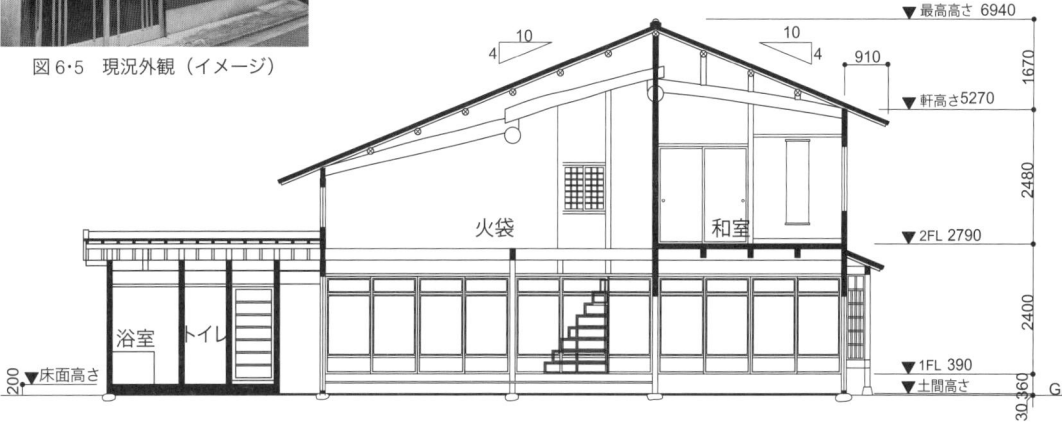

図6・7 現況断面図

町家再生
「水引き」職人のすまい

和 Modern

2階 若夫婦寝室

玄関

1階ダイニングと
2階多目的スペース

1階 工房

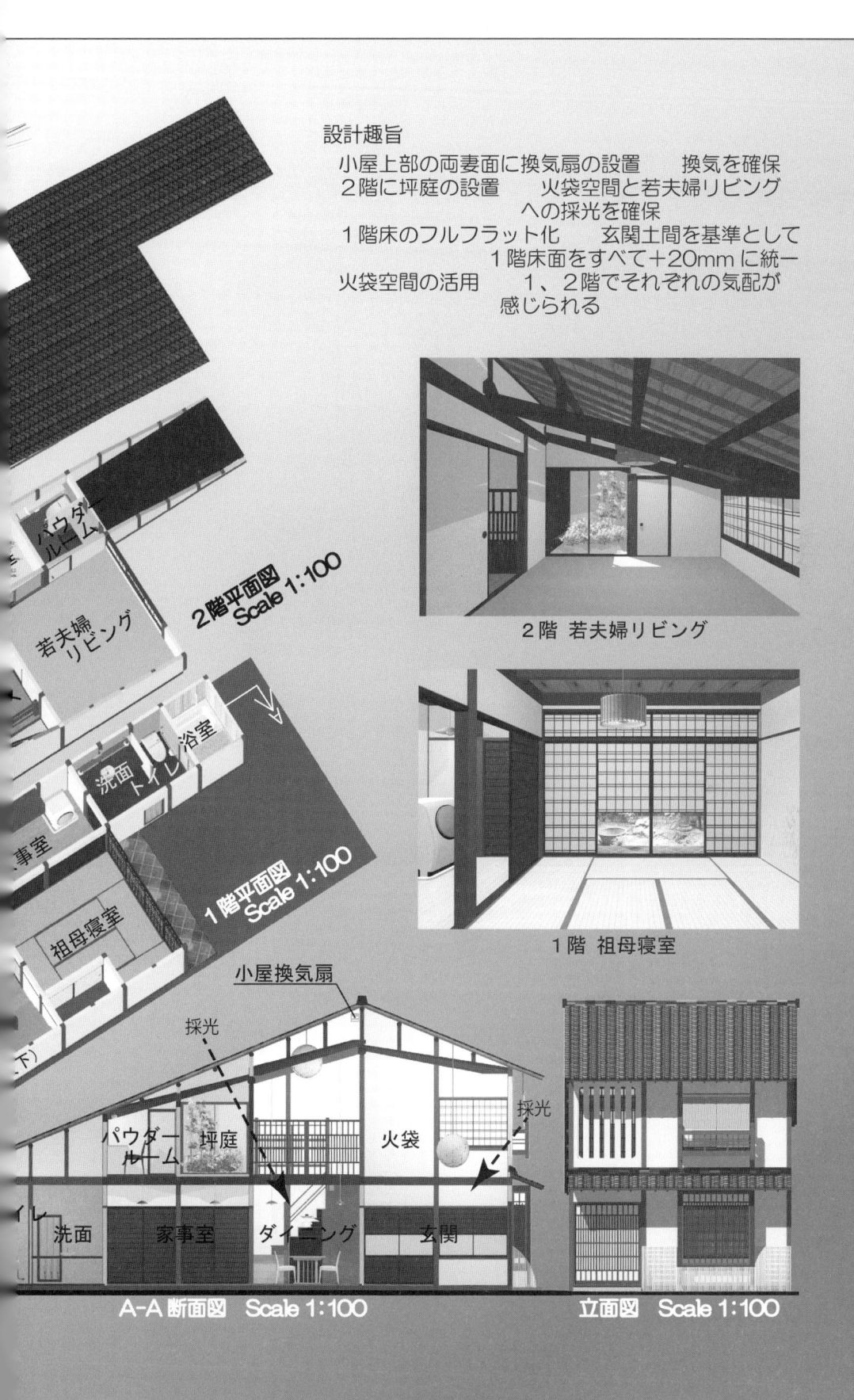

設計趣旨
　小屋上部の両妻面に換気扇の設置　　換気を確保
２階に坪庭の設置　火袋空間と若夫婦リビング
　　　　　　　　への採光を確保
１階床のフルフラット化　玄関土間を基準として
　　　　　　　　１階床面をすべて＋20mmに統一
火袋空間の活用　１、２階でそれぞれの気配が
　　　　　　　　感じられる

２階平面図　Scale 1:100

１階平面図　Scale 1:100

２階 若夫婦リビング

１階 祖母寝室

A-A 断面図　Scale 1:100

立面図　Scale 1:100

索引

【あ】

アイソレーター	35
IPCC	145,149
明かり障子	76
アクセシブルデザイン	124
アクセントカラー	79
足元灯	117
網代	12
アスベスト	88
アソートカラー	79
亜熱帯の住まい	20
雨漏り	92
アレルギー	141
安全限界	36
イグルー	18
石の住まい	18
ISO14000	151
いたずら防止ネジ	52
一般廃棄物	148
色のイメージ	79
色の三属性	79
色の表示	78
色名	79
インターホン	53
インフィル	152
インフラ	139,142
打ち破り	49
宇宙船地球号	154
運動機能	114
エイジレス社会	111
衛生空間	105
液状化現象	33,56
エフロレッセンス	59
LRT	135
LRV	135
LED	73
縁側	68
演色性	73
屋外広告物法	128
屋上緑化	144
押し板	10
オストメイト	122
音の三要素	74
オノマトペ	80
温室効果ガス	145,146,148
温度感覚	64
温度計	31
温度バリア	26
温熱環境	64,65

【か】

ガードプレート	51
臥位姿勢	98
介助スペース	119
階段	28
カイニョ	20
外部空間	126
開閉センサー	52
街路の緑化	144
かいわい（界隈）	132
香り	82
火災	24,33
火災初期	41
瑕疵	59
家事室	103
貸し自転車	134
風通し	66
風の道	143
可聴域	74
合掌造り	13
活断層	56
家庭内事故	113
花粉症	141
壁式の住まい	17
カム送り	50
ガラス	30
ガラス破壊センサー	52
ガラス破り	47,49
ガラスルーバー窓	49
からだの発達	112
加齢とからだ	114
側窓	71
環境共生住宅	154
環境マネジメントシステム	151
環境問題	145
間接照明	72
官民合同会議	51
寒冷地の住まい	20
気候緩和	150
椅座位姿勢	98
基礎の補強	38
キッチン	103
木の住まい	18
揮発性有機化合物	89
CASBEE	151
京都議定書	146
京の町家	12
共用品	124
局部照明	72,117
切り破り	49
近現代の住まい	14
近世の農家	13
近世の町家	13
杭基礎	58
クラディング	152
クリモグラフ	7
クルーゾフ効果	77
グレア	70
グレア過敏	115,117
クレセント	49,52
景観法	128
蛍光灯	73
ゲル	18
減衰期	41
減衰装置	35
建築化された日除け	68
建築協定	127
公園・緑地	136
鋼管杭工法	58
後期高齢者	110
高気密・高断熱	31,69
合計特殊出生率	109
剛構造	34
格子破り・外し	49
高セキュリティ錠	51
公団住宅	15
交通空間	105
交通バリアフリー法	108
豪農の住まい	12
高齢化社会	110
高齢社会	110

コールドジョイント	59	芝生	66	ストーマ	122
こころの発達	112	地盤沈下	55	スヌーズレン	123
心のバリアフリー	128	地窓	76	スプロール現象	15
こじあけ	50	締固め工法	58	住吉の長屋	63
腰窓	76	尺貫法	95	3R	149
こじ破り	49	住環境デザイン	21	すりつけ板	117
個人空間	99	集合住宅	16		
古代の住宅	10	柔構造	34	生活臭	83
戸建住宅	16	住宅市街地総合整備事業	129	制振構造	34
コミセ	20	住宅内事故	24	生体リズム	70
コミュニティ	139	住宅の耐用年数	148	成長期	41
コミュニティバス	135	住宅の品質確保の促進等に関する法律	59	セーフネット	142
混合水栓	30	住宅品質確保促進法	22	セキュリティセンサー	53
コンセント	31	住宅用火災警報器	43	接客空間	101
コンセントキャップ	31	住宅用自動消火装置	44	接合部の補強	38
コンバージョン	153	住宅用スプリンクラー	44	前期高齢者	110
コンロ	39,42	集団規定	126	センサー付きライト	53
		収納空間	104	先史時代	9
		出火原因	39	全般照明	72
【さ】		主殿造り	10		
座	100	樹木	66	騒音	74
サーカディアンリズム	77	循環型社会	149	ソーラーシステム	69
砕石パイル工法	58	循環型社会形成推進基本法	149	側方流動	33
サイン計画	121	準都市計画区域	126	組積造の住まい	17
サウンド・ピクトグラム	75	書院	11	損傷限界	36
座敷飾り	11	書院造り	11		
刺傷・切傷	27	障害者基本法	118	【た】	
サステイナブル	151	消火器	44	代替エネルギー	150
サバンナ効果	77	少子化	109	耐火構造	45
サムターンカバー	51	照度分布	71	体感温度	65
サムターン回し	50	照明器具	72,73	大気汚染	140
産業廃棄物	148	触覚	80,81	耐震構造	34
散居村	20	人感スイッチ	117	耐震診断	37
散水	143	寝室	102	耐震設計	36
		心身機能	114	耐震壁の補強	38
CPマーク	51	身体障がい	118	ダイニング	101
視覚機能	115	新耐震基準	32	太陽光	66
視覚障害	120	寝殿造り	10	太陽光発電	150
色彩計画	79	侵入経路	47	高窓	76
視細胞	78	森林再生	150	高床式の住まい	17
姿勢	98	森林伐採	147	高床住居	9
持続可能性	151			多孔質タイル	91
肢体不自由者	118	水源涵養	150	ダストドーム	140,141
漆喰壁	67	水力発電	150	畳	91
シックハウス症候群	15,87	スウェーデン式サウンディング試験	57	畳干し	90
しつらい	84	数寄屋造り	11	たばこ	39,42
しつらい替え	84	スケルトン	152	竪穴住居	9,12
自転車専用通行帯	133	スケルトン・インフィル	152	タワーマンション	16
自動火災報知機	43	スタディコーナー	113	ダンパー	35
自動二輪車駐車場	137				

地域のまちづくり支援制度	130	ドアクローザー	31	ハザードマップ	142
違い棚	10,11	動作域	96	挟む	26
地球温暖化	145,146	動作空間	96	肌ざわり	80,81
地区計画	127	同潤会	14	バックドラフト	41
チセ	20	独立基礎	58	バリアフリー	107
地中熱	69	特例容積率適用区域制度	131	バリアフリー法	108,128,137
窒息	25	床の間	11	バルコニー	46
知的障がい	123	都市型災害	140	ハレ	84,86
チャイルドレジスタンス機能	42	都市型集中豪雨	55	半屋外空間	126
着衣着火	31	都市型水害	141		
駐車場	137	都市計画区域	126	火遊び	42
駐車場緑化	144	都市計画提案制度	127	VOC	89
柱状改良工事	58	都市の気候	140	ヒートアイランド現象	140,141,143,144
中世の住宅	10	土壌保全	150	光の三原則	79
沖積平野	56	都市緑地法	128	ピクトグラム	121
駐輪場	138	土蔵造り	13	火盛期	41
駐輪ラック	138	ドライミストシステム	143	ピッキング	50
聴覚機能	115	トランジットモール	134	ピッキング禁止法	47
聴覚・言語障がい	121			避難すべり台	46
超高齢社会	110	【な】		100年住宅	152
長周期地震動	56	内部空間	126	病院危害情報データベース	25
直射日光	70	内部障がい	122	標準貫入試験	57
直接照明	72			表層改良工法	58
		匂い	82	表面結露	92
築地松	19	二十四節気	84	日除け	68
終の棲家	116	二方向避難	46	平座位姿勢	98
ツーバイフォー工法	16	日本住宅公団	15	ヒンジの破壊	50
付け書院	10	ニュータウン	15		
土壁	67,90,91	庭	101	風害	141
土の住まい	18			風力発電	150
津波	33	布基礎	58	不同沈下	55,57,58
		塗籠	10	不燃化	45
溺死	24,26	熱中症	27,141	フラッシュオーバー	41
溺水	24,26	年中行事絵巻	12	ブリーズ・ソレイユ	68
テクスチャー	81			プルキンエ効果	73,78
手すり	28,29,30,31,117,119	ノーマライゼーション	106	ブレース	37
デックプレート	37	乗合バス	135	プレファブ住宅	15
テラス	101			プロポーション	94
電気自動車レンタルサービス	134	【は】		雰囲気照明	77
電球形蛍光灯	73	パークアンドライド	134	文化住宅	16
天空光	70	パーソナルスペース	99	平地住居	9
転倒	24,26,27	ハートビル法	108	平板載荷試験	57
伝統的建造物群保存地区	131	ハーフティンバー	18	ベースカラー	79
テントの住まい	17	廃棄物発電	150	壁体内結露	92
伝法堂	10	バイオマス燃料	150	壁面緑化	144
天窓	71	排泄	119	ベタ基礎	58
転落	24,25,26,27	白内障	115	隔て板	46
		白熱電球	73	ペデストリアンデッキ	133
ドアカバー	31				

ヘリポート	46
偏心率	36
防炎品	45
放火	39,42
防火区画	45
放熱量	64
防犯カメラ	53
防犯ガラス	52
防犯ヒンジ	51
防犯フィルム	52
暴風対策のある住まい	20
ホームセキュリティ	53
歩行者専用道路	136
歩車分離	133
補助錠	52
舗装	143
掘立柱	9,12
ホルムアルデヒド	87,113
ボンエルフ	133

【ま】

曲屋	13
マグネット式コンセント	31
マスキング効果	83
マズロー	62
街づくり協定	130
街なみ環境整備事業	129,130
町家	13
マンション	16
水漏れ	92
緑のカーテン	66
民家	12
無垢板	90
虫干し	90
無締まり	47,49
メートル法	95
面皮柱	11
面格子	52
免震装置	35
木造賃貸アパート	15
モデュロール	95

【や】

焼き破り	49
やけど	26,27
ユーティリティ	103
誘導点字ブロック	120
雪除け・日除けのある住まい	20
ユニバーサルデザイン	75,107,121
ユニバーサルデザイン政策大綱	108
洋風住宅	14
浴室	29
浴室暖房	30
浴槽	26,29
浴槽のふた	30
四間取り	13

【ら】

ライフライン	33
洛中洛外図屏風	12
立位姿勢	98
リノベーション	153
リビング	100
リフォーム	153
緑化	144
レスタウロ	153
六価クロム	89
路面電車	135

【わ】

ワークトライアングル	103
和洋室	14
ワン・ドア・ツー・ロック	51

〈建築のテキスト〉編集委員会

● 編集委員長

　大西正宣（大阪府立西野田工科高等学校）

● 編集委員

　岡本展好（大阪市立都島第二工業高等学校）

　下山　明（兵庫県立尼崎工業高等学校）

　宇都直人（元・大阪市立都島工業高等学校）

　飴野正彦（兵庫県立神戸工業高等学校）

● 執筆者

　高江洲孝子（元・大阪市立都島工業高等学校）

　覚野一与（兵庫県立尼崎工業高等学校）

　中津義智（兵庫県立神戸工業高等学校）

　水坂　寛（元・大阪府立西野田工科高等学校）

（上記の所属校は初版発行時のものである）

初めて学ぶ住居学

2015 年 6 月 15 日　第 1 版第 1 刷発行
2019 年 5 月 10 日　第 1 版第 2 刷発行

編　者　〈建築のテキスト〉編集委員会
発行者　前田裕資
発行所　株式会社　学芸出版社
　　　　京都市下京区木津屋橋通西洞院東入
　　　　〒600-8216　電話 075・343・0811
　　　　http://www.gakugei-pub.jp/
　　　　E-mail　info@gakugei-pub.jp

イチダ写真製版／山崎紙工
装丁：前田俊平
イラスト：石田芳子ほか

© 2015　〈建築のテキスト〉編集委員会
Printed in Japan　ISBN978-4-7615-2596-5

[JCOPY] 〈(社)出版者著作権管理機構委託出版物〉
本書の無断複写（電子化を含む）は著作権法上での例外を除き禁じられています。複写される場合は、そのつど事前に、(社)出版者著作権管理機構（電話 03-5244-5088、FAX 03-5244-5089、e-mail: info@jcopy.or.jp）の許諾を得てください。
また本書を代行業者等の第三者に依頼してスキャンやデジタル化することは、たとえ個人や家庭内での利用でも著作権法違反です。